W0196072

Die Zeitschrift *Erneuerung in Kirche und Gesellschaft* ist das ökumenische Organ für Gemeinde-Erneuerung im deutschen Sprachraum. Die beiden bisher erschienenen Hefte (Nachbestellung möglich) enthalten persönliche Zeugnisse (auch von katholischen und evangelischen Pfarrern), Erfahrungsberichte aus katholischen und evangelischen Gemeinden, theologische Reflexionen, Stellungnahmen und Impulse von katholischen und evangelischen Bischöfen, Tagungsberichte usw.

Redaktionsausschuß: Arnold Bittlinger, Otto Kopp, Heribert Mühlen.

Zunächst erscheinen 2 Hefte pro Jahr (jährlicher Bezugspreis DM 11.–). Best.-Nr. 7623.

Heribert Mühlen / Otto Kopp

Ist Gott unter uns oder nicht?

Dialog über die charismatische Erneuerung in Kirche und Gesellschaft.

80 Seiten, 2. Aufl. 1978, DM 5.–, Best.-Nr. 7624

Heribert Mühlen und Otto Kopp besprechen in lockerer Dialogform zentrale Aspekte und Probleme der »charismatischen« Gemeinde-Erneuerung. Der Dialog eignet sich zur Ersteinführung und ist eine Ergänzung zu der vorliegenden »Einübung«.

Kassettenserie

Heribert Mühlen

Einübung in die christliche Grunderfahrung

4 Kassetten, Dauer je 2 mal 45 Minuten, Gesamtpreis DM 38.–, Best.-Nr. 7618/1–4.

Diese Zusammenfassung der beiden Teile der gedruckten »Einübung« wird von vielen Pfarrern und Leitern von Gebetsgruppen zur konkreten Durchführung von Einführungsseminaren und Exerzitien benutzt.

Alle genannten Titel können bezogen werden über die Geschäftsstelle für Gemeinde-Erneuerung, Domplatz 3, D-4790 Paderborn.

Heribert Mühlen

Einübung
in die
christliche Grunderfahrung

Erster Teil: Lehre und Zuspruch

Unter Mitarbeit von
Arnold Bittlinger, Erhard Griese und Manfred Kießig

Topos-Taschenbücher

Originalausgabe erstmals veröffentlicht als
Topos-Taschenbuch.

Arnold Bittlinger, geb. 1928, Dr. phil., ist Beauftragter für Fragen
der Charismatischen Erneuerung im Ökumenischen Rat der Kirchen,
Genf.
Erhard Griese, geb. 1936, Dr. theol., ist Schulreferent
in Düsseldorf.
Manfred Kießig, geb. 1940, Mitherausgeber des »Evangelischen
Erwachsenenkatechismus«, ist Pfarrer in Herrsching am
Ammersee in Oberbayern.

CIP-Kurztitelaufnahme der Deutschen Bibliothek

Mühlen, Heribert
Einübung in die christliche Grunderfahrung / unter Mitarbeit von
Arnold Bittlinger ... — Mainz: Matthias-Grünewald-Verlag.
1. Lehre und Zuspruch. — Orig.-Ausg., 1. Aufl. — 1976.
(Topos-Taschenbücher; Bd. 40)
ISBN 3-7867-0530-5

5. Auflage 1978. 17.—19. Tausend
© 1976 Matthias-Grünewald-Verlag, Mainz
Alle Rechte vorbehalten
Reihengestaltung: Eschert & Bänder
Gesamtherstellung: Salzer - Ueberreuter, Wien
ISBN 3-7867-0530-5

Inhalt

Liebe Leserin, lieber Leser!

Wenn Sie der Umgang mit den beiden Teilen dieser Einübung angeregt hat, sich auf die »Geisterneuerung« persönlich einzulassen, schreiben Sie uns bitte. Wir werden Ihnen eine Liste mit Kurzseminaren (2—3 Tage) zuschicken, die von den Verfassern und anderen Verantwortlichen geleitet werden. Damit die Tage zu einer praktischen Einübung in die Gründung von Gebetsgruppen werden können, soll auf ausführliche Vorträge verzichtet werden. Deshalb ist erwünscht, daß alle Teilnehmer die beiden Teile dieser »Einübung« gelesen haben. Wir laden besonders Pfarrer (möglichst mit einigen aktiven Gemeindemitgliedern), Mitarbeiter im kirchlichen Dienst und andere Multiplikatoren ein. Bitte schreiben Sie entsprechend Ihrer Kirchenzugehörigkeit an eine der beiden unten angegebenen Geschäftsstellen.

Diese erteilen auch Auskünfte über die im deutschen Sprachraum bestehenden Gebetsgruppen und senden Ihnen auf Wunsch weiteres Informationsmaterial und eine Literaturliste zu. Die Herstellung dieses Materials und die Unterhaltung des Büros (Personalkosten, Porto, Telefon usw.) müssen durch Spenden finanziert werden. Da mit dieser neuen Auflage die Arbeit weiter anwächst, bitten wir Sie um Ihre Mithilfe (gegen Spendenquittung, steuerabzugsfähig):

Geschäftsstelle für Gemeinde-Erneuerung in der *katholischen* Kirche, Domplatz 3, D-4790 Paderborn. Spendenkonten: Gemeinde-Erneuerung e. V., Postscheckamt Hannover Nr. 26847-303; Sparkasse Paderborn, Konto-Nr. 33001215 (BLZ 472 501 01).

Geschäftsstelle für Gemeinde-Erneuerung in der *evangelischen* Kirche, Seeburgstr. 1, D-8131 Berg, Starnberger See 3. Spendenkonto: Gemeinde-Erneuerung e. V., Volksbank Paderborn, Konto-Nr. 884 1011 800.

Vorwort (evangelisch)

Es ist eine gute Sache, daß eine Anleitung zur christlichen Grunderfahrung in katholisch-evangelischer Gemeinsamkeit erscheinen und empfohlen werden kann. Solche Gemeinsamkeit gehört zum Wesen der charismatischen Erneuerung. Wir glauben, daß sie ein Zeichen des gegenwärtig wirkenden Heiligen Geistes ist. Von Anfang an ist die charismatische Gemeindeerneuerung in besonderem Sinne eine ökumenische Bewegung gewesen, nicht in Konkurrenz zu anderen ökumenischen Bestrebungen, aber in kritischer Ergänzung zu ihnen.

Aber auch in der charismatischen Erneuerung als einer Form des »geistlichen« Ökumenismus sind die Probleme der Vergangenheit, die theologischen Fragen der Trennung, nicht einfach aufgehoben. Wer so dächte, würde ungeschichtlich denken und lieblos handeln gegenüber denen, die den besonderen Ausprägungen der Konfessionen ihr geistliches Leben verdanken. Die Heilung der Vergangenheit wird — wie beim einzelnen Menschen — für die Konfessionskirchen nur eine Chance haben bei einem neuen Aufbruch in die gemeinsame Zukunft.

So kommt auch noch in diesem Buch zum Ausdruck, daß evangelische und katholische Christen nicht aus derselben kirchlichen Tradition kommen. Wir gebrauchen oftmals verschiedene Begriffe, wir kennen bestimmte Bräuche — oder kennen sie nicht —, wir verbinden oft ähnliche Erfahrungen und Vorstellungen mit anderen Bildern, Symbolen oder Sätzen. Tatsächlich ist die Situation eines Menschen, der der katholischen Kirche angehört, angesichts der Frage nach einer Erneuerung seines Glaubens in einigen Dingen anders als die eines evangelischen, und selbst da unterscheiden sich noch einmal Lutheraner und Reformierte, landeskirchliche und freikirchliche Christen.

Um auf diese derzeitige Situation einzugehen — und um nicht so zu tun, als wären alle theologischen Fragen gelöst —, haben evangelische Mitarbeiter an einigen Stellen die Vorträge und Gebetsanleitungen, die von Heribert Mühlen stammen, aus evangelischer Sicht und für evangelische Leser ergänzt*. Das erscheint uns sachgemäßer als etwa der Versuch, einen Einheitstext zu schaffen. So wird sichtbar, wie viel wir gemeinsam haben und wo, um konkret zu reden, für Evangelische Eigenes gesagt werden muß. Das Vorwort zum zweiten Teil dieser »Einübung« enthält dazu weitere, ergänzende Überlegungen.

Damit wird auch deutlich, daß es nicht etwa eine neue, charismatische Theologie gibt, sondern daß wir Erweckung und Erneuerung der ganzen Kirche und des einzelnen Christen suchen und erbitten auf der Grundlage der Lehre und Praxis unserer Kirchen, die alle aus der Begegnung mit dem Wort Gottes entstanden sind, und auf dem Weg in eine Zukunft, die erfüllt ist von wachsender Einmütigkeit, immer intensiverer Liebe und immer größerem Mut zum Zeugnis für das Werk des Dreieinigen Gottes.

Arnold Bittlinger
Erhard Griese
Manfred Kießig

* S. 82—87, 135—140 (E. Griese); 192—196 (M. Kießig).

Einleitung

Die vorliegende »Einübung« ist in Zusammenarbeit mit katholischen und evangelischen Gemeindepfarrern aus Glaubensseminaren entstanden, die der *Gemeindemission* dienen. Sie ist mitgetragen von einem weltweiten spirituellen Aufbruch, der nach der Mitte unseres Jahrhunderts in allen christlichen Großkirchen zur Bildung von Gebetsgruppen geführt hat, und gibt die zweite Phase dieses Aufbruches wieder: Integration in das konkrete Leben der Ortsgemeinden.

In dem erwähnten Aufbruch kündigt sich in allen christlichen Großkirchen eine neue, konkrete Gestalt des christlichen Glaubens an: soziale Gotteserfahrung, Enttabuisierung des persönlichen Verhältnisses zu Christus, Befreiung zum Glaubenszeugnis, missionarische Liturgie, kirchliches Amt als Charisma für die anderen Charismen. Dabei werden die unterschiedlichen geistlichen Traditionen keineswegs ausgelöscht, vielmehr verhelfen sie sich gegenseitig dazu, das eigene Erbe von geschichtlich bedingten Einseitigkeiten zu reinigen und für die gemeinsame Zukunft fruchtbar zu machen.

Weg zur lebendigen Gemeinde

Missionarisches Glaubenszeugnis voreinander und vor der Welt gehört zum Wesen der christlichen Kirche, denn dieses im Pfingstereignis gründende Zeugnis ist ihr *bleibender Ursprung*. Die Einleitung des Lukas zu seiner Apostelgeschichte gilt für alle Zeiten: »Geht nicht weg von Jerusalem, sondern wartet auf die Verheißung des Vaters, die ihr von mir vernommen habt. Johannes hat mit Wasser getauft, ihr aber werdet mit Heiligem Geist getauft werden schon in wenigen Tagen... Ihr werdet die Kraft des Heiligen Geistes empfangen, der auf euch herabkommen wird; und ihr werdet meine Zeugen sein in Jerusalem und in ganz Judäa und Samaria und bis an die Grenzen der Erde« (Apg 1, 4 f. 8). Die dem Heil anderer dienenden Geistesgaben waren immer in der Kirche lebendig, aber in Zeiten der Erstarrung, des Niedergangs oder auch des geschichtlichen Wandels der Gestalt der Kirche teilt Christus die Gaben seines Geistes reichlicher aus. Die Wanderpropheten in der zweiten und dritten christlichen Generation sind hier ebenso zu nennen wie die großen Bußprediger der frühchristlichen Zeit und des Mittelalters. Das Predigtapostolat der Bettelorden war für die katholische Kirche ebenso notwendig wie die Reformation des 16. Jahrhunderts. Daß es dabei zur Spaltung kam, war Schuld der Menschen auf beiden Seiten, wie katholische und evangelische Christen heute deutlicher erkennen. Ein entscheidender Grundimpuls dieser Reformation war und ist bleibend aktuell: Weckung und Förderung der jedem Christen verheißenen Geistesgaben, Hinführung zu deren gläubiger Annahme. In diesem Sinne sagt z. B. auch die Gemeinsame Synode der Bistümer in der Bundesrepublik Deutschland (1975): »Lebendige Gemeinden, in denen vielfältige Geistgaben zusammenwirken, sind eines der wichtigsten Ziele der kirchlichen Reformbemühungen« (Die pastoralen Dienste in der Gemeinde, 1, 1. 1). Man kann jedoch die Ausübung von Geistesgaben nicht einfach »einführen« wie liturgische oder strukturelle Reformen. Die Annahme der Geistesgaben geschieht in einem sehr persönlichen Schritt der Auslieferung an Christus, der Bekehrung und Annahme des eigenen Todes (wir verkünden nicht uns selbst, sondern Christus, den Gekreuzigten). Ein solcher Prozeß kann auch nicht von heute auf morgen in der Gemeinde als ganzer einsetzen, sondern aller Erfahrung nach nur in kleinen Gruppen wachsen. Das Ideal wäre, wenn der Gemeindeleiter mit seinen Mitarbeitern, aktiven Gemeindegliedern oder auch mit solchen, die Jugendliche auf Firmung und Konfirmation vorbereiten, eine solche Gebetsgruppe bildete. Aber auch diese wächst nicht von heute auf morgen, sondern bedarf der »Einübung« in Form eines sich über mehrere Wochen erstrekkenden Seminars.

Die vorliegende Handreichung erscheint in zwei Teilen. Der erste Teil enthält Lehre und Zuspruch und ist vor allem gedacht für die Hand des Gemeinde- oder Seminarleiters. Gleichzeitig ist sie eine Information für solche, die sich zunächst über diesen spirituellen Aufbruch lediglich orientieren möchten. Bei fortschreitender Lektüre wird der Leser jedoch bemerken, daß der

Schritt der persönlichen Entscheidung und Auslieferung nicht ohne die Mithilfe anderer möglich ist (obwohl Gott auch einzelne zu einem lebendigen Glauben und zum Zeugnis erweckt). Die Leitung eines Seminars setzt in der Regel voraus, daß der Leiter die ihm persönlich verheißenen Geistesgaben angenommen haben muß, bevor er zum Zeugen und missionarischen Mittler kirchlicher Erneuerung wird. Der erste Teil dient dann als Vorlage für die wöchentlichen Vorträge.

Es versteht sich von selbst, daß der Leiter der Gemeindemission die Darlegungen dem jeweiligen Zuhörerkreis anpaßt. In der Vorlage dazu ist eine theologische Fachsprache vermieden. Für Fachtheologen sind in den Anmerkungen einige Hinweise beigefügt. Die Vorträge sind auch auf Tonbandkassetten erhältlich (vgl. S. 6). Eine Liste mit Kurzseminaren sowie Auskünfte über schon bestehende Gebetsgruppen sind — je nach Kirchenzugehörigkeit — erhältlich über die jeweiligen Geschäftsstellen (vgl. S. 2).

Der zweite Teil (Gebet und Erwartung) ist für die Hand der Seminarteilnehmer und Gemeindemitglieder gedacht. Er enthält für einen Zeitraum von sieben Wochen für jeden Tag Gebetsanregungen und möchte eine Hilfe zur persönlichen Tauferneuerung und zur Annahme der Geistesgaben sein. Beide Teile ergänzen sich hinsichtlich ihrer theologischen und pastoralen Anstöße und bilden eine Einheit.

In seiner Dynamik enthält das Seminar einen Einschnitt: In den ersten drei Wochen geht es um das jeweilige persönliche Verhältnis zu Gott, während in den darauf folgenden Wochen die Bereitschaft für den Dienst am Heil anderer im Vordergrund steht. Es hat sich als dienlich erwiesen, das Seminar auf einen Zeitraum von 14 Wochen auszudehnen: Bei der ersten Zusammenkunft Vortrag mit Diskussion und in der darauffolgenden Woche Zusammenkunft in kleinen Gruppen mit persönlichem Austausch über die Gebetserfahrungen und den persönlichen Weg.

Der Titel »Einübung« weist darauf hin, daß es um Vermittlung von Erfahrung und nicht nur um Information geht. Grundlegende Glaubensinformationen werden vorausgesetzt (Evangelischer Erwachsenenkatechismus, Gütersloh 1975; F. Krenzer, Morgen wird man wieder glauben, Limburg 1975 [kath.]). Eine besondere Gefahr geistlicher Aufbrüche war es immer, Lehre durch Erfahrung ersetzen zu wollen. Es wird jedoch versucht, die notwendigen Lehrinhalte so zu vermitteln, daß die Erfahrung sichtbar wird, aus der heraus sie erwachsen sind. In manchen Abschnitten muß die Lehre stärker in den Vordergrund treten, wie vor allem in der fünften bis siebenten Woche. Andererseits können manche Inhalte nicht lediglich auf dem Wege der neutralen Darlegung vermittelt werden. Zu einer »Einübung« gehört auch der persönliche Zuspruch. Der Verfasser bedient sich dabei an einigen Stellen der direkten Anrede. Er hat sich den Kopf darüber zerbrochen, wie er sie umgehen könnte. Die neuere Sprachphilosophie zeigt, daß man die persönliche Anrede nicht durch ein »man«, »wir« oder »ich« ersetzen kann. So geht es z. B. in der ersten Woche bereits um den Sinn je *meines* Lebens und nicht um den Sinn des Lebens überhaupt. Nicht »wir« erfahren den Sinn des Lebens, sondern jeweils ich in meinen persönlichen Beziehungen. Außerdem ist Auslieferung an Gott, Hinwendung zu Christus, ein so persönlicher und zugleich sozialer Vorgang, daß er auch nur auf einem persönlichen und sozialen Wege vermittelt werden kann. Das Medium des Buches ist an sich dazu wenig geeignet. (Die Seminarvorträge werden deshalb auch auf Tonbandkassetten angeboten.) Die gelegentliche Anrede mit »Du« ist deshalb keineswegs plump-vertraulich gemeint (die deutsche Sprache macht ja nochmals einen Unterschied zwischen »Du« und »Sie«). Wenn sie stört, möge man sie überlesen und als *Information* darüber auffassen, daß im Verhältnis zu Gott jeder Mensch in der Tiefe seiner Person angesprochen ist. Lehrinhalte, die ja in dieser »Einübung« auch zur Sprache kommen müssen, werden in jedem Fall in der ihnen gemäßen objektiven Form dargeboten.

Der Verfasser darf in diesem Zusammenhang darauf hinweisen, daß auch ihm selbst die Bereitschaft zur Geisterneuerung auf eine persönliche Weise *durch andere* vermittelt worden ist. Um es kurz zu sagen: Eines Tages besuchte mich ein Priester und begann eines der üblichen Gespräche über theologische Fragen. Nach etwa einer Stunde sagte er dann ganz unvermittelt: »Darf ich jetzt mit Ihnen zusammen beten?« Dies war eine völlig ungewohnte Frage und Aufforderung. Man ist es als Theologieprofessor einfach nicht gewohnt, mit jemandem zu beten, mit dem man ein theologisches Gespräch geführt hat, und empfindet eine solche Aufforderung zunächst als Zumutung. Ich fühlte mich überfahren und außerordentlich unsicher. Auf die höfliche und freundliche Frage konnte ich kaum mit »Nein« antworten, und dann hat dieser Mitbruder mit mir gebetet, Gott anbetend, lobend und preisend, in einer sehr persönlichen Weise, wie ich es noch nie gehört hatte. In diesem Gebet war Kraft und Glaube und vor allem das Bewußtsein der wirklichen Anwesenheit Gottes unter und zwischen uns. Als Wissenschaftler erschrickt man vor einer solchen Unmittelbarkeit zu Gott hin, denn man ist gewohnt, sich mit vielen theologischen Gedanken und Begriffen gegen Gott abzuschirmen. Wissenschaftliche Theologie führt nicht ohne weiteres zur Entscheidung für Christus, zur Auslieferung an Gott! Nach dieser ersten Begegnung mit einem weltweiten spirituellen Aufbruch begann eine Zeit kritischer Reflexion, in welcher auch die geschichtlichen Hintergründe einer Tabuisierung der Glaubensemotion sichtbar wurden. Die Privatisierung des Glaubens auch innerhalb der Kirche ist mit ein Grund für die Unfähigkeit einer persönlichen Glaubensvermittlung und die Kraftlosigkeit der christlichen Kirchen in der modernen Gesellschaft. Der Verfasser kennt also aus eigener Erfahrung die innere Abwehr, das anfängliche Gefühl der Peinlichkeit, wenn man mit dem persönlichen Glaubenszeugnis anderer konfrontiert wird. Die in dieser »Einübung« niedergelegten Erfahrungen kommen jedoch nicht aus einer kleinen, sektenhaften Gruppe, sondern signalisieren einen weltweiten, diffusen Aufbruch. Ihm gegenüber gilt: »Verachtet prophetische Worte nicht! Prüft alles und behaltet das Gute!« (1 Thess 5, 20 f).

Mit Nachdruck ist hervorzuheben, daß Gemeindeerneuerung aus mehreren Gründen keine »Bewegung« im soziologischen Sinne ist. Bewegungen entstehen daraus, daß einzelne oder Gruppen sich selbst bestimmte Reformziele setzen und versuchen, die Gesellschaft oder die Kirche mit ihren Ideen zu beeinflussen oder sie zu verändern. Als diffuser Aufbruch ist diese Erneuerung nicht geplant, organisiert, angezielt worden, ja, man hatte ihn nicht einmal erwartet. Auch läßt sich kaum ein bestimmtes »Ziel« angeben, sondern man kann nur prüfen, ob diese Erneuerung von Gott her kommt oder nicht, denn ihre innere Dynamik zielt auf eine Erneuerung der ganzen Kirche in allen ihren Lebensäußerungen. Unter der Voraussetzung, daß der erste Impuls für diese Erneuerung vom Heiligen Geiste kommt, ist sie natürlich immer auch von menschlichen Aktivitäten begleitet. Diese waren aber nicht der Anfang: Die charismatische Gemeindeerneuerung hat keinen »Gründer«, kein geistliches Zentrum, keine besondere Theologie (es sei denn, daß sie Einseitigkeiten der traditionellen Theologie erkennt). Sie kennt keine Mitgliedschaft und keine Beiträge, keine Aktionsprogramme und nur eine ganz schwache organisatorische Hilfsstruktur. Vor allem sammelt sie keine »Anhänger«, die sich dann in sektenhafter Abspaltung aus den Großkirchen lösen.

Auch handelt es sich nicht um eine neue, besondere Spiritualität neben anderen spirituellen Traditionen. Die Erneuerung, wie sie in ihrer zweiten Phase in Erscheinung tritt, ist in ihrem Ansatz so offen, daß sie auch die traditionellen Ausformungen der christlichen Spiritualität erneuert und intensiviert. Sie kann sich überall dort ereignen, wo »zwei oder drei« im Namen Jesu versammelt sind, gleichgültig, welcher Gruppierung sie sonst noch angehören. Persönliches und zeugnishaftes Gebet miteinander und voneinander ist im Gemeinderat und den übrigen Gremien nicht weniger möglich als in der Familie, in der Zusammenkunft von Pfarrern nicht weniger als in Jugendgruppen und Verbänden. Charismatische Erneuerung ist der Aufbruch zu einer spirituellen

Kommunikation, aber in sich selbst keine neue Spiritualität. Tauferneuerung ist ein lebenslanger Vorgang, den jeder Christ irgendwann in seinem Leben auch ausdrücklich und vor anderen an sich geschehen lassen sollte, und jedem Christen sind bestimmte Geistesgaben verliehen zum Dienst in und an der Kirche und der Welt. Der Gemeindepfarrer braucht also keine Sorge zu haben, daß nun neben anderen Vereinen ein neuer »Verein«, ein neuer Verband, tätig wird. Charismatische Erneuerung ist eine neue geschichtliche Gestalt der christlichen *Grunderfahrung,* aus der allererst besondere Ausformungen erfließen.

Der ökumenische Aspekt

Die hier vorgelegte »Einübung« ist nicht ohne spirituelle Impulse entstanden, die zunächst am Rande der traditionellen Großkirchen aufgebrochen sind. Besonders zu nennen wären die Anregungen, die aus dem Pietismus, der methodistisch-baptistischen Tradition und aus jener geistlichen Erfahrung kommen, die seit Beginn unseres Jahrhunderts zur Bildung der sogenannten »Pfingstkirchen« geführt hat.

Niemand wird von vornherein bestreiten können, daß in diesen und anderen Aufbrüchen wirkliche und ursprüngliche Geisterfahrung geschenkt ist und daß die Großkirchen sich fragen lassen müssen, ob und inwiefern sie sich schuldhaft diesen Erfahrungen verschlossen haben, so daß es zur Ausbildung neuer Kirchen und damit zu einer fortschreitenden Aufspaltung der Christenheit gekommen ist. Die Übernahme dieser Glaubenserfahrungen kann und darf allerdings auch *kritisch* sein. Katholische und evangelische Gruppen können nicht ohne weiteres das Verständnis von Kirche, die theologische Deutung der charismatischen Praxis oder den Stil der Bibelauslegung mitübernehmen. Vielmehr haben sie in dieser Begegnung zugleich auch ihre eigene Überlieferung lieben gelernt. Dabei darf es als ein besonderes Geschenk angesehen werden, daß katholische und evangelische Christen *gemeinsam* eine Einübung in die Erneuerung ihrer *jeweiligen* Kirchen vorlegen können. Die Zusammenarbeit der *Wissenschaftler* verschiedener Konfessionen ist heute nicht mehr ungewöhnlich. Die charismatische Erneuerung berechtigt darüber hinaus aber zugleich auch zu der Hoffnung, daß in absehbarer Zeit eine gemeinsame Tradition und Spiritualität der jetzt noch getrennten Konfessionen möglich sein wird. Dabei kann, darf und muß das erhalten bleiben, was der Heilige Geist trotz der schuldhaften Trennung in den jeweiligen Kirchen gewirkt hat und wirkt.

Die Einübung in *die* christliche Grunderfahrung erhebt nicht den Anspruch, der *einzige* Weg zur lebendigen Gemeinde, zur Erneuerung der Kirche zu sein. Gott bindet sich nicht an die Begrenztheit von Menschen. Auf jeden Fall wird man daran festhalten müssen, daß der christliche Glaube sich in verschiedenen geschichtlichen Epochen auch verschieden ausprägt. Erst am Ende der Geschichte, im Rückblick, kann die christliche Grunderfahrung in ihrer Ganzheit in Erscheinung treten, nämlich dann, wenn Christus dem Vater alles zu Füßen legt und Gott alles in allem ist. Jede Epoche der Geschichte des Glaubens ist notwendig einseitig und korrekturbedürftig. Kündigt sich in dem weltweiten charismatischen Aufbruch eine solche neue Epoche an? Diese Erneuerung ist in ihren Ursprüngen nicht von Menschen geplant, organisiert, vorentworfen worden und kann auch in ihrer Fortdauer nur in einer sehr persönlichen Auslieferung von Gott entgegengenommen werden. Dann müßte man aber auch wirklich nach den Regeln der Unterscheidung der Geister (siebente Woche) *prüfen,* ob sie von Gott kommt oder nicht, ob die menschlichen Impulse überwiegen oder diejenigen des Heiligen Geistes. Die Grundfrage bei dieser Prüfung muß Paulus entsprechend lauten: Dient diese Erneuerung dem Aufbau oder nicht? Wir können von uns aus den Herrn nur darum bitten, daß er selbst uns zeigen möge, *wie* er uns zu jener »dauernden Reformation« (Vaticanum II, Dekret über den Ökumenismus, Art. 6, 1) ruft, die zum geschichtlichen Wesen der Kirche gehört.

Mit besonderem Nachdruck ist hervorzuheben: *Die innere Dynamik der charismatischen Erneuerung zielt nicht auf eine neue charismatische Kirche (Geistkirche), sondern auf eine charismatisch erneuerte Kirche.* Dies hat bestimmte Konsequenzen für die Praxis der Gebetsgruppen. Es kann nicht darum gehen, daß diejenigen, die sich persönlich Christus ausgeliefert haben, »überkonfessionelle« Gebetsgruppen bilden und so innerlich aus ihrer jeweiligen Kirche auswandern. Vielmehr sollte jeder versuchen, die Erneuerung in seiner jeweiligen Kirche zu beheimaten, und zwar entsprechend der Tradition seiner Kirche. Der Aufbruch der Geistesgaben in *allen* christlichen Großkirchen kann erst in der weiteren Führung durch den Geist Gottes der Wiederherstellung der verlorenen Einheit dienen.

Ein Haupthindernis bleibt vorerst das Verständnis des Amtes in der Kirche. Wenn dieses als Charisma für die anderen Charismen *gelebt* werden soll, dann ist dazu vorausgesetzt, daß die anderen Charismen überhaupt lebendig sind! Gebetsgruppen müßten also vor allem jeweils in den evangelischen und katholischen *Ortsgemeinden* entstehen, das heißt in konkreten Wort- und Altargemeinden. Wie die Erfahrung zeigt, ist es von hoher Bedeutung, daß dabei auch die traditionellen Gottesdienstformen ihre tragende Kraft behalten. Oft ist die Eucharistiefeier ein Höhepunkt der Gebetszusammenkunft: Die eucharistische Gegenwart des erhöhten Herrn bringt zum Bewußtsein, daß seine Anwesenheit nicht abhängig ist von der persönlichen Ergriffenheit der Gottesdienstteilnehmer, sondern dieser *vorausliegt*. Häufig sind Gebetsgruppen wieder zerfallen, weil ihnen diese vorgegebene, objektive, von Gott her angebotene Begegnungsebene fehlt.

Eine solche Einwurzelung der charismatischen Erneuerung in den jeweiligen Ortsgemeinden schließt nicht aus, daß in der Anfangsphase überpfarrliche Gebetsgruppen entstehen, an denen dann auch Christen verschiedener Konfessionen und Kirchen teilnehmen. Dabei entstehen hinsichtlich der Abendmahlsfeier besondere Probleme. Die in diesen Gebetsgruppen erfahrene Einheit übersteigt weit die Gemeinsamkeit ökumenischer Wortgottesdienste. Viele verstehen deshalb einfach nicht, warum diese sehr intensive Einheit nicht auch im gemeinsamen Abendmahl zum Ausdruck kommen könne. Andererseits sind die Mitglieder solcher Gebetsgruppen aufgrund ihrer geistlichen Erfahrung auch offen dafür, daß man die menschliche Schuld der Trennung nicht einfach überspringen kann (obwohl nicht jeder persönlich für diese Trennung verantwortlich ist). Auch das bewußte Ausleiden der Spaltung ist ein geistlicher Dienst an der erhofften Einheit! Was nützt es, wenn einzelne die Mauer überspringen, alle anderen aber getrennt bleiben? Charismatische Gebetsgruppen sind aufgrund ihrer sehr intensiven Geisterfahrung dazu befähigt, aus Liebe zu den anderen und im Bewußtsein ihres Auftrags für ihre jeweilige Kirche, die noch bestehende Trennung im Abendmahl geistlich auszuhalten. Sie halten sich deshalb an die allgemein geübte ökumenische Praxis. Charismatische Erneuerung vollzieht sich im *Vorfeld* der Abendmahlsgemeinschaft unter den getrennten Kirchen, nämlich in der Dimension jenes Geistes und jener Geisterfahrung, die für die Feier des Abendmahles vorausgesetzt ist. Eben deshalb aber enthält sie eine starke Dynamik auf diese hin.

Der Verfasser dankt den vielen, die durch Gebet und Korrektur während der Seminare, aus denen diese »Einübung« entstanden ist, mitgeholfen haben. Vor allem dankt er Arnold Bittlinger, Erhard Griese und Manfred Kießig für Zusammenarbeit und Korrektur.

Paderborn, im Februar 1976   Heribert Mühlen

Niemand kann sich den Sinn seines Lebens selbst geben

1. Jeder hat Pläne und Ziele
2. Wofür lebst Du?
   a) Sinn ist mehr als Nutzen
   b) Du erfährst Sinn in der Beziehung zu anderen Menschen
   c) Von wem empfängst Du den Sinn Deines Lebens?
3. Du mußt Dein Leben und Deinen Tod annehmen, wenn Du sinnvoll leben willst
   a) Du hast Dein Dasein nicht selbst gewollt
   b) Sinn muß auch dem Tod standhalten können
4. Jesus Christus hat nicht für sich selbst gelebt
5. Gott ist Selbstweggabe

1. Jeder hat Pläne und Ziele[1]

Was ist das Hauptziel Deines Lebens? Wofür lebst Du, wovon bist Du angezogen, wovon fasziniert? Welche Bilder trägst Du mit Dir herum, in Deiner Brieftasche oder in Deinem Herzen? Das Bild des Freundes, der Freundin, eines Filmstars, einer Schlagersängerin, eines Olympiasiegers, eines politischen Führers, eines sozialen Revolutionärs? Bitte halte jetzt einen Augenblick inne, und überlege ein paar Minuten, welche Bilder Du mit Dir herumträgst!

Und was erwartest Du von der *nächsten* Zukunft, von den nächsten Wochen und Monaten? Weiteren beruflichen Fortschritt? Daß Dein Verhältnis zu einem geliebten Menschen noch besser, intensiver, beglückender wird? Daß Dein Arbeitsplatz erhalten bleibt, Dein Wohlstand wächst? Welche Pläne hast Du für die nächsten Wochen und Monate? Wovon träumst Du in Deinen Mußestunden? Vom Urlaub? Einem Haus, das

Du Dir bauen willst? Dem Auto, das Du Dir kaufen willst? Und was erwartest Du für die *fernere* Zukunft? Weiteren beruflichen Fortschritt? Daß Du Dich selbständig machen kannst oder unabhängiger in Deiner Arbeit wirst? Weiteren medizinischen Fortschritt, der Dir Dein Leben erleichtert und verlängert (Was mit Krankheit und Tod zusammenhängt, ist ja gar nicht so schlimm!)? Daß Du in Deinen Kindern weiterlebst? Daß sie einmal große und bedeutende Menschen werden? Daß irgendwann einmal alle Menschen ohne Unterdrückung und Krieg in Gerechtigkeit und Frieden leben werden?

Wonach also strebst Du? Nach mehr Anerkennung, Liebe und Bejahung Deiner Person? Nach mehr Wohlstand, Macht und Einfluß? Nach mehr innerer und äußerer Unabhängigkeit, sozialer Gerechtigkeit?

Wenn Du auch nur eine dieser Fragen beantwortet hast, dann ist dies der Beweis dafür, daß Du an irgendeinen Sinn für Dein Leben glaubst! Oder hast Du geantwortet: Ich trage überhaupt keine Bilder mit mir herum, ich habe keine Pläne für die nächsten Wochen und Monate, ich erwarte überhaupt nichts von der Zukunft, ich träume nie von irgend etwas, weder vom Urlaub, noch von etwas, das ich besitzen möchte! Ich habe keine Vorstellungen von meiner Zukunft: Mir ist es gleichgültig, ob mein erspartes Geld durch weitere Inflation aufgezehrt wird oder nicht, ob mein Alter gesichert ist oder nicht, was aus meinen Kindern wird! Ich strebe überhaupt nicht nach irgend etwas, nicht nach Anerkennung, Bejahung meiner Person, nicht nach beruflichem Fortkommen, nach Einfluß und Unabhängigkeit: Mir ist *alles* total gleichgültig! Du wirst kaum so antworten, denn dann wären alle Deine Handlungen ohne jegliches Ziel, dann würdest Du Dich von Augenblick zu Augenblick treiben lassen, ohne auch nur im entferntesten irgendein Ziel zu verfolgen, dann wäre Dein Leben ohne jede Ausrichtung: Es wäre *sinnlos und planlos.*

Das deutsche Wort »Sinn« geht auf eine sprachliche Wurzel zurück, die bedeutet: »eine Richtung nehmen, gehen, reisen, fahren, planen.« Kannst Du ernsthaft von Dir behaupten, daß alles, was Du denkst und fühlst, »sinnlos und planlos« ist, ohne jede Richtung? Ist Dein ganzes Leben nur eine »Fahrt ins Blaue«? Du wirst einen solchen Zustand sicher nicht lange aushalten. Um ein Beispiel zu nennen: Du hast Dir vorgenommen, im Urlaub wirklich einmal zu faulenzen, »nichts« zu tun, aber eben dies hast Du Dir ja bereits »vorgenommen«, Du verfolgst damit eine Absicht, Du möchtest Dich nämlich entlasten von der Berufsarbeit. Du fährst ja eigens an ein bestimmtes Urlaubsziel, um Abstand zu gewinnen und wirklich »nichts« zu tun. Aber tust Du wirklich nichts? Du wirst Dich bestimmt mit irgend etwas beschäftigen, mit Deinen Lieblingsgedanken, einem Buch, Du wirst irgend etwas »unternehmen«, Du wirst auch in Deinem Urlaub irgend etwas »planen«, Deinem Hobby nachgehen, Deiner Freizeitbeschäftigung.

Weil die gestellten Fragen so wichtig sind, zunächst eine Gegenprobe: Stelle Dir vor, daß Dich nichts und niemand mehr interessiert, daß Du Dich mit nichts mehr beschäftigst, daß Du von nichts und niemandem mehr angezogen bist, keine Pläne hast. Das wäre der Zustand der *Langeweile*. Hast Du ihn schon einmal wirklich erfahren? An irgendeinem langweiligen Sonntagnachmittag oder in einem verregneten Urlaub? Warum ist das Gefühl der Langeweile so unangenehm und bedrückend? Langeweile ist die Traurigkeit darüber, daß man von nichts und niemandem mehr angezogen ist, daß einen nichts mehr interessiert, daß man keine Pläne hat! Diese Traurigkeit ist der Beweis dafür, daß man im Grunde doch ein ganz bestimmtes Ziel haben, Pläne verwirklichen möchte. Auf die Dauer ist es *tödlich*, ohne Ziel und ohne Plan zu leben. Du bist darauf angewiesen, irgendwie zweckmäßig zu handeln, und Du möchtest auch sicher sein, daß Dein ganzes Leben irgendeinen Zweck hat, daß Du *für* irgend etwas lebst.

Nun ist aber auch sicher, daß Du in Deinem Leben nicht alles planen kannst, daß Du nicht alle Ziele erreichst, daß Du auf Widersprüche und Widerstände stößt. Es gibt Situationen und Umstände, die Du nicht ändern kannst, die Du also irgendwie *entgegennehmen* mußt. Wir Menschen des 20. Jahrhunderts leben in einer Welt, in der es vielfältige Pläne gibt: Wirtschaftspläne, Sozialpläne, politische Pläne, Pläne zur Erforschung des Weltraums usw. Wir können sehr viel herstellen, verändern und planen: die Natur, die Gesellschaft; ja, auch Geburten, das heißt Menschen, werden geplant. Die Widerstände und Widersprüche werden damit aber nicht einfach abgeschafft. Weitblickende Politiker sagen uns: Wenn wir die jetzigen Entwicklungslinien in die Zukunft hinein verlängern, dann steuert die Menschheit einer vierfachen Katastrophe zu: Wirtschaftskatastrophe, Finanzkatastrophe, Ernährungskatastrophe, Überbevölkerung der Welt. Es werden Pläne gemacht, um diese Katastrophen zu verhindern, aber Wirtschaftskriege, Finanzkriege, Grausamkeit und Unterdrückung lassen sich nicht einfach abschaffen. Dasselbe gilt auch für die Pläne, die wir für unser eigenes Leben haben. Du kannst z. B. die Liebe eines anderen Menschen zu Dir nicht vorausplanen, Du kannst über sie nicht verfügen, sondern mußt sie entgegennehmen. Und vor allem: Du hast Dich selbst nicht geplant, nicht Deinen Charakter, Deine Fähigkeiten. Wer aber hat Dich denn geplant? Deine Eltern? Bist Du ganz sicher, daß sie Dich geliebt haben, bevor Du geboren wurdest? Kannst Du ausschließen, daß Du nicht vielleicht ein »ungeplantes« Kind bist, ein schrecklicher Zufall?

Natürlich geht diese Frage schon sehr weit. In unserem durchschnittlichen Alltag verdrängen wir sie, werden aber ein unbestimmtes Gefühl des Mißtrauens und der Angst keineswegs los. Wir alle leben in einer nicht mehr überschaubaren, komplizierten Welt, und manche sagen deshalb: Ich habe Pläne und Ziele, aber ich weiß nicht, welchen Sinn das alles *im Grunde* haben soll, worauf alles hinausläuft. Ich habe keine Sicherheit, daß die Pläne, die andere Menschen machen und von denen ich abhängig bin, wirklich *sinnvoll* sind. Warum soll ich Kinder in die Welt setzen, wenn ich nicht weiß, wie die Welt in 30 Jahren aussieht? Ich halte es nicht für sehr sinnvoll, zu sparen, denn die wirtschaftliche Zukunft ist unsicher. Auch das persönliche Verhältnis zu einem anderen Menschen ist oft von einem Urmißtrauen begleitet: Ich weiß nicht, ob er mich wirklich liebt.

Aus diesen unabweisbaren Erfahrungen und Tatsachen haben einige Philosophen die Folgerung gezogen: *Alles ist Zufall.* Ja, es ist absurd, daß wir geboren werden, und es ist absurd, daß wir sterben (J.-P. Sartre)! Diese Theorie läßt sich aber keineswegs *beweisen*, sondern dahinter steckt eine *Grundentscheidung*, eine entschiedene Stellungnahme zur Zukunft! Natürlich kann auch niemand beweisen, daß hinter der Weltgeschichte und hinter dem Leben des einzelnen ein möglicher, verborgener Plan steckt, der nur deshalb nicht sichtbar wird, weil die Menschen ihn ständig durchkreuzen. Streng beweisen kann man weder das eine noch das andere. Ob Du willst oder nicht: Für eine der beiden Möglichkeiten hast Du Dich aber immer schon entschieden. Entweder ist alles aus Zufall entstanden, und auch Du selbst bist ein Zufall, oder hinter allem steckt doch irgendein Sinn, irgendein Plan. Wenn Du die Tatsachen so nimmst, wie sie sind, dann kannst Du dieser Entscheidung nicht ausweichen, oder Dein ganzes Leben ist eine Lüge! Wir wollen diesen Fragen jetzt noch einmal schrittweise nachgehen.

2. Wofür lebst Du?

a) Sinn ist mehr als Nutzen

Wir haben uns gefragt, welche Bilder wir mit uns herumtragen, welche Leitbilder unser Leben steuern. Solche Leitbilder üben eine Macht auf uns aus, auch wenn wir uns dessen nicht bewußt sind. Die meisten Menschen denken normalerweise nicht über den Sinn ihres Lebens nach, sondern werden erstmalig auf ihn gestoßen, wenn eine wichtige Beziehung abbricht. Davon wollen wir nachher sprechen. Jeder kann aber schon oberflächlich bei sich selber feststellen, daß sein Tun von Leitbildern geprägt ist, daß er bestimmte Zwecke verfolgt. Wenn Du z. B. morgens früh an Deine Arbeit gehst, Deinen Beruf ausübst oder Dich auf ihn vorbereitest: Welchen Zweck hat Dein Tun? Ein wichtiger Zweck ist sicherlich: Du mußt Dir Deinen *Lebensunterhalt* verdienen. Welche weiteren Ziele verbindest Du aber mit Deiner Berufsausübung? Möchtest Du Deinen Lebensstandard verbessern, Dir Dein Leben so angenehm wie möglich machen? In diesem Fall gibst Du selbst Deinem Tun einen Sinn: *Sinnvoll ist alles, was mir nützt!* Du lebst ganz für Deinen privaten Nutzen und beurteilst alles von diesem Zweck her. Du setzt Dein ganzes Vertrauen auf Deine Arbeitskraft, Deine Fähigkeiten, Deine Intelligenz und hast das Bestreben, Dich möglichst unabhängig zu machen.

Nun ist aber sicher, daß niemand nur *für sich* leben und handeln kann. Wenn Du arbeitest, dann ist Dein Tun notwendig immer auch in einen größeren Zusammenhang gestellt. Du arbeitest nicht nur für Dich selbst, sondern auch *für andere,* und Dein Beruf ist notwendigerweise auch Dienst an anderen. Wenn Du nun Deinen Beruf *nur* von dem Nutzen her beurteilst, den er für Dich selbst hat, dann mußt Du damit rechnen, daß auch andere Dich in erster Linie nach Deinem Nutzen für die Gesellschaft beurteilen! Du stehst sicherlich in irgendeiner Personalkartei und irgend jemand wird Dich nach Deinen Fähigkeiten und Einsatzmöglichkeiten beurteilen. Du gehörst dann zu dem verfügbaren »Menschenmaterial« und wirst lediglich von Deiner Leistung für die Gesellschaft her beurteilt. Der Sinn Deines Lebens liegt dann aber auch in der Hand derer, die über Deinen Nutzen oder auch Deine Wertlosigkeit entscheiden. Dein Dasein ist dann im Grunde nur insofern *gerechtfertigt,* als Du Werte schaffst und nützlich bist: *Leiste etwas, und Du darfst leben!*

Aber bist Du damit wirklich zufrieden? Auch Tiere und Pflanzen werden danach beurteilt, ob sie nützlich sind oder nicht. Hast Du nicht auch einen Wert in Dir selbst? Erwartest Du nicht eine Bejahung Deiner Person auch dann noch, wenn Du etwa durch einen Betriebsunfall Deine Arbeitskraft verloren hast, wenn Du krank und alt bist? Bist Du wirklich nur soviel wert, wie Du leisten kannst? Kann man auch Deine Liebe zu einem anderen Menschen nur unter dem Gesichtspunkt des Nutzens betrachten? Und welchen Nutzen soll die selbstlose Tat haben, für die Du keinen Dank erwartest? Wenn Du Dich einsetzt für die Entrechteten, die Ausgestoßenen, die Randsiedler der Gesellschaft, für Behinderte oder entlassene Strafgefangene, die der Gesellschaft nur lästig sind? Vom Standpunkt des reinen Nutzens aus ist alles dies »sinnlos«. Vor allem aber ergibt sich folgende Konsequenz: Wenn Du nur nach Deiner Leistung und Deinem Nutzen beurteilt wirst, dann bist Du austauschbar und ersetzbar, und dann werden diejenigen, die Macht haben, Dich verplanen, Dich nach ihren eigenen Plänen einsetzen oder auch — wenn Du nutzlos geworden bist — abschaffen. Das Prinzip des Nutzens richtet eine Herrschaft von Menschen über Menschen auf. Andere Menschen bestimmen den Sinn Deines Lebens und werden Dich abschaffen oder zugrunde gehen lassen, wenn Du nicht mehr nützlich bist. Nutzen und äußerer Zwang sind eng miteinander verbunden. Jeder Aufstand gegen das Prinzip des reinen Nutzens ist deshalb zugleich Kritik an einer Gesellschaft, die einen totalen Anspruch auf Dich erhebt.

b) Du erfährst Sinn in der Beziehung zu anderen Menschen

Fragen wir nun noch einmal genauer: Was ist geschehen, wenn ein Mensch sagt: »das Leben hat für mich keinen Sinn mehr«, oder: »ich weiß nicht mehr, *wofür ich lebe*«, oder: »*es ist alles sinnlos*«? Hinter solchen Sätzen steckt nicht nur der Schmerz darüber, daß man in seinen Handlungen keinen Nutzen mehr sieht, sondern in den meisten Fällen auch ein Verlust an Geltung, Anerkennung, Bejahung, Geborgenheit, Fürsorge, Liebe: Der aus dem Arbeitsprozeß und Familienverband ausgeschiedene, alternde Mensch weiß nicht mehr, »wofür er lebt«, weil eine *Beziehung* abgebrochen ist. Wenn Spannkraft und Vitalität um die Mitte des Lebens nachlassen, ist oft eine Sinnkrise die Folge: Ein weiterer beruflicher, gesellschaftlicher Aufstieg ist nicht mehr möglich, und welchen Sinn soll es dann noch haben, weiterhin zu schuften und sich abzurackern? Geltung und Anerkennung können nicht mehr zunehmen! »Mein Leben hat keinen Sinn mehr«, dieser unheimliche Satz steigt aber auch dann auf, wenn jemand in seinem Beruf scheitert, wenn er z. B. in einer Wirtschaftskrise sein Geschäft aufgeben muß. Selbst wenn er in einem Sozialstaat noch ausreichend mit den lebensnotwendigen Gütern versorgt ist, bleibt die Aufgabe des Geschäftes ein empfindlicher Prestigeverlust, ein Verlust an sozialer Geltung: Man wird nicht mehr anerkannt, höchstens bemitleidet. Man fühlt sich nicht mehr *geborgen* in der Bejahung und Anerkennung durch andere! Mit Gewalt bricht eine Sinnkrise herein, wenn ein nahestehender Mensch plötzlich stirbt, wenn der Ehegatte tödlich verunglückt, die Mutter der Familie genommen wird, wenn eine tiefe, persönliche Liebe plötzlich abbricht. Hier geht es überhaupt nicht mehr um Leistung oder Nutzen, sondern um den Verlust an Geborgenheit, Fürsorge, Liebe!

Wenn wir diesen Beobachtungen weiter nachgehen, ergibt sich sogar: *Die Bejahung und Anerkennung durch andere ist früher als die Leistung und der Nutzen!* Schon das kleine Kind kann ohne die Geborgenheit und die dauernde Zuwendung der Mutter, des Vaters oder einer anderen Person weder körperlich noch seelisch wachsen. Es braucht die ganz *persönliche Bejahung* seines Daseins durch einen bestimmten anderen Menschen. Dies ist eine von der medizinischen Wissenschaft eindeutig festgestellte Tatsache. Das kleine Kind bettelt in allen seinen Lebensäußerungen um diese Bejahung und Zuwendung, weil es sie eben braucht wie die Luft und die Nahrung. Dies ist aber nicht nur beim kleinen Kind so: Wenn wir ehrlich sind, betteln auch wir immer noch um diese Bejahung durch unsere Mitwelt. Auch der alternde Mensch braucht bis zu seinem letzten Atemzug Bejahung und Fürsorge. Die Ärzte sagen uns sogar: Wenn ein Mensch nicht *von Anfang an* wirklich geborgen und bejaht war, ist er auch in seinem späteren Leben nicht zu einer wirklichen Leistung für die Gesellschaft fähig. Die glückliche, ungestörte Beziehung zu anderen Menschen ist Voraussetzung dafür, daß wir Ziele verfolgen, zweckhaft handeln, der Gesellschaft dienen und ihr nützlich sein können. Tief verborgene Enttäuschungen, Mißtrauen hemmen unsere Handlungsfreiheit und damit auch unsere Fähigkeit, Werte zu schaffen.

Wir halten also fest: Die Erfahrung von Sinn hat in erster Linie etwas zu tun mit der Erfahrung von Geborgenheit, Bejahung, Anerkennung durch andere Menschen. Diese aber können wir nicht erzwingen oder planen, sondern nur empfangen: Du kannst den Sinn Deines Lebens nicht aus eigener Kraft selbst herstellen und wollen, sondern Du mußt ihn *von außen her empfangen!*

Dies wird sofort noch deutlicher, wenn Du folgendes bedenkst: Du bist keineswegs damit zufrieden, lediglich Dich selbst zu bestätigen, zu bejahen, zu lieben. Du brauchst die Liebe, die Anerkennung *anderer*. Diese aber kannst Du niemals erzwingen, sondern nur empfangen. Ist Dir schon einmal ein Mensch begegnet, der allzu deutlich um Anerkennung und Bejahung bettelt? Warum ist ein solcher Versuch so peinlich? Man kann über die Freiheit und die Liebe anderer nicht verfügen, und deshalb werden Liebe, Geltung und Anerkennung in demselben Maß verweigert, wie man sie *erzwingen* will!

c) Von wem empfängst Du den Sinn Deines Lebens?

Aus dem bisher Gesagten ergibt sich, daß die sinngebende Macht zwei Bedingungen erfüllen muß:

1. Sie muß mindestens *menschlich* sein, das heißt, Du mußt zu ihr in eine *persönliche Beziehung* treten können, und sie muß die Fähigkeit und Bereitschaft haben, Dich zu lieben und anzuerkennen. Dinge oder materielle Güter können Dir also von sich aus nicht den Sinn Deines Lebens geben.

2. Die sinngebende Instanz muß Dich *überdauern,* das heißt, sie darf nicht mit Dir oder vor Dir enden, denn Du bist ja bis zu Deinem letzten Atemzug darauf angewiesen, daß Du verläßlich und in absoluter Treue bejaht und anerkannt bist.

Überdenke also jetzt nochmals die verschiedenen Angebote, die Dir für ein sinnvolles Leben gemacht werden. In Todesanzeigen liest man häufig: Der Sinn seines Lebens war die Sorge für die Seinen. Natürlich bist Du verantwortlich für Deine Familie, für die Menschen, die Dir anvertraut sind. Die Familie aber überdauert Dich nicht. Also ist nur die erste Bedingung erfüllt, nicht die zweite: Wenn Deine Eltern oder andere Familienangehörige gestorben sind, dann können sie Dir nicht mehr dieses tägliche Brot der Bejahung geben. Deshalb löst ja auch bei vielen Menschen der Verlust naher Familienangehöriger die verzweifelte Frage aus: »Welchen Sinn hat mein Leben jetzt noch?«

Oder ist für Dich vielleicht die Gesellschaft, das Kollektiv, eine Idee oder ein Parteiprogramm letzte Sinngebungsinstanz? Das Kollektiv und das Parteiprogramm überdauern Dich zwar, aber diese Instanzen beurteilen Dich in erster Linie nach Deinem Nutzwert: Du bist nur so lange bejaht, als Du etwas leistest und nützlich bist. Eine anonyme, in den Büros verwaltete Gesellschaft kann Dir nicht jenes Maß an persönlicher Anerkennung Deiner einmaligen, unvertauschbaren Person gewähren, das Du brauchst: Die zweite Bedingung ist erfüllt, aber nicht die erste.

Oder ist für Dich der tragende Sinn Deines Lebens Geld, Besitz, Sexualität? Täusche Dich nicht selbst! Diese Mächte sind nicht ein wirkliches Gegenüber, und sie überdauern Dich auch nicht. Vielmehr versuchst Du selbst, in sie einen Sinn hineinzulegen, aber sie können Dir nicht wirklich antworten: Du versuchst lediglich, mit ihrer Hilfe Dich selbst zu bestätigen! Du lebst in einer *Sinntäuschung!*

3. Du mußt Dein Leben und Deinen Tod annehmen, wenn Du sinnvoll leben willst

a) Du hast Dein Dasein nicht selbst gewollt

Der tiefste Grund für die Tatsache, daß Du Dir den Sinn Deines Lebens nicht selbst herstellen kannst, liegt in Folgendem: Du hast ja auch *Dich selbst* nicht selbst gewollt und geplant. Du hast Dir Deine Eltern, Deinen Charakter nicht aussuchen können, nicht das Jahrhundert, in dem Du leben willst, nicht die gesellschaftlichen Bedingungen, die Dein Leben bestimmen. Du kannst zwar selbst sehr vieles herstellen, und die Menschheit des 20. Jahrhunderts hat große Fortschritte gemacht in der Herstellung von Kunststoffen, von Weltraumfahrzeugen, von Medikamenten, die Dein Leben verlängern. Bei allem Fortschritt der Technik und Medizin wird es aber niemals so weit kommen, daß ein Mensch von sich sagen kann: Ich habe mich aus eigenem Entschluß ins Dasein gerufen, ich habe mich selbst gewollt, gemacht, geplant! Ich bin von niemandem abhängig, außer von mir selbst! Nehmen wir einmal das Schreckliche an, Menschen würden andere Menschen im Laboratorium züchten, sie würden ihren Charakter, ihre Augenfarbe usw. vorherbestimmen: Niemals wird ein Mensch sagen können, daß er *sich selbst* gewollt, entworfen, geplant habe! Du bist auf jeden Fall *von anderswoher* gewollt und entworfen. Du kannst Dein Dasein, den Plan für Dein Leben, also nur *von anderswoher entgegennehmen!* Dies ist eine ganz einfache, unumstößliche Tatsache. Du kannst sie verdrängen, aber niemals leugnen!

Wer aber ist mein Ursprung? Woher komme ich? Mein *nächster* Ursprung sind zweifellos meine Eltern. Viele Menschen dürfen sich dankbar daran erinnern, daß sie in einer guten Familie aufgewachsen sind, daß sie geliebt und geborgen waren. Aber woher weiß ich denn, daß meine Eltern mich wirklich von Anfang an gewollt und geliebt haben? Ich muß einmal das Äußerste annehmen, daß ich aus der Laune eines Augenblicks entstanden bin. Vielleicht war ich ursprünglich ein ungewolltes, ein nicht geplantes Kind, ein Unglück, ein schrecklicher Zufall? Ich muß rein theoretisch annehmen, daß meine Mutter mich nur deshalb nicht schon in ihrem Schoß getötet hat, weil dies damals noch verboten war, und daß sie mich nachher auch nur mit halbem Herzen angenommen hat. In jedem Fall aber haben meine Eltern mich nicht so gewollt und geplant wie ich bin. Sie konnten meinen Charakter, meine Fähigkeiten nicht bestimmen, über die Folgen ihres Tuns nicht frei verfügen. Ich kann ihnen dafür danken, *daß* ich da bin, aber ich kann ihnen nicht dafür danken, daß ich *so und nicht anders* bin, mit diesen Fähigkeiten, mit diesem Charakter. Noch schwieriger wird das Ganze, wenn ich Eigenschaften, Veranlagungen habe, die ich selbst nicht leiden kann, körperliche oder geistige Mängel. Gibt es jemanden, der mich so bejaht wie ich bin?

Wenn ich diese Frage stelle, wird mir sofort deutlich: Ich kann mich auch nicht mit der Auskunft zufrieden geben, daß die Gesellschaft mich braucht, daß sie mich geplant hat, weil sie meine Arbeitskraft braucht. Eine solche Auskunft ist weit verbreitet: Die Gesellschaft braucht Dich, und der Fortschritt ist das letzte Woher und Wohin Deines Daseins! Du darfst Dich verzehren und aufopfern für eine schönere und glücklichere Zukunft der Menschheit. Wir, die Gesellschaft, wir haben Dich geplant, wir steuern die Bevölkerungszahlen durch Kindergeld je nach den wirtschaftlichen Notwendigkeiten! Du wirst Dich mit Händen und Füßen gegen eine solche Auskunft wehren, denn Du erfährst täglich, daß Du einen Wert in Dir selbst hast.

In jedem Fall aber bleibt es dabei: Du mußt Dein Dasein und damit auch den Sinn Deines Lebens von anderswoher entgegennehmen.

b) Sinn muß auch dem Tod standhalten können

Ganz hart wird die Frage nach dem Sinn des Lebens, wenn wir nicht nur nach unserem Ursprung, sondern auch nach unserem *Ziel* fragen. Es besteht kein Zweifel daran, daß wir unseren eigenen Tod jetzt schon in uns tragen, auf ihn hin leben. Vielleicht hast Du über Deinen eigenen Tod noch nicht nachgedacht, oder Deine Lebensgeschichte hat Dich mit ihm noch nicht in voller Härte konfrontiert. Niemand hat von seinem eigenen Tod eine persönliche Erfahrung. Wir wissen zwar, daß wir irgendwann sterben müssen, aber vor dem Tod haben wir keine wirkliche Erfahrung von ihm, auch nicht in der Angst. Was die anderen erfahren, die wir sterben sehen, wissen wir ebenfalls nicht, und deshalb kann niemand wirklich sagen, was der Tod ist. Deshalb versuchen wir auch, den Gedanken an ihn zu verdrängen. Schon auf dem Nachhauseweg von einer Beerdigung sprechen wir über alltägliche Dinge, um zu dokumentieren, daß für uns im Grunde doch alles weitergeht. Es ist aber nicht daran zu zweifeln, daß unser Tod jetzt schon in uns ist und daß wir ihm mit jeder Stunde näherkommen. Wenn wir diese Tatsache nicht irgendwie bejahen können, bleibt ein ärgerlicher Rest von Sinnlosigkeit in unserem Leben. Deshalb ja auch die Versuche, sie zu verharmlosen.

Wir sagten: Sinn hat etwas mit Bejahung unserer Person zu tun, und diese wiederum geschieht von außen her in sinnvollen, beglückenden Beziehungen zu anderen Menschen. Deshalb wehren wir uns so heftig gegen den Gedanken, daß Bejahung und Beziehung irgendwann einmal aufhören: Wir verdrängen den Gedanken an unseren Tod, überspielen ihn mit der Wunschvorstellung, daß unser jetziges Leben nach dem Tod doch irgendwie weitergeht, die Beziehungen nicht abbrechen:

Zwei Menschen, die sich sehr lieben, wünschen auf keinen Fall, daß diese Beziehung plötzlich ein Ende hat, etwa durch den Tod des anderen. Jeder hofft deshalb im geheimen, daß der andere ihn überlebt! Aus demselben Grunde suchen wir auch nach anderen Mächten, die der Vergänglichkeit besser widerstehen können: Wir hoffen, daß irgend etwas uns selbst überlebt: unsere Kinder, die eigene Firma, das Vaterland, eine soziale oder politische Bewegung, der Fortschritt der Menschheit. Auch hoffen wir, daß wir immer in ehrendem Angedenken bleiben, daß man uns nicht vergißt und daß wir so doch irgendwie über unseren Tod hinaus weiterleben. Der Gedanke daran ist aber mehr oder weniger ein Trost, mit dem wir versuchen, die harte Tatsache unseres Todes zu überspielen. In ihm brechen nämlich wirklich alle Beziehungen ab, und deshalb können wir ihn nicht bejahen. Der Tod ist »sinnlos«. Welchen Sinn soll es haben, wenn auf der Autobahn beide Eltern tödlich verunglücken und nur das kleine Kind am Leben bleibt? Wenn eine Mutter von fünf Kindern stirbt? Auch wenn Menschen lebenssatt sterben, bleibt der Tod immer noch ein *Zwang,* der über sie verhängt ist, *ein Abbruch aller Beziehungen.*

Was aber geschieht, wenn wir uns dieser Tatsache stellen? Können wir ihr einen Sinn abgewinnen? Versuchen wir, diese Frage jetzt so handgreiflich wie möglich zu beantworten.

Beobachte jetzt einmal, wie Du atmest, wie Deine Brust sich hebt und senkt, wie Du einatmest und ausatmest. Achte einen Augenblick darauf, wie Dein Herz klopft. Beobachte, wie *lebendig* Du bist, und dann erinnere Dich ohne Dramatisierung ganz nüchtern daran, daß Du irgendwann einmal nicht mehr atmen, daß Du Dein Leben aushauchen wirst. Bedenke weiter, daß Du zu Deinem eigenen Tod *gezwungen* wirst, irgendwann einmal, mit absoluter Sicherheit! Du kannst über das Ende Deines Lebens nicht frei verfügen. Du kannst Dir zwar eine Kugel durch den Kopf schießen, aber was *nach* diesem Augenblick kommt, unterliegt nicht mehr Deinem Willen. Du kannst dann nicht mehr sagen: Halt, ich habe es mir noch einmal überlegt! Der Tod kommt dann über Dich als unausweichliches Ereignis. *Das Leben wird uns genommen ohne uns.* Wir müssen unseren eigenen Tod — ob wir wollen oder nicht — *erleiden*. Nie wird ein Mensch es fertigbringen, aus total eigenem Entschluß nicht mehr da zu sein. Wir sprachen oben davon, daß wir unser *Dasein* von anderswoher entgegennehmen müssen. Gegen diese Tatsache meldet sich bei den meisten Menschen kein Protest an, jedenfalls so lange nicht, als es ihnen einigermaßen gut geht und sie sich geborgen fühlen. Wenn wir dagegen die gewisse Tatsache unseres *Todes* ernst nehmen, dann meldet sich ein *Protest* an, denn der Tod ist erniedrigend: wir sind wehrlos einer Macht ausgeliefert, die uns unerbittlich zur Unterwerfung zwingt. Der Gedanke an den sicheren Tod hindert uns daran, uns restlos selbst zu bejahen, er bringt uns zum Bewußtsein, wie *unwichtig* wir im Grunde sind. Wir können deshalb unseren Tod nicht einfach bejahen, wir können uns diesen Stachel nicht selbst aus dem Fleisch ziehen. Wenn wir jedoch ganz wir selbst sein wollen, dann müssen wir auch versuchen, die zu uns gehörige Tatsache unseres Todes irgendwie zu akzeptieren, unseren Tod, der jetzt schon in uns ist, irgendwie anzunehmen. Es ist offensichtlich, daß wir hier jetzt nicht mehr weiterkommen. Welche Antwort gibt uns die Bibel?

4. Jesus Christus hat nicht für sich selbst gelebt

Wir haben uns bisher nach unseren eigenen Erfahrungen, Plänen, Zielen gefragt. Wenn wir nun diese Fragen an das Neue Testament stellen, dann müssen wir von vornherein damit rechnen, daß wir Antworten erhalten, die wir zunächst nicht erwartet haben. *Christliche* Grunderfahrung ist nicht ohne weiteres allgemeine menschliche Grunderfahrung. Jesus Christus war ein Mensch, der alle menschlichen Maßstäbe durchbrochen hat und der unsere Fragen in eine neue Richtung lenkt. Jesus erhebt den Anspruch, daß er allein Gott so erfahren hat, wie er in sich selbst ist, daß wir nur *durch ihn* einen Zugang zu Gott haben: »Ich bin der *Weg* und die *Wahrheit* und das *Leben;* niemand kommt zum Vater, außer durch mich. Wer mich gesehen hat, hat den Vater gesehen« (Joh 14, 6—9). Wir sagten oben, daß das Wort »Sinn« aus einer Wurzel kommt, die etwas zu tun hat mit »gehen, reisen, fahren, eine Richtung nehmen«. Sinn hat immer etwas zu tun mit Weg und Ziel. Jesus behauptet also von sich, er selbst sei der Weg und damit der Sinn unseres Lebens, der Sinn der Geschichte und der Welt. Das ist natürlich ein ungeheurer Anspruch. Wir werden in der vierten Woche noch genauer darüber nachdenken.

Die Bibel zeigt uns vom ersten bis zum letzten Buch, daß wir unsere Leitbilder, unsere Ziele und die entsprechenden Pläne nicht einzig und allein unserer menschlichen Umwelt entnehmen können. Die Israeliten dürfen nicht das verehren, was die Menschen der Umwelt fasziniert und ihnen Sinn gibt: Sie dürfen Sinngebung nicht erwarten von den Kräften der Erde, der Natur des Blutes, des Eros, der Ahnen. Die Mächte, die der Mensch sich im Bild der Götter vorstellt, sind von ihm selbst gemacht und deshalb *nichts*. Der Gott des Alten Testamentes sagt durch seinen Propheten: »Erkennet, daß ich ich bin, vor mir war kein Gott gebildet, noch wird es nach mir einen geben. Ich, ich allein bin Jahwe, außer mir gibt es keinen Helfer« (Jes 43, 10). *Götter sind der Versuch des Menschen, sich den Sinn selbst zu geben.*

Die Bibel verlangt deshalb von uns, daß wir unser Pochen auf Sinn zunächst einmal ganz aufgeben. Gott zeigt sich nämlich ganz anders, als wir erwartet haben. Er gibt unserem Leben einen Sinn, den wir von uns aus nicht entwerfen würden, der von uns eine *Umkehr* unseres ganzen Denkens, Wünschens und Planens verlangt. Die Sinnantwort, die Gott uns in Jesus Christus gegeben hat, ist nämlich das *Kreuz,* und dies ist nun in der Tat eine Antwort, die wir mit unserem Verstand nicht mehr erkennen und beweisen können, die von uns eine *Grundentscheidung* fordert. Wir haben aber oben bereits gezeigt, daß auch die Behauptung, alles sei sinnlos und absurd, eine Grundentscheidung, eine Stellungnahme zur Zukunft, enthält, die ebenfalls in ihrer Richtigkeit nicht zu beweisen ist.

Fragen wir zunächst: Welchen Sinn hat Jesus in seinem Leben gesehen? Was waren seine Ziele, seine Pläne, seine Leitbilder? Wovon war er begeistert, *wofür* hat er gelebt? Paulus gibt uns im Römerbrief eine zusammenfassende Antwort: »Jeder von uns soll für den Nächsten leben, um Gutes zu tun und die Gemeinde aufzubauen. Denn auch Christus *hat nicht für sich selbst gelebt*« (Röm 15, 2 f). Dem griechischen Urtext entsprechend, könnte man auch übersetzen: Er hat nicht sich selbst gedient, er war nicht von sich selbst begeistert, in seinem Tun und Denken nicht auf sich selbst bezogen. Dies kommt in dem kleinen Wort »für« zum Ausdruck: Er hat *für* seine Mitmenschen gelebt, sich *für uns* eingesetzt, die wir getrennt von Gott leben. Er hat nicht sich selbst verkündet, sondern den Willen dessen, von dem er alles empfangen hat, sein Dasein und seinen Sinn: »Meine Speise ist es, den Willen dessen zu tun, der mich gesandt hat« (Joh 4, 34). Jesus hat nicht seinen privaten Nutzen gesucht oder sich lediglich für den kollektiven Nutzen der Menschheit aufgeopfert. Seine Leistung war es vielmehr, sich mit äußerster Entschiedenheit einzusetzen für alle, die ausgestoßen sind, als Sünder ausgestoßen von der Gemeinschaft mit Gott, als Entrechtete ausgestoßen aus der damaligen Gesellschaft. In diesem Tun wußte er sich bejaht und bestätigt von seinem Vater. In der Beziehung zu ihm erfuhr er den Sinn seines Lebens. Er hat nicht um die Anerkennung anderer Menschen gebettelt, um so Sinnerfahrung zu erzwingen. Ihm hat es genügt, daß *Gott* ihn anerkennt.

Schon hier zeigt sich, daß die Antwort der Bibel anders ist, als wir erwartet hatten. Wir haben von uns selbst her nicht den Antrieb, in erster Linie *für andere* da zu sein (die Aufopferung für die Gesellschaft und den Fortschritt muß in kollektiven, marxistischen Systemen deshalb erzwungen werden), und wir haben von uns aus auch nicht die Tendenz, die Bejahung und Anerkennung unserer Person in erster Linie von Gott her zu erwarten.

Es kommt aber noch anders. Wir sagten oben, daß das Verhältnis zum eigenen Tod ein Test für die Echtheit und Wahrhaftigkeit dessen ist, was man Sinn des Lebens nennt. Wir wissen nicht, ob die Voraussagen Jesu über sein Leiden und seinen Tod in unserem heutigen Sinne »historisch« sind. Aufgrund seiner Konfrontation mit den damaligen Machthabern und mit der Gesellschaft mußte er jedoch mit einem tödlichen Ausgang rechnen. Die Evangelien schildern uns Jesus jedenfalls als jemanden, der zu seinem eigenen Tod ein ganz bewußtes Verhältnis hat und ihn von Gott annimmt. Dies wird sehr deutlich in Mt 16, 21—23: Jesus sagt voraus, er werde vieles erleiden, getötet werden, am dritten Tag aber auferweckt. Petrus macht ihm deshalb Vorwürfe: »Das soll Gott verhüten, Herr! Das darf nicht mit dir geschehen!« Jesus entgegnet Petrus mit harten Worten: »Weg mit dir, Satan! Du willst mich in Versuchung führen; denn du hast nicht das im Sinn, was Gott will, sondern was die Menschen wollen.« Für Petrus ist es offenbar »sinnlos«, daß der Meister getötet wird und daß er dies auch noch selbst bejaht. Das ist ganz menschlich gedacht, so menschlich, daß dahinter bereits dämonische Kräfte sichtbar werden. Jesus verlangt deshalb von Petrus und den anderen Jüngern, daß sie die Frage nach dem Sinn anders stellen: »Wer zu mir gehören will, der *verleugne sich selbst,* nehme sein *Kreuz* auf sich und folge mir nach. Denn wer sein Leben retten will, wird es verlieren; wer aber sein Leben um meinetwillen verliert, *wird es gewinnen«* (Mt 16, 24 f). »Sich selbst verleugnen« heißt soviel wie: nicht auf sich selbst achten, sich selbst weggeben, *da sein für andere.* Jesus verheißt nun: Wer, ebenso wie ich, ganz für andere da ist und nichts anderes im Sinn hat, als anderen zu dienen, der wird auf unerwartete Weise sein »Leben« gewinnen, daß heißt, dem wird ein neues Verhältnis zu sich selbst geschenkt. Wer dagegen sich selbst retten will, wer bei allen seinen Plänen und Taten fragt: Was nützt *mir* das?, der wird sein Leben, das heißt sich selbst verlieren, wird nie zu sich selbst finden.

Jesus hat schon während seines Lebens seinen Tod im voraus angenommen und nach der Deutung der Evangelisten in seinem Tod die tiefste Sinnerfüllung seines Lebens gesehen: Am Kreuz hat er sich weggegeben an den Vater für uns und dabei zugleich in einem unvorstellbaren Maß sich selbst gefunden, wie seine Auferstehung zeigt. Er hatte als Mensch wie jeder andere Angst vor seinem Tod, aber er hat diese Angst nicht verdrängt und überspielt, sondern sich schon vor seinem Tod, am Ölberg, in einem großen Urvertrauen an Gott zurückgegeben: »Abba, Vater« (Mk 14, 36). Was Jesus bei seinem Tod erfahren hat, weiß niemand. Markus und Mattäus deuten diese

Erfahrung mit Hilfe von Psalm 22, 2: »Mein Gott, mein Gott, warum hast du mich verlassen?« (Mk 15, 34; Mt 27, 45). Derjenige, der den ganzen Sinn seines Lebens darin sah, für Gott und für andere da zu sein, der sinnempfangende Sohn, schreit hier nach Gott, dem sinngebenden Vater! Wer will die Tiefe dieser Verlassenheit ermessen? Jesus hat sie für uns durchschritten, damit wir nie mehr am Sinn des Lebens verzweifeln und bereit sind, auch unseren eigenen Tod anzunehmen. Jesus erleidet — wie jeder andere Mensch — in seinem Tod den Abbruch aller Beziehungen und eben damit tiefste Sinnlosigkeit. Dieses Geschehen ist zugleich ein Geschehen in Gott selbst; denn derjenige, der da am Kreuz nach seinem Vater schreit, ist zugleich der Sohn, der von Anfang an *in Beziehung* zu diesem Vater steht (Joh 1, 1). Der Sohn hat für uns diesen »sinnlosen« Tod auf sich genommen, um so jede Sinnlosigkeit zu besiegen, auch die Sinnlosigkeit unseres eigenen Todes. Dieser Sieg wird darin offenbar, daß er in der tiefsten Verlassenheit ja immer noch nach *seinem* Gott schreit: Er gibt die Hoffnung nicht auf, daß sein Leiden für uns vor Gott einen Sinn hat und daß auch er selbst diesen Sinn an sich selbst erfährt. Er ist bereit, von Gott einen neuen Sinn zu empfangen und hat ihn in seiner Auferstehung an sich auch wirklich *erfahren:* Die Auferstehung ist eine *neue* Beziehung zu Gott, eine Bestätigung, Anerkennung und Bejahung seiner Person durch Gott, ein neuer Sinnempfang!

Da haben wir nun die Antwort: Jesus hat in seinem eigenen Tod auch schon Deinen Tod vorweggenommen und angenommen. Wenn Du in der Kraft des Todes Jesus jetzt, in diesem Augenblick, Deinen eigenen Tod bejahst und annimmst, dann beginnt auch jetzt schon in Dir eine *neue* Beziehung zu Gott, dann beginnt Deine eigene Auferstehung! Du brauchst Dir die Tatsache Deines Todes nicht mehr verschämt zu verheimlichen oder mit Deinem Lebensdrang zu überspielen. Der Sinn Deines Lebens kann durch Deinen Tod, der jetzt schon in Dir ist, nicht weiterhin in Frage gestellt werden. Es ist sicher, daß Du selbst Deinen eigenen Tod nicht besiegen, ihm nicht seine Macht nehmen kannst. Du bist deshalb zutiefst *unfähig*, ihn von Dir aus zu bejahen und anzunehmen. Erlaube also diesem

Jesus Christus, daß *er* Deinen Tod in Dir besiegt, daß *er* ihn jetzt für Dich annimmt, er, der diese Annahme am Kreuz schon vorweggenommen hat. Dann wirst Du versöhnt sein mit Dir selbst, versöhnt auch mit der unbestreitbaren Tatsache Deines Todes. Dies setzt allerdings voraus, daß Du Jesus Christus die Herrschaft über Dein Leben gibst, daß nicht Du selbst im Mittelpunkt Deines Lebens stehst, sondern dieser Jesus Christus. Übergib ihm nicht nur Dein Leben, Deine Lebendigkeit, Deine Pläne und Ziele, sondern überlasse ihm auch die Tatsache Deines Todes, gib Deinen Tod an ihn zurück. Er lebt in Dir und wird *in Dir* und *für Dich* Deinen Tod annehmen. Auf diese Weise wird Dir eine *Freiheit* geschenkt, die sonst niemand Dir geben kann, denn kein anderer Mensch kann Deinen Tod auf sich nehmen. Jesus Christus aber hat uns von der Knechtschaft des Todes befreit: »Tod, wo ist dein Sieg? Tod, wo ist dein Stachel?« (1 Kor 15, 55).

5. Gott ist Selbstweggabe

Die Frage nach dem Sinn unseres Lebens hat uns zu Jesus geführt, und Jesus führt uns zu Gott als der allerletzten Instanz, von der wir Sinn empfangen. Er gibt uns das Dasein ohne uns, und er nimmt es uns auch wieder ohne uns. Was ist das für ein Gott? Jesus gibt uns die Antwort: Gott nimmt uns das Dasein zwar ohne uns, aber nicht ohne *sich selbst!* »Gott hat seinen eigenen Sohn nicht verschont, sondern ihn für uns alle weggegeben« (Röm 8,32). Indem Gott sein Eigenstes, seinen Sohn, nicht verschont hat, verschont er auch sich selbst nicht, und indem er seinen eigenen Sohn für uns weggibt, gibt er auch etwas von *sich selbst* weg. Der Sohn offenbart diese Selbstweggabe des Vaters dadurch, daß er *sich selbst* für uns weggibt: »Ahmt Gott nach als seine geliebten Kinder und übt die Liebe, weil auch Christus uns geliebt und sich *für uns weggegeben hat* als Gabe und Opfer, das Gott wohlgefällt« (Eph 5, 1 f; vgl. Eph 5, 25; Gal 2, 20). Wir könnten die christliche Botschaft in dem einen Satz zusammenfassen: *Gott ist die Selbstweggabe.* Er ist aus sich selbst und durch sich selbst, er hat keinen Ursprung außerhalb seiner selbst, keinen Gott über sich, von dem er sein Dasein und seinen Sinn empfängt. Er hat alles, was er haben könnte; er ist alles, was er sein könnte; er hat seinen Sinn in sich selbst. Gott lebt aber nicht total für sich selbst, sondern er hat sein innerstes Wesen dadurch geoffenbart, daß er sich selbst weggibt: Gott ist die Liebe *als* Selbstweggabe! Der Mensch Jesus Christus hat uns diesen Gott gezeigt, denn der ganze Sinn seines Lebens war Selbstweggabe. Christliche *Grunderfahrung* ist deshalb nichts anderes als Nachahmung jenes Gottes, der sein Eigenstes für uns selbst weggegeben hat, Nachfolge jenes Sohnes, der sich selbst für uns weggegeben hat. Einübung in die christliche Grunderfahrung ist deshalb Einübung in das Da-sein für andere, in die Selbstweggabe. In ihr wird geschenkweise eine unerwartete Selbsterfahrung und Selbstfindung hinzugegeben, eine Intensivierung der ganzen Person bis in ihre Gefühle und Affekte hinein. Es ist wirklich unglaublich, was geschieht, wenn ein Mensch sich Gott ganz ausliefert!

Wir werden später noch zeigen, daß zur christlichen Grunderfahrung auch die Ausübung der von Gott geschenkten Geistesgaben (Charismen) gehört, die jedem einzelnen je nach seinen Fähigkeiten zum Dienst in Kirche und Welt geschenkt werden. Diese Geistesgaben sind Ausdruck der Liebe Gottes zu uns, seiner Selbstweggabe, und können deshalb auch nur in der Selbstweggabe an die Mitmenschen ausgeübt werden[2]. Wir werden später noch zeigen, daß dieser Vorgang die Annahme des eigenen Todes voraussetzt, die »Todestaufe«, und in diesem Sinne alles andere als »enthusiastisch« ist. Man hat sich daran gewöhnt, die »charismatische Erneuerung« als ein »enthusiastisches« Phänomen zu verstehen. Es sei jedoch mit Nachdruck darauf hingewiesen, daß das Wort »Enthusiasmus« (griechisch: enthusiasmós) im Neuen Testament überhaupt nicht vorkommt. Wenn man glaubt, nicht auf es verzichten zu können, müßte nachgewiesen werden, daß es sinnvoll ist, den Tod Jesu als »enthusiastisch« zu bezeichnen. Im heutigen Sprachgebrauch verbindet man mit diesem Wort die Vorstellung von »schwärmerisch«, »überschwenglich«. Von daher ist es irreführend, die Ausübung von Geistesgaben »enthusiastisch« zu nennen.

Hast Du die Anwesenheit Gottes in Deinem Leben schon einmal wirklich erfahren?

1. Wodurch wird man Christ?
2. Fehlformen des Christentums
   a) Christentum aus Tradition
   b) Gesetzesreligion
   c) Die gute Tat
3. Wir müssen die christliche Anfangserfahrung nachholen
4. Was heißt hier eigentlich »Erfahrung«?
   a) Ein persönliches Zeugnis
   b) Erfahrung durch persönliche Begegnung und persönlichen Umgang
5. Müssen wir unsere Vorstellungen von Gott korrigieren?
   a) Ist Gott nur der »Schöpfer«?
   b) Gott als Heiliger Geist
   c) Der Heilige Geist ist sinnenhaft erfahrbar zwischen uns anwesend

1. Wodurch wird man Christ?

Wenn nicht ein blinder Zufall der Ursprung unseres Lebens ist, sondern die Liebe jenes Gottes, der sich uns in der Bibel geoffenbart hat, dann ist es für uns von höchstem Interesse, diesen Gott näher kennenzulernen. Dann kommt es ganz entscheidend darauf an, daß wir ihn nicht nur finden *möchten,* sondern auch wirklich finden, seine Führung und Anwesenheit in unserem Leben wirklich *erfahren.* Die Bibel spricht vom ersten bis zum letzten Buch immer wieder davon, daß Gott sich uns wirklich zu erfahren gibt, ja, die Bibel selbst ist nicht in den Studierstuben und an den Schreibtischen entstanden, sondern sie gibt lebendige Erfahrungen mit dem lebendigen Gott wieder.

Deshalb zunächst die Frage: Wodurch bist Du Christ? In den Stammländern des Christentums sind über 95% der Einwohner Christen, und zwar meistens zunächst durch die Kindertaufe und dann durch Erziehung und Unterricht. Wie war es bei Dir? Wahrscheinlich bist Du als kleines Kind getauft worden und wurdest dann in der Familie und in der Schule christlich erzogen. Du hast bestimmte Lehrsätze gelernt, Lieder und Gebete eingeübt, Sakramente empfangen. Ist bei Dir zu Kindertaufe und Erziehung aber auch jener entscheidende dritte Schritt hinzugekommen: die wirkliche persönliche *Umkehr* zu Gott in der Kraft Christi, die Dein Leben verändert, die persönliche *Entscheidung* für Christus? Hat es in Deinem Leben Tage, Wochen, Monate gegeben, in denen Du so von der Liebe Gottes betroffen, überschüttet, erfaßt warst, wie Braut und Bräutigam, Mann und Frau voneinander betroffen und erfaßt sind? Liebe erlernt man nicht durch Unterricht, sondern Liebe trifft ins Herz, oft ganz plötzlich, und dies gilt sowohl von der Liebe zu einem anderen Menschen als auch von der Liebe zu Gott. Ist Dein *Taufbund* für Dich ebenso wirklich und folgenreich wie der *Bund* unter Ehegatten? Dem Neuen Testament entsprechend wirst Du Christ ganz entscheidend und letztlich nur durch Deine persönliche Hinwendung zu Christus und die Erfahrung seiner wirklichen *Anwesenheit* in Deinem Leben! Nur so kannst Du den Plan Gottes mit Dir und mit der Welt wirklich *erfahren,* kannst Du wirklich sinnvoll leben!

Bevor wir darauf zurückkommen, muß die Vorfrage geklärt werden: Was ist denn aus Deiner christlichen Erziehung eigentlich geworden? Vielleicht hast Du schon lange den Gottesdienst nicht mehr besucht, betest nicht mehr, stehst Deiner christlichen Erziehung gleichgültig oder sogar ablehnend gegenüber. Vielleicht möchtest Du mit der Institution Kirche, mit ihren Ämtern, Geboten und ihrem öffentlichen Auftreten nichts zu tun haben, aber Du hättest unter Umständen nichts dagegen, wenn Du es wirklich wieder einmal mit Gott selbst zu tun bekämest. Im Grunde suchst Du immer noch Gott und möchtest ihn auch wirklich finden. Wenn dies für Dich zutrifft, dann bist Du immer noch offen für jene Erfahrung Gottes, von der wir sprechen wollen!

Wenn du zu den *überzeugten* Christen gehörst, regelmäßig den Gottesdienst besuchst und Dich tatkräftig in der Gesellschaft engagierst: Macht Dir Dein Christentum Freude? Läßt Du Dich innerlich vom Geist Gottes führen, ohne von vornherein eigene Pläne und Strategien zu entwickeln? Hast Du dich — wie es für die Taufe von Erwachsenen vorgesehen ist — vor Zeugen für Christus entschieden, Dein Leben in einer ganz persönlichen Selbstauslieferung an ihn zurückgegeben? Vielleicht erkennst Du Dich in einer der folgenden Fehlformen des Christentums wieder?

2. Fehlformen des Christentums

a) Christentum aus Tradition

In unserem christlichen Alltag haben wir es in erster Linie mit Überlieferungen, liturgischen Formen, Lehrsätzen, Gebetsformeln, Institutionen und Ämtern zu tun, die *irgendwann einmal* aus einer tiefen Glaubenserfahrung erwachsen sind und dann gleichsam »konservierter« Glaube wurden. Unser Glaube lebt ganz sicher *auch* von dem Glauben derjenigen, die vor uns gelebt haben, aber er kann nicht *nur* und *ausschließlich* aus zweiter Hand leben. Wenn dies so wäre, dann wüßten wir von Gott, von Christus, vom Heiligen Geist nur vom *Hörensagen* und müßten uns restlos auf die *Erfahrungen anderer* verlassen. Außerdem aber zeigt uns der immer noch andauernde Rückgang des Gottesdienstbesuches, der lautlose Abfall vieler Christen von ihren traditionellen Kirchen: Wir leben am »Beginn einer neuen Epoche«, wie das II. Vatikanische Konzil gesagt hat, und vieles, was frühere Generationen wirklich getragen hat, muß heute von innen her mit neuem Leben gefüllt werden. Ja, viele zeitbedingte Ausdrucksformen in den Kirchen müssen mit Entschiedenheit durch andere ersetzt werden (Kirchenlied, Predigtstil usw.). Darin zeigt sich, daß man nicht nur aus der im Grunde anerzogenen Tradition Christ sein kann.

Gerade sogenannte »gute Christen«, die aufgrund einer intensiven Erziehung in Elternhaus und Schule in ihrer Gemeinde, in Verbänden und Organisationen tätig sind, scheinen oft am wenigsten offen zu sein für eine das Leben ändernde Erfahrung der Anwesenheit Gottes: Sie vertrauen allzusehr auf das, was sie gelernt haben, auf ihre eigenen Kenntnisse, Pläne und Strategien. Ein solches, von Umwelt und Tradition getragenes Christentum ist eigentlich nur dort möglich, wo die Umwelt christlich ist: die Regierungen, die Gesetze, die öffentliche Meinung, die geltenden Normen des Handelns. Wenn Du Dich darauf verläßt, dann bedenke: Auch im christlichen Abendland ist die Umwelt, in der wir leben, nicht mehr christlich, und unser lediglich auf Tradition beruhendes Christentum wird einer wirklichen Krise nicht standhalten!

b) Gesetzesreligion

Viele gläubige Christen beschränken sich auf ein anerzogenes Christentum. Sicherlich ist christliche Erziehung notwendig, aber Erziehung verführt dazu, daß man lediglich seine religiösen »Pflichten« erfüllt, »Pflichtgebete« verrichtet usw. Das Christentum wird dann leicht zu einer *Sammlung unangenehmer Forderungen,* und Gott bleibt lediglich so etwas wie eine »himmlische Aufsichtsperson«, der gegenüber man sich auf Pflichterfüllung und Leistungen beruft. Wenn einem ein anderes Angebot eines sinnerfüllten Lebens gemacht wird, das weniger »unangenehme Forderungen« enthält, wird man der Kirche oder Gott selbst den Rücken kehren. Der lautlose Abfall vieler Christen von ihren Kirchen geht auf diese Fehlform des Christentums zurück: Dauernde Glaubensbindung wird nur geschenkt aufgrund einer persönlichen Entscheidung für Christus, einer personalen Begegnung mit dem sich selbst weggebenden Gott!

c) Die gute Tat

Viele halten heute weder etwas von Tradition noch von religiöser Pflichterfüllung, üben aber um so mehr die tätige Nächstenliebe, engagieren sich in der Gesellschaft. Sie sind der Auffassung: Es *genügt*, ein guter Mensch zu sein, ich brauche keine Kirche und keine Gebote! Ich engagiere mich im politischen und sozialen Leben, und es ist mir im Grunde gleichgültig, was und wie man glaubt. Viele halten sogar so etwas wie Gotteserfahrung für schädlich: Sie verführe dazu, sich mit den vorhandenen Strukturen in Kirche und Gesellschaft zufriedenzugeben, nicht mehr zu kämpfen, nicht mehr zu protestieren. Es gibt in der Tat Christen, die viel von Erlebnis und Erfahrung sprechen, die sich aber in ihren Gefühlen gleichsam baden, sich selbst und ihre Gotteserfahrung genießen wollen, sich der Weltverantwortung entziehen und in einen leeren Spiritualismus flüchten. Es gibt in der Tat Gruppen, die viel vom Heiligen Geist und einer charismatischen Erneuerung der Kirche sprechen, einen etwas übertriebenen, enthusiastischen Eindruck machen und außerdem übersehen, daß bei Paulus auch gesellschaftskritische Charismen vorgesehen sind (wir werden davon in der sechsten Woche noch genauer sprechen).

Solche Einseitigkeiten dürfen aber nicht zu der Auffassung verführen, jede Erneuerung, in welcher die *Anbetung* Gottes neu entdeckt wird, müsse die Menschen ihren sozialen und politischen Verpflichtungen entziehen. Im Gegenteil gilt: Wenn soziales und politisches Engagement nicht aus der Anbetung erfließt, kann es nicht im ursprünglichen Sinne als »christlich« bezeichnet werden. Dann muß man sich nämlich notgedrungen auf Ideologien verlassen, die sich unter Umständen als »christlich« ausgeben, aber nicht aus der Geisterfahrung geboren sind, sondern der Durchsetzung politischer Ziele dienen. Für den Christen ist auch der soziale und politische Einsatz *charismatisch,* das heißt von persönlicher Geisterfahrung getragen. Wer dagegen die Normen seines Handelns lediglich bestimmten Ideologien entnimmt, lebt aus zweiter Hand!

Eine andere Form des »Christentums der Tat« beschränkt sich darauf, zunächst einmal christlich zu leben und zu handeln und dann abzuwarten, bis die Menschen fragen, wie man zu einem solchen Leben gekommen sei. In einer durch und durch christlichen Umwelt, in welcher nicht von jedem einzelnen ein persönliches Wort-Zeugnis erwartet wird, mag dies genügen. Manchmal ist es in der Tat auch besser, sich wortlos einzusetzen, die christliche Hoffnung wortlos zu bezeugen. In einer neuen, missionarischen Situation der Kirche, auch in den Stammländern des Christentums, kommen wir aber an dem persönlichen Wort-Zeugnis nicht mehr vorbei. Die christliche Kirche ist ursprünglich nicht daraus entstanden, daß die Jünger zunächst einmal christlich gelebt und mit der Wort-Verkündigung gewartet haben, bis die Menschen sie dazu aufforderten. Natürlich waren sie ein Herz und eine Seele, hatten alles gemeinsam und waren beim ganzen Volk beliebt (Apg 4, 32—37; 5, 12 f). Dieses Zeugnis des Lebens war aber *begründet* in der pfingstlichen Geisterfahrung, die sich von Anfang an ausgedrückt hat in einem *öffentlichen,* bis dahin nicht gekannten *Lob Gottes,* in einer Verkündigung seiner großen Taten (Apg 2, 4. 11). Das Bekenntnis mit dem Mund gehört ebenso zum Christen wie das Bekenntnis des gelebten Lebens. Leben und Wortverkündigung bestätigen sich gegenseitig, rufen sich gegenseitig hervor: »Das Wort ist dir nahe, es ist in deinem *Mund* und in deinem Herzen. Gemeint ist das Wort des Glaubens, das wir *verkündigen*; denn wenn du mit deinem *Mund* bekennst: ›Herr ist Jesus‹, und in deinem Herzen glaubst: ›Gott hat ihn von den Toten auferweckt‹, so wirst du gerettet werden. Wer mit dem Herzen glaubt und mit dem *Mund* bekennt, wird Gerechtigkeit und Heil erlangen« (Röm 10, 8—10). Jesus selbst begann seine Verkündigung mit einem *persönlichen Gebet in Anwesenheit anderer* (Lk 3, 21) und forderte von seinen Jüngern ausdrücklich ein persönliches Bekenntnis: »Wer sich vor den Menschen zu mir *bekennt,* zu dem wird sich auch der Menschensohn vor den Engeln Gottes bekennen« (Lk 12, 8). Nach Paulus sind zu diesem Dienst der Verkündigung alle Christen berufen, nicht nur der eine »Geistliche« in der Gemeinde! Alle Christen sind »geistliche Menschen« (1 Kor 2, 14 f), und alle sollen auch im *Wort* »Verwalter der vielfältigen Gnade Gottes« sein (1 Petr 4, 10 f).

Dieses Zeugnis im Wort ist keineswegs Selbstdarstellung, angeberisches »Sich-zur-Schau-stellen«. Es ist nämlich geistgewirkt und fruchtbar, wenn es aus der Selbstweggabe kommt, wenn der Christ wie das Weizenkorn »gestorben« ist. Deshalb steht am Anfang der Wortverkündigung die Selbstauslieferung an Christus, und diese ist alles andere als »enthusiastisch«.

3. Wir müssen die christliche Anfangserfahrung nachholen

Den Aussagen des Neuen Testamentes entsprechend steht am Anfang des Christseins eine ganz bestimmte Erfahrung. Was würden wir auf die Frage antworten: »Habt ihr den Heiligen Geist empfangen, als ihr gläubig wurdet?« Genau diese Frage hat Paulus einmal den Einwohnern von Ephesus gestellt, als er durch ihre Stadt kam (Apg 19, 2). Ich würde auf eine solche Frage antworten: »Als ich gläubig wurde? Ich kann dafür keinen bestimmten Zeitpunkt angeben. Ich bin es immer gewesen, von Geburt an. Heiligen Geist empfangen? Weiß ich nicht, woran soll ich das denn erkennen?« Die Leute von Ephesus haben damals sogar geantwortet: »Wir haben nicht einmal gehört, daß es einen Heiligen Geist gibt« (Apg 19, 2). *Wir* haben vielleicht einmal davon gehört, daß es einen Heiligen Geist geben soll, wir wissen um ihn vom *Hörensagen,* aber wir können uns darunter nicht viel vorstellen, und wir könnten kaum sagen, ob und wann wir ihn empfangen haben. Die Frage des Paulus hat aber nur dann einen Sinn, wenn die Geisterfahrung so tiefgreifend ist, daß man sich noch nach Jahren an sie erinnern kann!
In einem der frühesten Briefe des Neuen Testamentes, dem Galaterbrief, heißt es einmal: »Habt ihr den Geist durch die Werke des Gesetzes oder durch die Botschaft des Glaubens empfangen? Seid ihr so unvernünftig? Im Geist habt ihr den Anfang gemacht, und jetzt erwartet ihr vom Fleisch die Vollendung. Habt ihr denn so Großes umsonst *erfahren?«* (Gal 3, 2—4). Es gab damals Leute, die behaupteten, man könne sich durch die Beobachtung des altbundlichen Gesetzes und bestimmter Riten (der Beschneidung) die Gnädigkeit Gottes, seinen Geist, verdienen. Paulus erinnert die Galater deshalb

daran, daß ihnen am Anfang ihres Christseins eine ihr Leben
verändernde *Geisterfahrung* geschenkt worden ist, an die sie
sich immer wieder *erinnern* können und die ihr Leben *bleibend*
bestimmt. Die sklavische Erfüllung von Geboten und Gesetzen
dagegen macht unfrei, richtet die Anfangserfahrung zugrunde.
Wie ist sie näher zu beschreiben? Man müßte den Satz in
Gal 3, 4 dem griechischen Urtext entsprechend wörtlich übersetzen: »Habt ihr denn so Großes umsonst *erlitten?*« Hier
wird dasselbe Wort gebraucht, mit dem auch das Leiden Jesu
ausgedrückt wird, seine Selbstweggabe am Kreuz: *Die christliche Grund- und Anfangserfahrung ist ein passives, erleiden-
des Erfülltwerden mit Heiligem Geist.* Dieser Vorgang setzt
voraus, daß ich mich selbst ganz leer machen lasse, damit der
Geist Gottes mich ganz erfüllen kann. Ich muß also bereit sein,
mich selbst ganz wegzugeben an diesen Heiligen Geist. Lukas
beschreibt diese Anfangserfahrung so: Die Menschen werden
erfüllt mit Heiligem Geist (Apg 2, 4; 4, 31; 9, 17), sie *empfangen* ihn (Apg 2, 38; 8, 15; 17, 19; 10, 47; 19, 2), er *kommt
auf sie herab* (Apg 8, 16; 10, 44; 11, 15). Zusammenfassend
nennt Lukas in den Eingangsbemerkungen zu seiner Apostelgeschichte diesen Vorgang *»Getauftwerden mit Heiligem Geist«*
(1, 5; vgl. 11, 16). Diese Erfahrung steht deshalb am Anfang
des vollen Christseins, weil sie auch der Anfang der Kirche
war (vgl. Apg 11, 15 f).
Wenn im Neuen Testament von ihr die Rede ist, dann sind immer *erwachsene* Menschen gemeint. Die Praxis der Kindertaufe ist im Neuen Testament nicht eindeutig bezeugt. Du bist
wahrscheinlich als kleines Kind getauft worden. Damals warst
Du zu einer personalen Selbstweggabe, einer Bekehrung und
persönlichen Entscheidung für Christus aber noch gar nicht
fähig. Nichts gegen eine christliche Erziehung in Schule und
Elternhaus: Die Forderung, der junge Mensch solle sich erst in
der Pubertät in einer dem Christentum feindlichen oder ihm
gegenüber gleichgültigen Umwelt für Christus entscheiden, ist
eine *Utopie.* Ein Christentum aber, das *nur* auf Erziehung
beruht, *ohne Entscheidung und Umkehr,* ist unvollständig.
Niemand kann sich an meiner Stelle bekehren (auch nicht die
Taufpaten, auch nicht die Eltern und Erzieher), niemand kann

sich stellvertretend für mich taufen lassen. Ich muß also die für die Taufe vorausgesetzte persönliche Umkehr und Selbstweggabe *nachholen!* Wenn ich als Erwachsener getauft worden wäre, dann hätte ich in der Öffentlichkeit der Kirche dem Satan widersagt: »*Ich* widersage«, ich hätte ein öffentliches Bekenntnis meines Glaubens abgelegt: »*Ich* glaube«, und ich hätte vor allen bekannt: »Ja, *ich* will getauft werden.« Es genügt deshalb nicht, dieses Bekenntnis im Chor mit anderen nachzuholen (etwa bei der Tauferneuerung in der Osternacht), weil »man« dies eben so tut, weil das so üblich ist. Man kann die persönliche Selbstauslieferung an Christus nicht »einführen«, nicht in liturgischen Erneuerungen vorschreiben. Jeder müßte sein Taufversprechen, das *andere* an seiner Stelle ausgesprochen haben, auf eine sehr *persönliche* Weise bestätigen und nachholen.

Allerdings ist dieser Vorgang nicht in erster Linie unser eigenes Werk, unsere eigene Absicht und Willensanstrengung. Gott tut immer den ersten Schritt. Er selbst wirkt den Anfang des Glaubens, den Anfang der Bekehrung in uns. Im fünften Jahrhundert gab es Leute, die behaupteten: Wir müssen mit unserem eigenen guten Willen auf Gott zugehen, und dann tut er alles übrige. Demgegenüber sagt die Kirche: »Der *Anfang* des Glaubens, ja, selbst die *Glaubensbereitschaft,* die zum Glauben an Christus und zur Taufe führt, ist nicht durch unsere eigene Kraft in uns, sondern durch die Eingebung des Heiligen Geistes«[3]: Aus diesem Text geht zugleich hervor, daß der *Anfang* des Glaubens nicht in erster Linie die Entgegennahme von kirchlichen Lehren und theologischen Wahrheiten ist, sondern die Glaubensbereitschaft, die *Glaubensemotion,* aufgrund deren wir überhaupt erst offen dafür sind, Glaubenswahrheiten entgegenzunehmen. Der Glaube erfaßt *alle* unsere Kräfte: Verstand, Wille und Gefühl. Weil jedoch aufgrund einer langen Geschichte der Glaube auf das Fürwahrhalten von Wahrheiten eingeschränkt und somit den Verstand übermäßig betont wurde, muß heute mit Nachdruck gesagt werden: Zum Glauben gehört *auch* die Glaubensemotion, die tiefe *Betroffenheit* (vgl. Apg 2, 37) von dem Glaubenszeugnis anderer.

4. Was heißt hier eigentlich »Erfahrung«[4]?

a) Ein persönliches Zeugnis

Die meisten Christen erwarten von ihren »Geistlichen«, daß sie nicht nur gute Christen sind, sondern irgendwie auch Gott näher stehen (dies gilt nicht nur für Katholiken, sondern in abgeschwächter Form auch für evangelische Christen, selbst wenn sie theoretisch eine ganz andere Position einnehmen). Deshalb ist der Bericht eines Priesters bedeutsam, in welchem dieses Verhältnis sich umkehrt. Es ist zugleich kennzeichnend für eine Erneuerung der Kirche, die um die Mitte unseres Jahrhunderts in fast allen Großkirchen aufgebrochen ist. Ein katholischer Priester berichtet von sich selbst folgendes:

Am 16. Mai 1966 erreichte ich ein Hauptziel meines Lebens: Ich wurde zum Priester geweiht, und zwar »für immer«. Ich war überzeugt, daß die Welt auf mich warten würde. Es schien kein Problem zu geben, das meiner Begeisterung für das Evangelium nicht hätte weichen müssen. Ich war überzeugt, daß ich mit meinem theologischen Studium, meinem Gebetsleben und meinen modernen psychologischen Einsichten jeder Situation gewachsen wäre. Ich fühlte mich selbst als die Antwort auf so ziemlich alle Probleme und muß jetzt nachträglich sagen: Ich traute mir selbst, der Psychologie und meinen pastoralen Plänen mehr zu als dem Gebet und der Führung durch den Heiligen Geist.

Nach zwei Jahren — es war die Zeit nach dem Konzil — stellte sich eine zunehmende Spannung in meinem Leben ein, eine Unzufriedenheit mit mir selbst. Ich spürte, daß ich nicht mehr so richtig »ankam«. Ständig wurden neue pastorale Methoden empfohlen, es kamen theologische Modeströmungen auf, ich wurde unsicher und spürte sehr deutlich, daß meine dürftigen psychologischen Kenntnisse keineswegs ausreichten, um Menschen sachgerecht beraten zu können. Mein Gebetsleben löste sich allmählich auf, und schließlich brach es ganz zusammen. Ich merkte, daß ich zu trinken begann. Am Abend genehmigte ich mir einen Drink oder zwei oder drei. Das half mir, mich zu entspannen! Die Anerkennung und Bejahung meiner Person, die ich von meiner priesterlichen Tätigkeit erwartet hatte, blieb aus. Ich stürzte mich deshalb in einen ruhelosen Aktivismus und nahm ihn sehr ernst. Ich glaubte, daß ich der einzige arbeitende Priester sei. Außerdem hatte ich mehr Geld, als notwendig war, und begann, mich zu verwöhnen. Ich war unfähig, meine spirituelle Armut zu sehen und führte meine Unzufriedenheit auf die Situation in meiner Pfarrei zurück. Das einzige, was ich brauchte — so glaubte ich —, war eine Änderung meines Arbeitsplatzes. Mein Bischof tat mir den Gefallen und sandte mich in eine andere Pfarrei. Ich stürzte mich wieder in wilde Aktivität, hatte keine freie Minute. Ich predigte, was andere geschrieben hatten. Es war mir klar, daß ich nicht aus Erfahrung sprach, wenn ich die Worte Gott, Jesus, Heiliger Geist in den Mund nahm. Ich hatte zwar vieles gelernt und studiert, aber ich war jetzt am Ende. Ich hielt die Fassade aufrecht, ein überarbeiteter Priester zu sein, und sonnte mich in dem Mitleid meiner Umwelt.

Zu dieser Zeit hörte ich von einer Gebetsgruppe in einer Nachbarstadt und sagte mir: Du willst noch einmal einen Versuch machen. Ich kam in einen Pfarrsaal, in welchem etwa 140 Personen versammelt waren, alles einfache Leute. Ich wurde freundlich begrüßt, setzte mich aber vorsichtshalber in die letzte Reihe. Ich wollte nur Beobachter sein. Nach einem Lied zu Beginn stand ein älterer, grauhaariger Mann auf, der sich als Taxifahrer vorstellte. Ich war gespannt, was er zu sagen hatte, und dachte bei mir: »Was wird der mir schon sagen können?« Er sprach ein kurzes, ganz persönliches Gebet, Gott möge ihm die Kraft zum Zeugnis geben. Als er dann in einer ganz unbefangenen Weise von Jesus sprach, merkte ich sofort: *Er wußte, von wem er sprach!* Ich hatte noch nie jemanden in einer solch persönlichen Weise von Jesus Christus sprechen hören, weder in meinem Studium noch später. Die Worte dieses einfachen Mannes trafen mich zutiefst.

In den kommenden Wochen spürte ich eine Unruhe in mir, aber sie war verschieden von der früheren: Es war nicht die Unruhe einer rastlosen Aktivität, sondern die Unruhe darüber, daß ich mir selbst den Weg zu Gott verbaut haben könnte. Ich ging noch öfters in die Gebetsgruppe und kam immer wieder beschämt zurück.

Eines Abends war es dann soweit: Ich betete seit langer Zeit wieder einmal: »Komm, Heiliger Geist«. Ich kniete nieder und spürte, wie Tränen über mein Gesicht liefen. Ich weiß nicht mehr, wie lange ich gebetet habe, aber ich erkannte den ungeheuren Stolz, der die Wurzel meiner Fehlhaltungen war. Ich wußte, daß nur Gott selbst mich aus diesem Stolz befreien konnte. Bei einem der nächsten Gebetstreffen bat ich dann um die Handauflegung der anderen. Ich erinnerte mich an das Wort aus dem zweiten Brief an Timotheus: »Entfache die Gnade Gottes wieder, die in dir ist, seit ich dir die Hände aufgelegt habe. Denn Gott hat uns nicht einen Geist der Verzagtheit gegeben, sondern den Geist der Kraft, der Liebe und der Besonnenheit. Schäme dich also nicht, dich zu unserem Herrn zu bekennen« (2 Tim 1, 6 ff). In tiefer Dankbarkeit habe ich ein persönliches Gebet der Übergabe gesprochen. Die anderen haben mir die Hände aufgelegt, für mich gebetet und Gott gedankt. Noch nie in meinem Leben habe ich Menschen so herzlich umarmt wie nach dieser Stunde: Ich habe mit ihrer Hilfe zu Gott und damit auch zu meinem Beruf zurückgefunden!

b) Erfahrung durch persönliche Begegnung und persönlichen Umgang

Wir werden später noch weitere Zeugnisse anführen, in dem oben Wiedergegebenen zeigen sich aber bereits wichtige Anhaltspunkte: Der Priester hatte zwar bei der Weihe vor Zeugen ein Ja-Wort zu Christus gesprochen, aber er hatte sich noch nicht ganz für den Geist Christi leer gemacht, er war noch nicht wie das Samenkorn gestorben, hatte zuviel auf Theologenerziehung und Studium vertraut. Wer durch eine gute christliche Erziehung hindurchgegangen ist, kann dabei natürlich auch durch seine Umwelt ganz allmählich in eine tiefe Glaubenserfahrung hineinwachsen, aber der eigentliche Durchbruch wird auch dann oft erst nach einer Krise geschenkt. Die für die Taufe vorausgesetzte Bekehrung wird nicht nur durch Erziehung vermittelt, nicht *nur* durch die Glaubenserfahrung *anderer*. Bestimmte Grunderfahrungen muß man selbst machen! Christlicher Glaube ist nicht *nur* die Übernahme von Fremderfahrung, sondern auch durchaus *eigene* Erfahrung. Entscheidend ist dabei andererseits, daß sie nicht aus uns selbst kommt, sondern damit *beginnt,* daß wir den Glauben anderer *sehen und hören.* Der hochgebildete Priester hat bei dem schlichten Taxifahrer etwas gesehen und gehört, was er sich unter keinen Umständen selbst geben konnte: Lebendige, das Leben ändernde Glaubenserfahrung. Der Glaube kommt vom Hören: Dieser Grundsatz des Paulus (vgl. Röm 10, 14) ist entscheidend für eine Erneuerung der Kirche. Je mehr einer sich von Gott entfernt hat, desto intensiver ist dann die nachgeholte Ersterfahrung. Sie beginnt mit den Sinnen, nämlich mit Sehen und Hören, und sie äußert sich dann auch wieder sinnlich, in dem obigen Bericht in der Gabe der Tränen (übrigens ist im Römischen Meßbuch dazu ein eigenes Gebet vorgesehen).

Einen ähnlichen Verlauf zeigen auch die Bekehrungsberichte der Apostelgeschichte. Die Pfingsterfahrung, wie Lukas sie uns beschreibt, ist durchaus ein Bekehrungserlebnis, denn sie befähigt die Apostel dazu, angesichts der Todesdrohung der jüdischen Behörden von ihrem Glauben Zeugnis zu geben (Apg 4, 20), während sie vorher weder zum Tod Jesu noch zum eigenen Tod ein inneres Verhältnis hatten (sie waren beim Tod Jesu geflohen, Mt 26, 56) und sind Jesus auch nicht bis unter das Kreuz nachgefolgt. Die Pfingsterfahrung muß sich bei ihnen auch in sinnlich wahrnehmbaren Äußerungen gezeigt haben, denn die »frommen Männer aus jedem Volk«, die dabei anwesend waren, gerieten außer sich. Einige spotteten sogar: Sie sind vom süßen Wein betrunken (Apg 2, 13). Petrus erklärt in seiner Pfingstpredigt dieses Ereignis folgendermaßen: »Nachdem Jesus durch die rechte Hand Gottes erhöht war und vom Vater den verheißenen Heiligen Geist empfangen hatte, hat er ihn ausgegossen, *wie ihr seht und hört*« (Apg 2, 33). Dieses Zeugnis des Petrus, das ja zugleich ein Zeugnis seiner eigenen Glaubenserfahrung war, hat die Zuhörer offenbar tief erschüttert, denn Lukas berichtet: »Als sie das hörten, *traf es sie ins Herz*« (Apg 2, 37). Die *von außen* kommende, sinnliche Glaubenserfahrung führt zu tiefer *innerer* Betroffenheit, und diese wiederum führt zu der Frage: »Was sollen wir tun, Brüder?« Petrus antwortete ihnen: »Bekehrt euch, und jeder von euch lasse sich auf den Namen Jesu Christi taufen zur Vergebung eurer Sünden; dann werdet ihr die Gabe des Heiligen Geistes empfangen« (Apg 2, 38). Diese Gabe des Geistes ist für andere durchaus wiederum sinnlich wahrnehmbar, häufig in der Sprachengabe, wie weitere Berichte der Apostelgeschichte zeigen (vgl. Apg 10, 46; 19, 6; 8, 18). *Alle* Geistesgaben sind solche sinnlich wahrnehmbaren Zeichen für die Anwesenheit des Heiligen Geistes (1 Kor 12, 7).

Halten wir abschließend fest: Die für die Taufe vorausgesetzte und bei der Praxis der Kindertaufe nachzuholende Umkehrerfahrung wird durch das Glaubenszeugnis anderer in uns erweckt und führt zu einer die ganze Person bis in ihre Tiefen hinein erfassenden Selbstauslieferung an Christus. Sie ist deutlich zu unterscheiden von einem bloßen Buchwissen oder Kenntnissen, die man sich durch Studium erworben hat, aber auch von Erfahrungen, die man durch Erziehung lediglich von anderen übernommen hat. Diese Selbstauslieferung *wächst* im Umgang mit Gott, und in den vielen Erfahrungen mit ihm wird wiederum eine *Gewißheit* geschenkt, die durch verstandesmäßige Argumente weder bewirkt noch widerlegt werden kann (vgl. Apg 2, 36).

Um das Gemeinte an einem Beispiel zu verdeutlichen: Es ist ein ganz erheblicher Unterschied, ob man selbst eine Reise macht, eine Landschaft »erfährt«, oder ob man lediglich einen Reisebericht liest. Es ist ein Unterschied, ob mir das Aussehen, der Charakter eines Menschen beschrieben wird, oder ob ich ihm selbst Auge in Auge begegne, ihn selbst gesehen und gehört habe. Die erste Begegnung kann dabei besonders beeindruckend sein: »Es war um die zehnte Stunde« (Joh 1, 39). Mit dieser ersten persönlichen Begegnung begann die Geschichte eines lebenslangen Umganges mit Jesus, und aus den so gesammelten Erfahrungen erwuchs dann das Johannesevangelium.

Die hier gemeinte Erfahrung ergibt sich also aus *unmittelbarem Umgang*, ist ein *Wissen aufgrund persönlicher Begegnung*. In diesem Sinne sagen wir: »Ich habe mit diesem Menschen meine Erfahrungen gemacht«, mit unseren Eltern und Freunden, in der Berufs- und Arbeitswelt.

Nachdem Ijob seine Erfahrungen mit Gott gemacht hatte, erkannte er: »Nur vom *Hörensagen* hatte ich von dir vernommen; jetzt aber hat mein Auge dich geschaut« (Ijob 42, 5). Wie ist es mit Dir? Kennst Du Gott nur vom »Hörensagen«, oder hast Du ihn bzw. etwas von ihm schon einmal gesehen und gehört? Nirgendwo in der Bibel steht, daß wir unser Leben lang nur durch die Wüste wandern sollen, daß wir niemals die Anwesenheit Gottes in unserem Leben erfahren dürfen! Vielleicht haben wir zu sehr aus dem Mangel an Erfahrung eine Tugend gemacht!

5. Müssen wir unsere Vorstellungen von Gott korrigieren?

Erfahrung ist nie völlig blind, sondern immer auch begleitet von Vorstellungen, denn in der Glaubenserfahrung wird ja die ganze Person erfaßt, nicht nur die Emotionen, sondern auch Wille und Verstand. Es könnte deshalb durchaus sein, daß wir von unserem Verstand her *Barrieren aufbauen,* eine durchgreifende Glaubenserfahrung gar nicht für möglich halten, weil wir eine einseitige Vorstellung von Gott haben. Deshalb wäre es wichtig, jetzt, ohne viel nachzudenken, alle Vorstellungen aufzuschreiben, die man im allgemeinen mit dem Wort »Gott« verbindet. Dies ist ein wirklich wichtiger Schritt bei der »Einübung« in jene Grunderfahrung, die uns aus dem Neuen Testament entgegenschlägt.

1. .... 2. ....
3. .... 4. ....
5. .... 6. ....

a) Ist Gott nur der »Schöpfer«?

Wahrscheinlich stehen in der Liste folgende Begriffe: Vater, Schöpfer, ein höchstes Wesen, Ursprung der Welt, Allmacht, vielleicht noch Liebe. Die Aufzählung wird kaum den Namen »Jesus Christus« enthalten und mit Sicherheit nicht »Heiliger

Geist«! In diesem Befund zeigt sich ein allgemein verbreitetes, sehr einseitiges Verhältnis zu Gott. Wir sehen in ihm in erster Linie den *allmächtigen Schöpfer*. Zu Beginn des allen Christen gemeinsamen Glaubensbekenntnisses heißt es ja auch: »Ich glaube an Gott, den allmächtigen Vater, Schöpfer Himmels und der Erde.« Wir haben uns so sehr daran gewöhnt, die Vorstellung »Gott« und »allmächtiger Vater« miteinander zu verbinden, daß das Geheimnis der göttlichen Dreiheit in unserem praktischen christlichen Leben fast keine Rolle spielt. Wir übersehen nämlich, daß das Glaubensbekenntnis von *drei* und nicht nur von *einer* göttlichen Person spricht. Das Wort »Gott« meint eben diese drei Personen in ihrer Gleichrangigkeit, wie das zweimalige »und« im Aufbau des Glaubensbekenntnisses deutlich macht: »Ich glaube an Gott, (nämlich an) den Vater... *und* den Sohn... *und* den Heiligen Geist.« Dieser Heilige Geist wird »mit dem Vater und dem Sohn *zugleich* angebetet und verherrlicht«, er ist nicht weniger Gott als der Vater und Jesus Christus, aber dies ist kaum jemandem bewußt. Ein wirklich großes Verhängnis! Wir glauben ja an den Heiligen Geist, »der *Herr* ist und *lebendig macht*«. Warum wird dies nicht vom Vater und von Christus gesagt? Weil eben der Heilige Geist die Kraft Gottes und Jesu Christi ist, die uns auferwecken wird (vgl. Röm 8, 11) und uns auch jetzt schon erweckt zu einem lebendigen Christenleben! Du wirst die Anwesenheit Gottes in Deinem Leben niemals wirklich *erfahren*, Du wirst nicht ein erweckter, überzeugter Christ sein können, wenn Du nicht an den Heiligen Geist glaubst, der Dich lebendig macht, wenn Du nicht *offen* bist für sein Wirken in Dir!

b) Gott als Heiliger Geist

Deshalb nun eine weitere Frage: Was fällt einem spontan ein, wenn man das Wort »Heiliger Geist« hört? Taube? Feurige Zungen? Pfingsten? Man spürt sofort, wie blaß diese Vorstellungen vom Heiligen Geist sind. Jesus Christus ist ein Mensch, und was ein Mensch ist, das wissen wir. Der Heilige Geist aber ist nicht Mensch geworden, er ist nicht in einer einzigen menschlichen Person »erschienen«, so wie der »Sohn«. Er ist aber auch nicht etwa eine Taube oder feurige Zungen »geworden«, denn diese Worte sind nur *Bilder und Vergleiche*. Es ist gefährlich, den Heiligen Geist malen zu wollen, denn die Bilder sagen *kaum* etwas über die Art und Weise seiner Anwesenheit aus. Und was fällt uns ein, wenn wir das Wort »Pfingsten« hören? Wenn uns nicht gerade »Ausflug« einfällt, dann vielleicht »Kirche«, aber ist das Pfingstfest für uns wirklich eine besonders lebendige *Erfahrung* von Kirche? Warum hat das Pfingstfest im Bewußtsein der meisten Gläubigen kaum eine Bedeutung? Ist hier nicht wirklich etwas faul, und müssen wir nicht alle unsere Vorstellung von Gott *gründlich* korrigieren?

»Heiliger Geist«, das ist im Neuen Testament *die Kraft und Dynamik (dynamis) des »Vaters« und des »Sohnes«, mit der diese beiden göttlichen Personen in uns und unter uns anwesend und wirksam sind.* Er ist als ein und dieselbe Kraft in uns allen gegenwärtig und ermöglicht eine über sonstige menschliche Gemeinsamkeit weit hinausgehende Wir-Erfahrung[5]. »*Wir alle* wurden durch die Taufe in dem *einen* Geist zu einem einzigen Leib, und *wir alle* wurden mit dem *einen* Geist getränkt« (1 Kor 12, 13). Nur an ganz wenigen Stellen des Neuen Testamentes erscheint der Heilige Geist als »Person«, so etwa wenn er »Helfer« und »Beistand« genannt wird. Wir *erfahren* diesen Helfer und Beistand in unserem Verhältnis zu Gott jedoch nur in dem Maße, als wir in seiner Kraft anderen helfen, anderen beistehen, dem Glauben anderer dienen! Es hat keinen Zweck, in der Kirche eine Statue aufzustellen mit der Unterschrift »der Helfer« (dagegen ist es sehr sinnvoll, den Menschen Jesus Christus auch als Menschen darzustellen)! Der Heilige Geist ist nicht eine Person, die uns *gegenübersteht,* wie Christus und letztlich der Vater, sondern er ermöglicht es von Anfang an, daß wir zu Christus und dem Vater in ein Verhältnis eintreten können, und er will auch unser Verhältnis zueinander ordnen, läutern und befreien.

Fragen wir deshalb noch einmal genauer: *Wo* ist denn derjenige, den wir in unserer durchschnittlichen Vorstellung »Gott« nennen? Man antwortet meistens: Er ist im Himmel, oder auch: Er ist überall. Aber ist dies nicht eine ziemlich theoretische Auskunft, die wir gelernt haben, die uns anerzogen ist? Haben wir denn wirklich Gott schon einmal überall *erfahren*? Wir sagten oben, Erfahrung hat etwas mit »Sehen und Hören« zu tun. Hast Du also diesen Schöpfer-Gott schon einmal gesehen und gehört? Mit Sicherheit nicht! Die Bibel belehrt uns, daß der Schöpfer-Gott nicht ein Teil der Schöpfung ist, nicht ein Gestirn, nicht ein Baum, ein Tier oder sonst ein Ding. Aber wie ist er dann in seiner Schöpfung anwesend? Sicherlich durch seine Allmacht: Gott ist überall, weil er alles im Dasein erhält. Aber *ihn selbst* können wir nicht sehen und hören! Wir können lediglich von den Geschöpfen auf den Schöpfer *schließen* (wenn wir uns nicht dafür entscheiden, daß alles durch Zufall entstanden ist). In Erziehung und Unterricht ist uns deshalb (mit Recht) beigebracht worden, Gott lebe in sich und für sich außerhalb der Welt, aber er wird dann leicht zu einer himmlischen Aufsichtsperson, die von außen her die Welt beobachtet. Kindern wird häufig der Merkvers beigebracht: »Wo ich bin und was ich tu, sieht mir Gott, mein Vater, zu.« Hier kann durchaus im biblischen Sinne gemeint sein, daß Gott der liebende Vater ist, der sich um mich sorgt, der immer bei mir ist. Ein wenig bedrohlicher aber lautet ein zweiter Merkvers: »Ein Auge ist, das alles sieht, selbst was in finsterer Nacht geschieht.« Unsere Freiheit, unsere Lebensfreude, ist sie nicht doch irgendwie von diesem Gott, von diesem Himmelsspion, bedroht? Es läßt sich nachweisen, daß diese Vorstellung von Gott mit eine Ursache des modernen Atheismus geworden ist. Gegen Ende des vorigen Jahrhunderts hat der Philosoph Nietzsche gesagt: Ich ertrage es nicht, daß mich ständig jemand beobachtet und mir so meine Freiheit nimmt. Er hat die Konsequenz gezogen: »Fort mit einem solchen Gott. Lieber keinen Gott, lieber auf eigene Faust Schicksal machen, lieber selber Gott sein.«

Spricht Nietzsche hier nicht einen Protest aus, der auch in uns lebendig ist? Wenn Gott nur anwesend sein soll als Beobachter, ganz von außen her, dann sind wir in der Tat nicht daran interessiert, ihn näher kennenzulernen. Wir halten ihn uns möglichst weit vom Leib. Und außerdem: Was ist das für ein Gott, der Kriege, weltweiten Hunger, Konzentrationslager zuläßt? Der uns ja immer auch in unserer eigenen Lebensgeschichte einiges zugemutet hat? Vielleicht gestehen wir ihm zu, daß er die Welt geschaffen hat, aber wir sind im Grunde doch der Meinung, daß er sich um diese seine Welt nicht sehr viel kümmert.

c) Der Heilige Geist ist sinnenhaft erfahrbar zwischen uns anwesend

Zunächst scheint es so zu sein, daß die Bibel die bisher erwähnte Vorstellung bestätigt. Im Alten Testament wird ja immer wieder betont, daß wir uns von Gott kein Bild machen können und dürfen, daß wir ihn selbst nicht sehen und hören können. Von Moses wird berichtet, daß er »Umgang« mit Gott hatte, denn sie redeten miteinander »Auge in Auge, wie Menschen miteinander reden« (Ex 33, 11; vgl. Dtn 34, 10). Und dennoch kann und darf Moses das Angesicht Gottes nicht sehen, »denn kein Mensch kann mich sehen und am Leben bleiben« (Ex 33, 20 f). Dies wird auch im Neuen Testament immer wieder betont: Gott, der Vater, hat für uns keine Stimme und keine Gestalt (Joh 5, 37). Er wohnt im unzugänglichen Licht: »Kein Mensch hat ihn gesehen oder kann ihn sehen« (1 Tim 6, 16; vgl. 1 Joh 4, 12). Dann bleibt es also dabei, daß wir von Gott keine auch durch unsere Sinne vermittelte Erfahrung haben?

Einen Schritt weiter führen uns die Aussagen des Neuen Testamentes über den Menschen Jesus von Nazaret: In ihm ist der unsichtbare und in sich selbst unerfahrbare Gott leibhaftig *erschienen* (Tit 3, 4). Die Zeitgenossen Jesu, die persönlichen Umgang mit ihm gehabt haben, sagen deshalb von sich: »Was wir *gehört* und mit unseren Augen *gesehen* haben, was wir geschaut und mit unseren Händen *betastet* haben vom Wort des Lebens, das verkünden wir« (1 Joh 1, 1 f). Wer den Menschen Jesus von Nazaret sah und hörte, der *sah und hörte* wirklich etwas vom ewigen »Wort« und damit auch von Gott selbst. Die Zeitgenossen Jesu haben in dem Menschen Jesus von Nazaret Gott selbst *erfahren*! Wie ist es aber mit uns? Nach dem Fortgang Jesu können wir ihn zwar nicht mehr sehen, hören und betasten, aber damit ist uns keineswegs jede Möglichkeit einer durch unsere Sinne vermittelten Erfahrung Gottes genommen: Jesus hat uns seinen Heiligen Geist hinterlassen, der uns an alles »erinnert« (Joh 14, 26), was er gesagt und getan hat. Der Heilige Geist bringt uns keine *neue* Offenbarung, sondern er hält das Selbstzeugnis und die Selbsterfahrung Jesu in der Geschichte wach. Das Pfingstereignis ist bei Lukas geradezu ein Beweis[6] dafür, daß Jesus auferstanden ist: Der erhöhte Herr hat den Heiligen Geist ausgegossen, *wie ihr seht und hört* (Apg 2, 33). Das heißt mit anderen Worten: *Wenn wir sehen und hören, wie andere Menschen sich lobpreisend und danksagend Gott hingeben, dann sehen und hören wir etwas vom Geist Gottes und Christi selbst!*

Dies wird besonders deutlich in der gottesdienstlichen Versammlung, von der Paulus sagt: Wenn ein Unkundiger oder Ungläubiger (also etwa einer unserer Gott gegenüber gleichgültigen Zeitgenossen) hereinkommt und ihr ihm alle ins Gewissen redet, die verborgene Gottlosigkeit seines Herzens aufdeckt, dann »wird er auf sein Gesicht niederfallen, Gott anbeten und ausrufen: *Wahrhaftig, Gott ist unter euch!*« (1 Kor 14, 25). Diesen Gott unter und zwischen uns nennt das Neue Testament auch »Heiliger Geist«. Gott ist also nicht nur als der allmächtige Schöpfer »über uns« und »außerhalb seiner Schöpfung«, sondern er ist *als* der Geist Jesu Christi sinnenhaft erfahrbar *unter und zwischen uns anwesend*! Dies wird noch deutlicher, wenn wir in der fünften und sechsten Woche von der Kirche, von den Charismen sprechen. Hier sei zunächst nur auf folgendes hingewiesen: Im Glaubensbekenntnis bekennen wir vom Heiligen Geist: »der gesprochen hat durch die Propheten«, und die Bibelwissenschaft sagt uns: Der Ursprung der Geisterfahrung im Alten Testament ist das Prophetentum. Auch im Neuen Testament ist nach dem Charisma des Apostels die wichtigste Geistesgabe die der Propheten (1 Kor 12, 28). Von ihnen gilt: »Gott ist es, der durch uns mahnt« (2 Kor 5, 20). Gott ist also anwesend, sinnenhaft erfahrbar, in den Geistesgaben, den Charismen. Deshalb heißt es in 1 Kor 12, 7: »Jedem wird die Offenbarung des Geistes geschenkt, damit sie anderen nützt.« *In den Geistesgaben tritt der Heilige Geist selbst in Erscheinung.* In ähnlicher Weise also, wie der ewige Sohn Gottes in dem Menschen Jesus von Nazaret »erschienen« ist, »erscheint« der Geist Christi in den Geistesgaben, vor allem in der gottesdienstlichen Versammlung[7].

Abschließend deshalb nochmals die Fragen: Warum denken wir bei dem Wort »Gott« nicht in erster Linie an »Gottesdienst«? Ist die gottesdienstliche Versammlung für uns ein Vorgang, in welchem wir etwas vom Geist des Vaters und Christi *sehen und hören* können? Wenn dies nicht so ist, dann müssen wir auch unsere Vorstellungen von Gott korrigieren!

Mißtrauen gegen Gott ist der Ursprung der Trennung von ihm

1. Die Erneuerung des Taufversprechens als nachgeholte Umkehr

a) Das Heil Gottes ist Heilung

Wir sagten in der zweiten Woche, daß bei der Praxis der Kindertaufe der erwachsene Christ sein Taufversprechen und die in ihm vorausgesetzte Umkehrerfahrung nachholen muß. Auch für denjenigen, der als Erwachsener getauft worden ist, genügt es nicht, sich öfters rein gedanklich an seine Anfangserfahrung zu »erinnern«, sondern er muß sie immer wieder in sich *erneuern*. Luther sagt einmal, das ganze Christenleben sei ein »Hineinkriechen in die Taufe«. Die Erneuerung des Taufversprechens ist deshalb ein zentraler Vorgang im Christenleben. Dieser sehr persönliche Schritt ist nicht ohne Mithilfe anderer möglich, da er ein Schritt des Glaubens ist, aber er betrifft den einzelnen in seinem ganz *persönlichen* Verhältnis zu Gott. Wir werden später noch zeigen, daß die christliche »Einübung« und »Einführung« mehrere Aspekte hat: In der Taufe ordnet Gott mich auf *sich selbst* hin, in der Firmung (bzw. Konfirmation) auf das Heil *anderer*.

Die Taufe geschieht »zur Vergebung eurer Sünden« (Apg 2, 38). Darauf weist vor allem das äußere Zeichen der Taufe hin: »Ihr seid *reingewaschen,* seid geheiligt, seid gerechtgesprochen worden im Namen unseres Herrn Jesus Christus und im Geist unseres Gottes« (1 Kor 6, 11). »Laß dich taufen und deine *Sünden abwaschen* und rufe Seinen Namen an!« (Apg 22, 16; vgl. Hebr 10, 22): Die äußere Abwaschung zeigt an und bewirkt die innere Reinigung von der Sünde. Der Heilige Geist wird in der Taufe gegeben als jene göttliche Kraft und Dynamik, die unsere Sünden hinwegnimmt, uns auf Gott hinordnet und unsere eigene Auferstehung anfanghaft beginnen läßt (vgl. Röm 6, 1—14). Die Taufe ist deshalb eine *Wiedergeburt* (1 Petr 1, 3. 23; Tit 3, 5; Joh 3, 3—8). In der sogenannten »Geisttaufe« (deren äußeres Zeichen und Angebot in einigen Kirchen das Sakrament der Firmung ist) geht es dann nicht mehr in erster Linie um mein eigenes Heil vor Gott, sondern um das Heil *anderer.* In ihr werden wir zu Zeugen für Christus bestimmt und mit den dazu befähigenden Charismen (Geistesgaben) ausgerüstet. In der Taufe werden wir ganz anfänglich Mitglied der Kirche, in dem zweiten Schritt werden wir zu Zeugen in der Kirche und für die Kirche (Abb. 1).

Die Taufe hat zwei Aspekte: Gott ordnet uns auf *sich selbst* hin (Rechtfertigung), und er ordnet uns auf das *Heil anderer* hin (Zeugnis). Beide Aspekte sind nicht in jeder Hinsicht dasselbe (wir werden später darüber noch einiges sagen). Die drei ersten Wochen dieser »Einübung« dienen der Erneuerung des Taufversprechens und die übrigen der persönlichen Öffnung für die dem Heil anderer dienenden Geistesgaben.

Rechtfertigung und »Nachlassung der Sünden« bedeutet im Neuen Testament zweierlei: Gott läßt mir jene Sünden nach, für die ich ganz *persönlich* vor ihm verantwortlich bin, er heilt aber auch jene Verletzungen in mir, die durch die Sünden

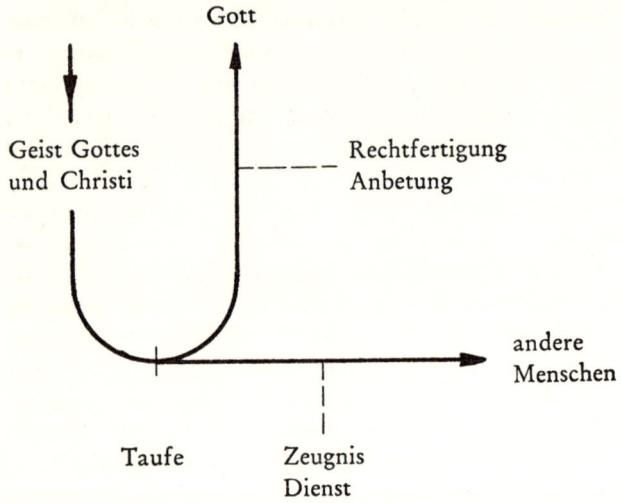

Abb. 1

anderer in mir entstanden sind, die mich ihm gegenüber mißtrauisch gemacht haben. Die persönlichen Sünden anderer, die
mein Leben von Anfang an bestimmen und die aus mir selbst
kommende Neigung zur Sünde wachrufen und verstärken,
werden auch unter der Bezeichnung »Erbsünde« zusammen-
gefaßt[8]. Wir wollen in dieser dritten Woche auf den zweiten
Aspekt besonders achten, da viele Menschen von Gott getrennt
sind, ohne eigentlich zu wissen, warum. Die bloße Absicht, zu
Gott umzukehren, genügt ja nicht, sondern wir müssen ihm
erlauben, in unsere Tiefen einzudringen, denn jeder von uns
hat bestimmte negative Erlebnisse, schmerzliche Erinnerungen
in die Tiefen seines unbewußten Lebens verdrängt. Wir müssen
es lernen, Gott gegenüber darauf *zu verzichten*, an diesen inneren Verletzungen festzuhalten, wir müssen Gott erlauben, vieles
wiedergutzumachen und uns zu heilen. Solche Heilung ist ein
längerer Prozeß und hat erst dann wirklich eingesetzt, wenn
wir an diese Verletztheiten und schmerzlichen Erfahrungen

ohne Traurigkeit, Empörung und Scham zurückdenken können, ohne Gott deshalb Vorwürfe zu machen. Wir müssen es
lernen — um es einmal ganz menschlich auszudrücken —, uns
in der Kraft seines Heiligen Geistes mit Gott zu versöhnen,
ihm gleichsam *zu verzeihen,* daß er vieles zugelassen hat, was
wir nicht verstehen und nie verstehen werden. Wir sind nicht
nur durch unsere eigene Schuld, sondern auch durch die Schuld
anderer Menschen, unserer Vorfahren, ja, aller Menschen, die
vor uns gelebt haben, von Gott getrennt. Bei dem Gebet um
Heilung der Erinnerungen und Erwartungen, das für das Ende
der dritten Woche (fünfter und sechster Tag) vorgeschlagen
ist, werden wir — wenn Gott uns so weit führt — *erfahren,* daß
die Taufgnade *heilende Anwesenheit* Gottes ist. Die heilig-
machende Gnade, die uns in der Taufe verheißen wurde, ist
zugleich *heilende* Gnade.

In der dritten Woche werden wir noch genauer erkennen: Der
allererste Anfang der Sünde (auch der Erbsünde) ist nicht
titanenhafter Stolz Gott gegenüber, sondern *Mißtrauen!* Jeder
von uns ist Gott gegenüber mißtrauisch, jeder hat sich ihm
gegenüber abgesichert, und jeder muß sich deshalb von ihm
selbst ein neues *Urvertrauen* zu ihm schenken lassen. Die Geschichte der Menschheit, also auch unsere eigene Vorgeschichte,
ist geradezu geprägt von einem *Erbmißtrauen,* das dämonischen Ursprungs ist!

Der Täufling wird gefragt: »Widersagst du dem Satan?« Die
Frage könnte auch lauten: »*Widersagst du dem Mißtrauen
gegen Gott?*« Aus der Tiefe unseres Geistes steigen nämlich
immer wieder *Warnungen* auf, die begründet sind in negativen
Erfahrungen mit anderen Menschen: Vertraue niemandem, auch
Gott nicht! Bist Du also bereit, in der Kraft des Heiligen
Geistes jenen Warnungen zu widerstehen und aufs neue Gott
zu vertrauen? Unser Mißtrauen, das wir nicht im vollen Sinne
selbst verschuldet haben, kann letztlich nur Gott selbst heilen,
und deshalb wollen wir in der dritten Woche ihm unsere Tiefen darbieten: *Sein Heil ist Heilung.* Die Erneuerung des Taufversprechens schließt dann ein, daß wir auch unsere persönlichen Sünden, für die wir selbst verantwortlich sind, vor Gott
hintragen, je nach dem Brauch unserer Kirche.

b) Sünde und Mißtrauen kommen nicht nur aus uns selbst

Es ist wichtig, sich das Gesagte noch einmal zu verdeutlichen. Man kann den Geist des Menschen vergleichen mit einem Eisberg, dessen sichtbare Spitze über der Meeresoberfläche liegt, während der größte Teil in das Meer eingetaucht bleibt. Bei jedem von uns ist die Spitze des Eisberges der bewußte, rationale Geist, aber er ist nur ein geringer Teil unserer ganzen Person. Das meiste, was wir tun, denken, wollen, fühlen, kommt aus den Tiefen dessen, was die Bibel »Herz« nennt. Das Herz ist das Innerste des Menschen. Aus ihm steigen auf die Gefühle, Antriebe und Entschlüsse, aber auch Angst, Leid, Liebe, Begierde. Gott will uns in diesem Innersten ergreifen, er will diese Tiefen öffnen, so wie den Jüngern auf dem Weg nach Emmaus: »Brannte uns nicht das Herz, als er unterwegs mit uns redete und uns den Sinn der Schrift erklärte?« (Lk 24, 32). Der Geist Gottes ist in diese unsere Tiefen hinein ausgegossen und gesandt (Röm 5, 5; 2 Kor 1, 22; Gal 4, 6).

Wie aber kommt es, daß aus diesen unseren Tiefen auch Widerstände gegen Gott aufsteigen, Zweifel, Mißtrauen, ja sogar Verstockung (vgl. Mt 13, 15; Röm 1, 21; 2 Kor 3, 15)? Wir wissen heute mehr als früher, daß viele Widerstände gegen Gott nicht nur von unserem freien Willen, von unserem klaren Bewußtsein abhängen, sondern auch von Haltungen und Gewohnheiten, die uns durch unsere *Umwelt* vermittelt sind. Wir können über sie nicht im eigentlichen Sinn verfügen, sondern wachsen von Geburt an in sie hinein. Die uns damals angebotene Gnade Gottes konnte sich nicht voll entfalten, weil die Umwelt uns ständig zur Sünde reizt, weil die Sünde und Schuld *anderer* uns daran hindert, in der Gnade Gottes zu wachsen. Sünde ist ja nie etwas rein Privates, auch dann nicht, wenn niemand von ihr weiß, sondern sie hat Folgen für die mitmenschliche Umgebung, sie hat einen *sozialen* Charakter. Wenn ich z. B. jemanden im Zorn anschreie, dann wird der andere sehr wahrscheinlich in gleicher Weise reagieren. Mein eigener Zorn kommt also wieder im Zorn des anderen zu mir zurück und reizt mich zu weiteren Zornausbrüchen. *Durch meine eigene Sünde schaffe ich mir eine sündige Umwelt.*

Die Bibel belehrt uns darüber, daß dies schon von Anfang an so ist, so daß alle Menschen, die vor uns gelebt haben, mitverantwortlich sind für die sündigen Grundhaltungen in der Welt. Durch die Sünde der ersten Menschen ist »die Sünde *in die Welt gekommen*« (Röm 5, 12). »Alles, was *in der Welt* ist, wie das Begehren des Fleisches, das Begehren der Augen und das Prahlen mit dem Besitz, kommt nicht vom Vater, sondern *von der Welt*« (1 Joh 2, 16). Deshalb hat »*die Welt* Jesus nicht erkannt« (Joh 1, 10). »Erbsünde« geht also nicht nur auf das erste Menschenpaar zurück, sondern *jeder* Mensch ist an ihr mitbeteiligt, und jeder von uns ist mitverantwortlich dafür, daß auch künftige Generationen wiederum in Situationen aufwachsen, die sie zur Sünde reizen. Unsere Umwelt ist ein ständiger Appell zum Bösen, der um so stärker wird, je mehr er mit einem sozialen Druck gekoppelt ist: Wenn z. B. ein Kind in einer Umgebung aufwächst, in welcher man sich seinen Lebensunterhalt durch Stehlen verschafft, dann wird es für dieses Kind sehr schwierig sein, nicht zu stehlen. Der Wert der Ehrlichkeit wird dem Kind von Anfang an unzugänglich sein, wenn dieser Wert in seiner Umgebung völlig fehlt. Der persönlichen Entscheidung des Kindes geht also eine *Situation* voraus, an der es selbst nicht schuld ist.

Die Sünde der Welt bzw. die Erbsünde darf jedoch nicht eingeschränkt werden auf diese von außen her auf uns zukommende und erlittene sündige Situation. Auch aus uns selbst kommen Triebe und Antriebe, aufgrund deren wir *geneigt* sind, auf diese sündige Situation auch sündig zu antworten. In jedem von uns ist eine unerklärliche und geheimnisvolle Neigung zum Bösen wirksam, die ihren allerersten Ursprung im Mißtrauen Gott gegenüber hat. Es kann uns so tief prägen, daß wir zu einer Hoffnung auf Gott kaum noch fähig sind. Wenn wir uns nämlich dem Mißtrauen überlassen, ist Angst die Folge, und diese steigert sich selbst in dem Maß, als wir versuchen, gegen sie anzukämpfen. Jesus Christus will nicht nur unseren eigenen Tod in uns selbst annehmen und ihn so entmachten, sondern er will uns auch von jedem übertriebenen Mißtrauen, von unbegründeter Angst befreien. Wir müssen nicht nur unseren eigenen Tod erleiden, sondern wir erleiden auch die Sünden anderer Menschen und unsere eigene Neigung zur Sünde. Jesus verheißt uns nicht, daß er uns von diesen Folgen des Erbmißtrauens mit einem Schlag befreit (wir werden uns bis zum letzten Atemzug damit auseinanderzusetzen haben), aber er sagt uns: »In der Welt habt ihr Angst; aber habt Mut: *Ich habe die Welt besiegt*« (Joh 16, 33).

2. Wir sind Gott gegenüber mißtrauisch

a) »Ich glaube dir«

Was Sünde ist, wird erst auf dem Hintergrund des Glaubens deutlich. Der allererste Anfang des Glaubens ist das Vertrauen, daß der Gott, der sich uns geoffenbart hat, wahrhaftig ist, daß er uns nicht täuscht und daß er seine Verheißung erfüllt. Dieses Vertrauen kommt in dem Satz zum Ausdruck: »Ich glaube *dir*.« Wir nennen diesen Glauben auch Du-Glauben. Davon zu unterscheiden ist jener Glaube, der in dem Satz zum Ausdruck kommt: »Ich glaube, *was* du sagst.« Damit ist gemeint: Ich glaube an den *Inhalt* deiner Aussage. Ich halte ihn für wahr, ich glaube dir das. Wenn z. B. jemand mir von einem Verkehrsunfall berichtet, bei dem ich selbst nicht Zeuge war, dann glaube ich diesen Bericht, weil die Person, die mir davon erzählt, glaubwürdig ist. Erst wenn ich dem anderen *als Person* glaube und ihm vertraue, wenn ich ihn für glaub-würdig halte, bin ich auch bereit, den *Inhalt* dessen zu glauben, was er mir sagt. Glauben ist also nicht lediglich ein Verstandesakt, in dem wir Wahrheiten für wahr halten, die die Kirche uns lehrt, auch nicht nur ein reiner Willensakt (Glauben ist nicht nur eine Absichtserklärung, Gott zu lieben), auch nicht nur ein reines, vom Verstand und Willen isoliertes Gefühl. Der Glaube erfaßt vielmehr die menschliche Person in ihrem innersten Kern und ihrer ganzen Tiefe, beansprucht alle Kräfte des Menschen zugleich. Dabei ist jedoch festzuhalten: Der Du-Glaube, das Vertrauen auf die Glaubwürdigkeit Gottes, umgreift den Was-Glauben, das heißt, das, was ich mit dem Verstand erkennen kann.

Dies zu betonen, ist für die Einübung in die christliche Grunderfahrung besonders wichtig. Wir sprechen in diesen sieben Wochen nicht in erster Linie von Glaubensinhalten, geben keine anfängliche Glaubensinformation. Diese ist (bei solchen, die sich noch als Christen bezeichnen) entweder vorausgesetzt, oder sie kann erst dann angenommen werden, wenn die ursprüngliche Glaubensbereitschaft, das Urvertrauen, geweckt ist.

b) Das Urvertrauen

»Wer das Reich Gottes nicht annimmt, *als wäre er ein Kind,* wird nicht hineinkommen«, sagt Jesus bei Lk 18, 17. Damit ist gemeint: So arglos und vertrauensvoll, wie ein Kind sich zu seinen Eltern oder zu seinen Bezugspersonen verhält, sollen wir uns auch Gott anvertrauen. Wer sich nicht so zu Gott verhält, wird ihn nie erfahren! Versuchen wir deshalb einmal, unsere frühesten Kindheitserinnerungen wachzurufen: Wir wollten unter allen Umständen in der Nähe unserer Eltern sein, wir suchten Geborgenheit und Heimat bei ihnen. Um alles in der Welt wollten wir von ihnen nicht getrennt werden. Unsere Grundhaltung ihnen gegenüber war keineswegs in erster Linie Mißtrauen, sondern das große *Urvertrauen* des Kindes, das von seinen Eltern alles erwartet. Wir können in unserer eigenen Lebensgeschichte nicht hinter diese ersten Erinnerungen zurückgehen. An dem Verhältnis des ganz kleinen Kindes zu seiner Bezugsperson, zu seiner Mutter, können wir aber ablesen, was ursprüngliches Urvertrauen ist: Die Mutter ist für das kleine Kind gleichsam das, über das hinaus Größeres nicht erwartet wird, also so etwas wie das Paradies des Vertrauens: Das kleine Kind lebt mit der Mutter in einer ganz ursprünglichen und engen Einheit, in einer sehr leibhaftigen Nähe, und ist mit allen seinen Kräften, mit seiner ganzen, noch völlig unbewußten Tiefe, auf die Mutter hingeordnet. Allerdings weiß die heutige Psychologie auch, daß schon in dieser allererstem Anfangsphase nicht alle Erwartungen des Kindes erfüllt werden. Es erlebt (natürlich ganz unbewußt) schon erste Enttäuschungen, und ein später oft unbegründetes Mißtrauen anderen Menschen oder auch Gott gegenüber ist bereits hier grundgelegt.

Als erwachsene, zu Bewußtsein und Freiheit erwachte Menschen können wir Gott gegenüber nicht das noch völlig *unbewußte* Vertrauen eines Kindes haben. Im zweiten Kapitel der Genesis wird uns jedoch berichtet, daß Gott den Menschen ursprünglich in das Paradies eines sehr vertrauten Umganges hinein erschaffen hat. Die Schilderung des Paradieses ist für den biblischen Schriftsteller die Voraussetzung für seine Beschreibung der Ursünde, und diese besteht letztlich in dem Mißtrauen: Gott könnte ganz anders sein, als er sich uns zeigt[9]. Er hatte den Menschen in das Paradies eines vertrauten Umganges hinein erschaffen und nur ein Gebot ausgesprochen: »Von allen Bäumen des Gartens darfst du essen, doch vom Baum der Erkenntnis von Gut und Böse darfst du nicht essen!« (Gen 2, 16 f). Damit ist gemeint: Das einzige Gebot, das Gott dem Menschen gegeben hat, ist: *Überlasse dich nie dem Mißtrauen mir gegenüber!* Die Schlange, Urbild des Bösen, versteht es jedoch, die Frau zu eben diesem Mißtrauen zu verführen mit der geschickten Frage: »Hat Gott wirklich gesagt: Ihr dürft von *keinem* Baum des Gartens essen?« (Gen 3, 1). Gott hatte dies eben *nicht* gesagt (sondern nur: Du darfst von *einem* Baum nicht essen), aber in der Frau entsteht jetzt das Mißtrauen: Vielleicht ist Gott doch ein Tyrann, der meine Freiheit unterdrücken will und mir nicht einmal erlaubt, ihm gegenüber mißtrauisch zu sein? Das ist doch meine Freiheit, warum soll ich sie nicht ausprobieren!? Damit aber ist die Falle schon zugeschnappt, der Schritt vom immer *möglichen* zum wirklichen Mißtrauen getan. Die Geschichte des Unheils in der Welt ist dann ein einziger Versuch, sich mit eigenen Kräften wieder aus dieser Falle zu befreien. Je mehr aber der Mensch in ihr zappelt, um so fester schließt sie sich zu!

Du hast etwas Ähnliches sicher schon an Dir selbst beobachtet: Ein anderer hat Dir etwas versprochen, eine Hilfe, eine Unterstützung, die nur von seiner Freiheit abhängt: Dein Vertrauen zu diesem Menschen ist immer notwendig begleitet von der *Möglichkeit* des Mißtrauens. Du bist nicht ganz sicher, ob der andere sein Versprechen einlösen wird, denn Du kannst ja über seine Freiheit nicht verfügen. Vielleicht wird der andere sich ganz anders verhalten, als er im Augenblick verspricht! Wenn

Du ihm dennoch vertraust, dann ist dieses Vertrauen zugleich die *Überwindung* der Möglichkeit des Mißtrauens, denn sonst wärst Du nicht mehr frei, dem anderen zu vertrauen. Vertrauen kann nicht erzwungen werden, sondern ist ein Akt der Freiheit: Du *könntest*, wenn Du wolltest, dem anderen auch mißtrauen! Wenn Du Dich nun diesem immer möglichen Mißtrauen überläßt und Dich in diese Haltung auch noch hineinsteigerst, dann wird das Mißtrauen zur Angst: Vielleicht wird der andere *wirklich* sein Versprechen nicht halten. Je mehr Du Dich dann mit dieser Deiner Angst beschäftigst, um so größer wird sie!

Jede tiefe menschliche Liebe ist vor allem im Anfang von einem solchen Mißtrauen begleitet. Wenn z. B. zwei Menschen sich gegenseitig versichern: »Ich liebe dich«, dann lauert im Hintergrund immer auch das Mißtrauen, daß die Liebe vielleicht doch nicht echt sein könnte, daß einer den anderen beherrschen und so unterdrücken möchte. Wer behält die Oberhand? Will der andere mir wirklich dazu verhelfen, daß ich zu mir selbst komme, oder will er mich nur dazu benutzen, sein eigenes Selbstbewußtsein zu stärken? So begründet solches Mißtrauen auch sein mag: Wer sich ihm ganz überläßt, zerstört damit die Liebe, denn er zerstört das Vertrauen, das allein der Liebe Dauer verleihen kann. Hinzu kommt folgendes: *Übertriebenes* Mißtrauen führt zu der *Angst,* daß der andere wirklich nicht so ist, wie er sich gibt. Wer sich dieser Angst ohne Grund überläßt, ist mitschuldig daran, daß eine Liebe zerbricht. *Übertriebene Angst ist schuldhaft!*

Dies zeigt sich auch in den gesellschaftlichen, sozialen, wirtschaftlichen, politischen Beziehungen der Menschen und Nationen zueinander. In den Industrieländern haben wir heute nicht mehr in erster Linie Angst vor Naturkatastrophen, sondern wir haben Angst um unsere Ersparnisse, Angst um unseren Arbeitsplatz, Angst um unsere Altersversorgung. Der Konkurrenzkampf in der Leistungsgesellschaft ist von dem ständigen Mißtrauen begleitet, daß einer den anderen übervorteilen will, von einer ständigen Prestigeangst. Auch Völker und Nationen haben diese Angst voreinander. Übertriebene Angst ist der Beginn von Kriegen, Unterdrückung und Ausbeutung!

c) Die Überwindung der Angst

Deshalb nun die Frage: Ist es nicht so ähnlich mit unserem Verhältnis zu Gott? Kann ich wirklich sagen: »Mein Gott, ich liebe dich aus *ganzem* Herzen?« Sind wir nicht schon zu oft enttäuscht worden von diesem Gott? Hat er uns in unserem Leben nicht doch einiges zugemutet, Leiden, an denen wir mit Sicherheit nicht selbst schuld sind? Und ist dieser Gott nicht im Grunde schrecklich grausam, wenn er soziale Ungerechtigkeit, wenn er Auschwitz oder unvorstellbaren Hunger von Millionen Kindern zuläßt? Muß man einem solchen Gott gegenüber nicht mißtrauisch werden, wenn er jedem von uns ganz persönlich sagt: »Ich bin mit dir, ich habe dich in meine Hand geschrieben«? Wenn er der ganzen Menschheit sagt: »Ich bin euer Gott«? Warum müssen Unschuldige leiden? Ist dieser Gott nicht im Grunde ein Tyrann, der ganz anders handelt, als er versprochen hat, der von uns Unterwerfung fordert, ein kindhaftes Urvertrauen, der uns sogar *verbietet*, ihm zu mißtrauen? Macht uns nicht gerade diese Forderung, Gott gegenüber kindlich zu vertrauen, mißtrauisch? Will er nicht, daß wir vor ihm erwachsen werden?

Wir kennen eine solche Angst ja bei manchen Eltern: Sie haben Angst davor, daß die kindliche Beziehung des Kindes zu ihnen aufhört, daß es sich auf eigene Füße stellt, ihnen gleichrangig wird und ihnen nicht mehr ganz gehört. Eltern haben oft die Tendenz, die Kinder möglichst lang klein zu halten, aus Angst, sie könnten ihnen gleichrangig werden. Jeder kleine Schritt des jungen Menschen wird überwacht, eingegrenzt durch Gebote und Verbote. Die Eltern haben Angst, daß das Kind nicht mehr in einer kindlichen Abhängigkeit bleibt, sondern ihnen in freier Selbständigkeit gegenübertritt, über die sie nicht mehr verfügen können. Beim Kind wiederum erzeugen die Verbote und Gebote Angst: Der verborgene Wunsch, die Verbote zu übertreten, erzeugt Schuldgefühle und diese wiederum Angst. Ist es im Verhältnis zwischen Gott und uns nicht ähnlich? Nietzsche hat einmal gesagt: »Ich ertrage es nicht, daß mich jemand ständig beobachtet und meine Freiheit unterdrückt.« Der Ursprung des modernen Atheismus ist begründet in der

Tatsache, daß die Menschen sich wirklich dem Mißtrauen *überlassen* haben, Gott könne und wolle unsere Freiheit unterdrücken.

Im Verhältnis zwischen Eltern und Kindern hilft nur eines aus dem zweifachen Teufelskreis hinaus: ruhiges, entkrampftes Vertrauen zueinander. So ist es auch mit unserem Verhältnis zu Gott: Die zum Wesen der Freiheit gehörige *Möglichkeit* des Mißtrauens Gott gegenüber darf nie Wirklichkeit werden! Wenn wir diesen ganz kleinen Schritt von dem möglichen zu dem *wirklichen* Mißtrauen tun, dann ist dies der Beginn der Sünde und der Bosheit in uns! Wenn wir uns aber einmal diesem Mißtrauen überlassen haben, wenn wir Angst haben vor Gott (auch wenn es nicht der christliche Gott ist, sondern vielleicht die Gesellschaft, die Partei oder sonst eine andere Gottheit), dann können wir uns aus eigener Kraft aus dieser Angst nicht mehr befreien! Je stärker wir gegen die Angst ankämpfen, um so unüberwindlicher wird sie, und je mehr wir sie verdrängen, je mehr wir aufzugehen versuchen in den täglichen Besorgungen und anderen Aktivitäten, um so weniger ist jeder er selbst, um so mehr sind wir ausgeliefert an die uns faszinierenden Mächte und Gewalten dieser Welt.

Auch im Verhältnis zu Gott wird also nur eines helfen: ruhiges, entkrampftes Vertrauen, Urvertrauen, das letztlich mit rationalen Argumenten nicht zu begründen ist, das wir uns aber schenken lassen können durch den Geist Gottes, der den *Anfang* des Glaubens in uns erwirkt.

Das gleiche gilt auch für gesellschaftliche und politische Ängste. Nehmen wir einmal für einen Augenblick an, alle Menschen auf der Welt, unter Einschluß der Politiker und Staatsmänner, würden in diesem Augenblick ihr Leben ganz persönlich Christus übergeben, ihn in einem von ihm geschenkten Urvertrauen in ihr Leben aufnehmen! Die politischen, sozialen und wirtschaftlichen Aktivitäten würden nicht abnehmen, sondern intensiviert, aber dies alles geschähe nicht in erster Linie aus Angst, sondern aus einem Urvertrauen auf den *Plan Gottes,* den er mit der Menschheit hat. Ohne Gott treibt die Angst Nationen und Völker in immer weitere Isolierung und Selbstsucht hinein, in weitere Entfremdung voneinander, die schließlich eine Zersplitterung der Menschheit zur Folge hat.

»Laßt euch mit Gott versöhnen« (2 Kor 5, 20): Dies ist bleibende prophetische Botschaft des Neuen Testamentes. Wenn wir auch die Grundangst in der Welt nicht mit einem Schlag beseitigen können, so wollen wir doch wenigstens damit beginnen, unsere eigene Angst zu entdecken und von der Macht Gottes heilen zu lassen. Dies ist dann in sich selbst zugleich ein Beitrag zur Versöhnung mit unserer eigenen Lebensgeschichte und mit unseren Mitmenschen, damit aber auch zugleich ein Beitrag zum gesellschaftlichen Fortschritt, den nur Christen leisten können!

3. Wir haben uns Gott gegenüber abgesichert!

Wir haben gesehen, daß Mißtrauen Gott gegenüber zur Angst wird, und da alle Menschen sich diesem Mißtrauen überlassen haben, ist auch in allen eine geheime Angst vor Gott am Werk. Auch die moderne Gottlosigkeit ist eine Angstreaktion, da eben Gott vorwiegend als Tyrann gesehen wurde, der uns ständig beobachtet. Die Abschaffung dieses Gottes ist aber keineswegs gleichzeitig auch die Beseitigung der Angst, sondern sie zeigt sich nunmehr in vielfältigen Formen zwischen Menschen und Völkern. Diese Angst führt auf die Dauer zur Feindschaft, und diese wiederum hat das Bedürfnis nach Sicherung der eigenen Existenz zur Folge. Es wird in unserer modernen Kultur noch verstärkt durch das unbestimmte Gefühl der Bedrohtheit in einer feindseligen, nicht mehr überschaubaren Welt, deren Entwicklung wir nicht direkt und unmittelbar selbst steuern können. Daraus entsteht für jeden einzelnen zusätzlich eine gefühlsmäßige Isolierung, und diese wiederum hat Unsicherheit sowie Unfähigkeit zur mitmenschlichen Gemeinschaft zur Folge.

Die Sicherungsmaßnahmen, die wir anderen Menschen gegenüber treffen, wirken zurück auf unser Verhältnis zu Gott und verhindern eine durchgreifende Umkehr zu ihm. Je mehr wir uns gegen andere Menschen absichern, bleiben wir auch Gott gegenüber verschlossen, denn wir können ja Gott nicht lieben, den wir nicht sehen, wenn wir nicht unsere Mitmenschen lieben, mit denen wir Umgang haben (1 Joh 4, 20). Die Angst Gott gegenüber geht jedoch meistens auf eine einseitige Gottesvorstellung zurück, wie wir in der zweiten Woche gezeigt haben. Vom Neuen Testament her gilt: »Furcht gibt es nicht in der Liebe, sondern die vollkommene Liebe vertreibt die Furcht« (1 Joh 4, 17). Je mehr wir uns der machtvollen *Anwesenheit* Gottes unter und zwischen den Menschen anvertrauen, jener Dynamik Gottes, die wir auch »Heiliger Geist« nennen, um so mehr werden unbegründetes Mißtrauen und übertriebene Sicherungsmaßnahmen abgebaut, wächst unsere Liebe zu unseren Mitmenschen und zu Gott. Wir stehen also hier wiederum vor einer Entscheidung: Entweder verdrängen wir unser Mißtrauen und unsere Angst und versuchen dabei zugleich (meistens unbewußt), uns auf alle nur denkbare Weise gegen Verletzungen und Enttäuschungen abzusichern, oder wir liefern uns Gott ganz aus, geben ihm in einem von ihm geschenkten Urvertrauen die Geschichte unseres Lebens zurück und lassen uns in der Tiefe von ihm selbst heilen.

Wir können in dieser »Einübung« nicht alle Sicherungsmaßnahmen den Mitmenschen und Gott gegenüber erörtern, sondern erwähnen nur jene, die aus den wichtigsten Grundtrieben des Menschen entspringen, nämlich aus dem Bedürfnis des Menschen nach Geltung, Macht und Genuß (vgl. 1 Joh 2, 16). Dabei wird sich zeigen, daß auch das scheinbare Gegenteil dieser drei Grundhaltungen, nämlich vornehme Distanzierung, Unterwürfigkeit und finstere, freudlose, kämpferische Enthaltsamkeit, Sicherungsmaßnahmen sind.

a) Betteln um Anerkennung — vornehme Distanzierung

In jedem Menschen lebt ein Verlangen nach glücklichen und erfreuenden Beziehungen zu anderen Menschen, denn in ihnen erfährt er den Sinn seines Lebens, wie wir in der ersten Woche gesehen haben. Dieses Streben ist unersättlich, es zeigt sich in einem Verlangen nach immer mehr Liebe und äußert sich in vielfältigen Formen. Eine sehr verbreitete und auch offenkundige Form ist das Betteln um Anerkennung. Wir spüren, daß wir von dieser Anerkennung durch unsere Umwelt abhängig sind, um sinnvoll handeln und leben zu können. Was aber geschieht, wenn uns diese Liebe in der Form der Anerkennung versagt bleibt? Dann verschaffen wir sie uns mit allen Mitteln, dann betteln wir um sie! Schon als ganz kleines Kind waren wir in allen unseren Lebensäußerungen auf die Zuwendung der Eltern, der Bezugspersonen, angewiesen. Wenn sie uns versagt geblieben ist, bleiben tief verwurzelte Verletzungen und Enttäuschungen zurück. Wir versuchen deshalb in unserem späteren Leben, uns diese vorenthaltene Anerkennung selbst zu verschaffen. Damit sichern wir uns zugleich gegen weitere mögliche Verletzungen ab und handeln nach dem Grundsatz: *Wenn die anderen mich anerkennen, dann können sie mir nicht mehr weh tun!*

Vielleicht ist dies der wunde Punkt in Deinem* Leben? Bist Du nicht schon zu oft enttäuscht worden? Hat man Dir jenes Maß an Anerkennung und Liebe geschenkt, nach dem Du verlangst? Haben Deine Eltern Dich dem Bruder oder der Schwester gegenüber zurückgesetzt, Dich nicht so anerkannt und ernstgenommen, wie Du es in jenem großen Urvertrauen des Kindes erwartet hattest? Vielleicht hat man Dich in der Schule zurückgesetzt, bist Du ungerecht behandelt worden? Kommst Du in Deinem Berufsleben so voran, wie Du es Dir

---

* Der Verfasser hat sich den Kopf darüber zerbrochen, wie er auf den folgenden Seiten die Anrede mit »Du« umgehen könnte. Natürlich ließe sich überall »Sie« einsetzen, aber »wir« oder »man« oder »ich« würde ·manche Sätze völlig entstellen. Die neuere Sprachphilosophie hat gezeigt, daß man bestimmte Fragen und Erfahrungen, die den einzelnen persönlich angehen, auch entsprechend ausdrücken muß. Anderenfalls kann das Gemeinte gar nicht zur Sprache kommen. Die Anrede »Du« ist ein dem Charakter dieser »Einübung« entsprechendes sprachliches Stilmittel. Sie will dem Leser unter keinen Umständen zu nahe treten oder ihn auf der Stufe eines Jugendlichen vor der Pubertät ansprechen. Der Verfasser bezieht sich selbst in jede Frage mit ein. Er hat vieles an sich selbst erfahren und spricht als Sünder zu Sündern.

gewünscht hattest? Vielleicht machst Du Gott Vorwürfe wegen all dieser inneren Verletztheiten, denn er hat sie ja schließlich zugelassen! Um Dich gegen weitere Enttäuschungen abzusichern, lebst Du dann nach dem Grundsatz: *Ich vertraue niemandem mehr, auch Gott nicht.* Ich verschaffe mir die Liebe und Anerkennung anderer Menschen, so gut es eben geht, und brauche mich dann nicht mehr um die Anerkennung und Bejahung meiner Person durch *Gott* zu bemühen!

Oder bist Du ausgewichen in die vornehme *Distanzierung?* Suchst Du Schutz darin, daß Du Dich von anderen Menschen und auch von Gott zurückziehst, Dich von ihnen unabhängig machst? Du handelst dann nach dem Grundsatz: *Wenn ich mich zurückziehe, kann mich nichts mehr verletzen.* Ich bleibe vor Enttäuschungen geschützt, wenn ich mich selbst, die anderen Menschen und auch Gott nicht mehr so ernst nehme! Du meidest Menschen, die Dir unsympathisch sind, gehst Auseinandersetzungen aus dem Weg und meidest auch Gott, weil Du seinen Verheißungen mißtraust. Du hältst eine *sichere* Distanz von Gott und erklärst ihn im geheimen zu einem Gott, der sich im Grunde gar nicht um Dich kümmert! Vielleicht hältst Du noch daran fest, daß nicht alles aus Zufall entstanden ist, daß ein »höchstes Wesen« die Welt erschaffen hat, aber Du schützt Dich vor einer allzu unmittelbaren Beziehung zu diesem höchsten Wesen! Eine solche Haltung ist bei sogenannten »Intellektuellen« sehr verbreitet!

Jesus hat das Betteln um Anerkennung als entscheidendes Hindernis für den Zugang zu Gott bezeichnet: »Wenn ihr betet, macht es nicht wie die Heuchler, denn sie stellen sich beim Gebet gern in die Synagogen und an die Straßenecken, *um den Leuten aufzufallen.* Amen, ich sage euch: Sie haben ihren Lohn bereits erhalten« (Mt 6, 5). Ein Beispiel vornehmer Distanzierung ist der »kluge« Rat des Gesetzeslehrers Gamaliel: Wenn das, was unter diesen Christen geschieht, von Menschen stammt, wird es zerstört werden, stammt es aber von Gott, so könnt ihr es nicht vernichten (Apg 5, 38 f). Der vornehme Gesetzeslehrer läßt nicht nur offen, ob Gott neu in die Geschichte seines Volkes eingreift, sondern hält dies auch für höchst unwahrscheinlich!

b) Macht — Unterwürfigkeit

Der zweite große Grundtrieb des Menschen ist das Streben nach Macht, Besitz, Überlegenheit (wir können diese drei Weisen, die Grundangst zu verdrängen, hier zusammenfassen). *Jeder* von uns handelt irgendwie nach dem Motto: *Wenn ich mächtig bin, kann mir keiner etwas antun!* Es gehört zum Wesen des Menschen, daß er Herr ist über sich und seine (dingliche) Umwelt, aber in dem gierigen, übertriebenen Streben nach Macht versucht er, seine innere Unsicherheit zu überdecken, sich selbst abzusichern. Die moderne Leistungsgesellschaft lebt vom Konkurrenzkampf, der zugleich ein Machtkampf ist: Ich muß mich durchsetzen, und mein Vorteil ist notwendig der Nachteil des anderen. Ich fühle mich erst dann sicher, wenn ich alle meine Konkurrenten aus dem Feld geschlagen habe. Dieser Machtkampf ist zugleich aber auch ein Kampf um Ansehen und Geltung. Deshalb ist ein beruflicher und geschäftlicher Mißerfolg zugleich ein empfindlicher Prestigeverlust! Auch im persönlichen Verhältnis von Mensch zu Mensch, etwa in der Ehe, sind Machtkämpfe im Gang: Wer ist der Stärkere, wer ist überlegen?

Befriedigt es nicht auch Dich, Macht über andere auszuüben? Mißbrauchst Du vielleicht die Dir gegebene Autorität dazu, Deine Überlegenheit zu zeigen, andere zu unterdrücken? Bist Du aufgrund Deines Strebens nach Macht nicht ständig gezwungen, Dich mit anderen zu vergleichen? Und wie ist Dein Verhältnis zu politischen Parteien? Sind sie für Dich in erster Linie Instrumente der Machtausübung, der Unterdrückung anderer Meinungen? Fühlst Du Dich wohl bei dem Gedanken, daß Du Dich einer mächtigen Partei angeschlossen hast, auf deren Macht Du ganz vertraust? Natürlich soll, darf und muß man unter Umständen Macht ausüben, aber in dem übertriebenen Streben nach Macht und Vorrang versuchen wir, uns Gott gleichzumachen, so zu sein wie er. In diesem Fall ist Machtausübung eine *Sicherungsmaßnahme Gott gegenüber,* und man wird dann zugleich auch die Tendenz haben, andere zu unterdrücken: Übertriebenes Machtstreben hat Tyrannei zur Folge. Jesus gibt auch hier eine deutliche Warnung: »Ihr wißt, daß die

Herrscher ihre Völker unterjochen und die Mächtigen ihre Macht über die Menschen mißbrauchen« (Mk 10, 42).

Und wie ist Dein Verhältnis zu Deinem persönlichen Besitz? Siehst Du in ihm den willkommenen Anlaß, eine private Existenz zu führen, *auch Gott gegenüber*? Wenn es so ist, wirst Du kaum Hunger nach Gott haben, denn das Vertrauen auf den Besitz ist eine der stärksten Sicherungsmaßnahmen ihm gegenüber. Du wirst kaum bemerken, daß Du einer inneren Heilung bedarfst: »Weh euch, die ihr reich seid, denn ihr habt bereits euren Trost empfangen!« (Lk 6, 24). »Eher geht ein Kamel durch ein Nadelöhr, als daß ein Reicher in das Reich Gottes gelangt« (Mk 10, 25). Die Botschaft Jesu ist keine billige Vertröstung der Armen auf ein besseres »Jenseits« (wir werden noch von den sozialkritischen Charismen sprechen), sondern der Appell, *alles* Gott anzuvertrauen, auch den eigenen Besitz. »Die Wurzel aller Übel ist die Habsucht. Nicht wenige, die ihr verfielen, sind vom Glauben abgeirrt und haben sich viele Qualen bereitet« (1 Tim 6, 10).

Im Verhältnis zu Gott ist das scheinbare Gegenteil übertriebenen Machtstrebens, nämlich die *Unterwürfigkeit*, genauso verhängnisvoll. Auch die übertriebene Unterordnung unter eine überlegene Autorität, ein Idol, einen Führer, eine faszinierende Persönlichkeit ist eine Sicherungsmaßnahme Gott gegenüber, in der wir gefühlsmäßige Geborgenheit suchen. Wir handeln dann nach dem Motto: *Wenn ich mich unterordne, kann man mir nichts antun!* Vielleicht bist Du sehr streng erzogen und eigentlich nie in die Freiheit entlassen worden? Du wartest immer auf »Weisung von oben«, wagst nie eine eigene Entscheidung. Befehlsempfang und Befehlsausführung ist für Dich ein Bedürfnis. Du setzt Dein ganzes Vertrauen in Dir überlegene Personen und Institutionen, verehrst sie so, daß Gott selbst für Dich in weite Ferne rückt.

Eine solche Haltung ist unter Christen ihren jeweiligen Traditionen und Autoritäten gegenüber weit verbreitet: Man hält mit Nachdruck fest an den traditionellen Ansichten und Regeln und ist auch nicht im geringsten bereit, sich auf etwas Neues einzulassen. Wer so denkt, ist dann aber auch nicht offen für das Angebot Gottes, in seine Lebensgeschichte und in die Geschichte der Kirche einzugreifen! Er sieht eigentlich nicht ein, was sich in seinem Leben ändern sollte, denn er tut ja seine religiösen Pflichten und ordnet sich in jeder Hinsicht unter. Natürlich ist in der Kirche Unterordnung notwendig, aber die *Unterwürfigkeit* ist eine *Sicherungsmaßnahme Gott gegenüber*: Wenn ich mich ihm vorbehaltlos ausliefere, wenn ich mich seiner nicht vorhersehbaren Führung anvertraue, dann könnte er vielleicht mehr von mir erwarten, als ich von mir aus leisten kann. Dann müßte ich mein Leben unter Umständen »von heute auf morgen« radikal ändern, bestimmte Gewohnheiten aufgeben und mich einer Erneuerung meines Lebens und der Kirche anvertrauen, die ich nicht überblicken kann. Vieles in der Kirche wird nur deshalb mit aller Kraft verteidigt, weil die *Angst vor dem Neuen* (!) stärker ist als das Vertrauen auf die Führungen Gottes. Jesus hat eine ähnliche Haltung bei den Pharisäern mit scharfen Worten verurteilt: Sie halten sich in peinlich genauer und übertriebener Weise an die vielen Gesetze und Gebote, sind aber eben deshalb nicht offen für die Neuheit seiner Botschaft, nicht bereit zur Umkehr (vgl. die große Rede gegen die Schriftgelehrten und Pharisäer, Mt 23, 1—33).

c) Genuß — Selbstverachtung

Die dritte große Grundkraft im Menschen, das Genußstreben, kann ebenfalls dazu benutzt werden, sich Gott gegenüber abzusichern: »Ich will etwas vom Leben haben!« Damit sind nicht nur vordergründig Essen und Trinken oder der Gebrauch von Genußmitteln gemeint (vgl. Lk 12, 19: »Ruh’ dich aus, iß und trink und laß dir’s gut gehn!«), sondern auch der *Genuß des Lebens* in seiner ganzen Fülle und seinem ganzen Reichtum. Das Motto für diese Lebenseinstellung lautet: *Wenn ich genieße, kann mich nichts mehr erschüttern.* Der Verlust an Geltung, Anerkennung, Bejahung der eigenen Person wird häufig »ausgeglichen« durch übermäßiges Essen, Trinken, Gebrauch von Genußmitteln. Auch hinter dem verfeinerten Lebensgenuß steckt die Angst, man könnte im Leben zu kurz kommen. Man kann Besitz, Geltung, Macht, Kunstwerke, ja, man kann sich selbst oder die Liebe eines anderen Menschen in einem solchen Maß genießen, daß man nicht mehr ehrlich zu Gott beten kann: »Du bist mein Herr, *mein ganzes Glück bist du allein*« (Ps 16, 2). Augustinus, der in seiner Jugend ein großer »Genießer« war, warnt deshalb davor, überhaupt geschöpfliche Wirklichkeiten genießen zu wollen. Wir dürfen sie nur »gebrauchen«, um durch sie hindurch zu einer persönlichen Begegnung mit Gott selbst zu finden. Im Hebräerbrief ist davon die Rede, daß wir schon in diesem Leben die himmlische Gabe, die Kräfte der zukünftigen Welt, *verkosten* dürfen (Hebr 6, 4 f)!

Wer sein ganzes Glück, seine Beseligung, in dem Verkosten geschöpflicher Wirklichkeiten sucht, schützt sich gegen die befreiende Hoffnung auf die zukünftige Welt (die keineswegs billige Vertröstung ist). Er ist nicht mehr offen dafür, daß Gott ihm seine persönliche Anwesenheit jetzt schon zu erfahren gibt. Wer genießt, hat keinen Abstand mehr von Dingen oder Menschen, er gibt sich ihnen vorbehaltlos hin und vertraut darauf, daß solcher Genuß für die Sicherung der menschlichen Existenz ausreicht, die volle Entfaltung der Person ermöglicht. Wir haben uns am zweiten Tag der ersten Woche gefragt: »Wovon bin ich fasziniert, angezogen, begeistert?« Dinge oder Personen, die uns faszinieren, strahlen die Verheißung aus, daß sie uns beglücken, wenn wir sie besitzen. Welche Täuschung! Was uns fasziniert, verliert seine Anziehungskraft, wenn wir es besitzen, gebrauchen und damit verbrauchen. Die Neuheit faszinierender Erlebnisse schleift sich ab, wird alltäglich, so daß der Philosoph E. Bloch von der »Melancholie der Erfüllung« spricht. Wer ist nicht offen oder geheim genußsüchtig und versucht, sich gegen die Notwendigkeit abzusichern, das einzige Glück seines Lebens, die Liebe Gottes, *entgegennehmen* zu müssen?!

Das scheinbare Gegenteil des Lebensgenusses ist die Welt- und Selbstverachtung. In ihr zieht sich der Mensch enttäuscht auf sich selbst zurück und beschäftigt sich — wenn auch abwertend — nur noch mit sich selbst. Wem es nicht gelingt, das Leben zu genießen, der distanziert sich hochmütig von allem, wonach er gestrebt hat, ja, er distanziert sich auch von sich selbst in unberechtigter Selbstkritik und in Vorwürfen. Wenn die Trauben zu hoch hängen, erklärt man sie einfach für wertlos. Man schützt sich vor einem weiteren Ausfall von Genuß nach dem Motto: *»Was ich nicht genießen kann, verachte ich!«* Die von Christus geforderte Selbstverleugnung ist alles andere als Selbstverachtung. Christus will uns ja gerade zeigen: Wer sich selbst weggibt, wird sich selbst finden, er wird auf neue Weise sich selbst achten als jemanden, durch den hindurch Gott andere Menschen erreichen will!

Die aus dem Mißtrauen Gott gegenüber kommenden Versuche, sich vor ihm abzusichern, sind fast so zahlreich, wie es Menschen gibt. Jeder versucht es auf seine Weise, und die bisher genannten sind nur einige typische Beispiele. *Jede* Sünde ist Distanzierung und Absicherung Gott gegenüber. Wir brauchen nicht näher auszuführen, daß auch die Betätigung der *sexuellen* Grundkräfte des Menschen etwas mit »Genuß« zu tun hat (und entsprechend ihre Verachtung mit »Selbstverachtung«). Ein ungeordnetes, von der personalen Beziehung losgelöstes Streben nach Sexualität um ihrer selbst willen, das nicht mehr Ausdruck der personalen Liebe ist, ist heute zu einer weit verbreiteten Sicherungsmaßnahme Gott gegenüber geworden und häufig ein Grund für den inneren Widerstand, sich Gott ganz auszuliefern!

4. Die Feier der Versöhnung (Beichte)

Die charismatische Erneuerung der Kirchen hat in sich die Kraft, verfestigte Traditionen aufzubrechen, sie von Einseitigkeiten zu befreien und auf die Zukunft einer wiederversöhnten Christenheit hin zu öffnen. Dies gilt auch im Hinblick auf die Beichte. Das Ende der dritten Woche ist ein gewisser Einschnitt in der inneren Dynamik des Seminars. Das Gebet um innere Heilung am fünften und sechsten Tag der Woche drängt von sich selbst her dazu, auch die Sünden, für die jeder *persönlich* vor Gott verantwortlich ist, vor ihn hinzutragen, sich seine versöhnende Gnade schenken zu lassen. Verständnis und Praxis des Bußsakramentes waren zur Zeit der Reformation Gegenstand der Auseinandersetzung. Wir geben im folgenden kurze Hinweise auf die jeweilige gegenwärtige Praxis. Für katholische und evangelische Christen gilt in gleicher Weise der prophetische Ruf: »Laßt euch mit Gott versöhnen!« (2 Kor 5, 20).

a) Beichte — katholisch

In den letzten Jahrzehnten hat sich das Verständnis des Bußsakramentes innerhalb der katholischen Kirche nicht unerheblich gewandelt. Im Jahre 1973 hat die Kongregation für den Gottesdienst Vorschläge zur »Feier der Versöhnung« herausgegeben (vgl. Die Feier der Buße nach dem neuen Rituale Romanum, Freiburg i. Br., 1974). In der *gemeinsamen* Feier der Versöhnung helfen die Christen sich gegenseitig dazu, sich für die versöhnende Gnade Gottes zu öffnen und sich von ihm zur Reue erwecken zu lassen. »Der Priester selbst, der Diakon *oder ein anderer*« kann dazu kurze Anregungen geben (Nr. 26). Hier wird das *gemeinsame Priestertum aller Gläubigen* in Erinnerung gerufen: Jeder soll sich offenhalten für den prophetischen Dienst, in welchem er »an Christi Statt« (2 Kor 5, 20) ermahnt und zuspricht (vgl. 1 Kor 14, 3). In den charismatischen Gebetsgottesdiensten, von denen wir noch sprechen werden, wird diese Gabe oft in erstaunlicher Weise geschenkt (Laienpredigt!). Eine solche gemeinsame Bußfeier (am Ende der dritten Woche) kann zu einer wichtigen Hilfe für die »Einübung in die christliche Grunderfahrung« werden.

Im Zusammenhang mit ihr kann dann auch die Einzelbeichte (Generalbeichte als nachgeholte Taufbekehrung!) angeboten werden (Nr. 28). Diese ist nach den neuen Vorschlägen ein *gemeinsames* Tun zwischen dem Priester und dem Gläubigen und eine Form der *sozialen Gotteserfahrung*: Es wird vorgeschlagen, daß zu Beginn beide gemeinsam beten (Nr. 15). Dann liest der Priester *oder* der Beichtende einen Schrifttext (Nr. 17): Der Glaube des einen weckt und bestärkt den Glauben des anderen. Nicht nur der Priester hilft dem Beichtenden, sondern auch der Beichtende kann und soll durch Schriftlesung und seinen eigenen Glauben den Priester auf seinen sakramentalen Dienst der Versöhnung vorbereiten!

Nach dem Bekenntnis kann der Beichtende seine innere Umkehr und seinen Vorsatz durch ein frei formuliertes Gebet zum Ausdruck bringen. Der Priester streckt bei dem sakramentalen Wort der Versöhnung (der Absolution) seine Hände über das Haupt des Beichtenden (Nr. 19). Die Handauflegung ist hier Zeichen und Ausdruck der heilenden, versöhnenden Kraft Gottes, Zeichen des Friedens mit Gott und der Kirche. (Im Zuge der charismatischen Erneuerung wird die Ausdruckskraft dieses Zeichens neu entdeckt, wie wir im Zusammenhang mit der Firmerneuerung noch zeigen werden.) Die Handauflegung durch den Priester bei der Beichte ist eine Form der *Geisterneuerung,* das heißt eine Erneuerung der Zusage Gottes, die uns bei der Taufe gegeben wurde. Die Feier der Versöhnung schließt ab mit einem Lobpreis Gottes, den der Gläubige ebenfalls wieder frei formulieren kann (Nr. 20). Es ist offensichtlich, daß man eine solche Form der Feier des Bußsakramentes nicht einfach »einführen« kann. Die »charismatische« Erneuerung wird hier neue Impulse geben können.

b) Beichte — evangelisch[10]

Gibt es die Beichte auch in der evangelischen Kirche?

Was in den Darlegungen der dritten Woche gesagt worden ist, gilt für evangelische Christen ebenso wie für katholische. Der evangelische Christ wird sich aber hinsichtlich der Beichte unsicherer fühlen. Deshalb zunächst einige Informationen.

Im evangelischen Gottesdienst, vor allem wenn er die Abendmahlsfeier einschließt, gibt es die »allgemeine Beichte«. Wer sie ernst nimmt oder wer es gewohnt ist, sich zu Hause vor der Teilnahme am heiligen Abendmahl zu prüfen, sein Gewissen zu erforschen und Gott um die Vergebung seiner konkreten Schuld zu bitten, der wird den Segen dieser Praxis verspürt haben.

Viele Evangelische meinen freilich, die Beichte als konkretes Schuldbekenntnis vor einem »Beichtiger« sei unevangelisch. Das trifft nicht zu.

Martin Luther hat sich wohl scharf gegen Mißbräuche der »Ohrenbeichte« und gegen den kirchlichen Zwang zur Beichte gewandt. Er selbst hat sie jedoch zeit seines Lebens aufs höchste geschätzt. Er sagt:

»Die heimliche Beichte will ich mir von niemandem nehmen lassen und wollte sie nicht um der ganzen Welt Schätze geben, denn ich weiß, was sie an Stärke und Trost mir gegeben hat. Ich wäre längst vom Teufel überwunden und abgewürgt worden, wenn mich diese Beichte nicht erhalten hätte.«

Und im Großen Katechismus:

»Wenn Du ein Christ bist, so bedarfst Du weder des Zwanges durch mich noch des Gebotes des Papstes, sondern Du wirst Dich selbst dazu zwingen ... Darum wenn ich zur Beichte vermahne, so tue ich nichts anderes, als daß ich dazu vermahne, ein Christ zu sein.«

Die Einzelbeichte soll ein Angebot sein, kein Zwang. Wie schwierig es freilich ist, einerseits keinen Druck auszuüben, andererseits aber auch die Einrichtung der Beichte nicht zu einer bloßen Gewohnheit werden zu lassen oder sie mit der Zeit zu verachten und zu vernachlässigen, zeigt die Geschichte auch der evangelischen Kirche. Im 18. Jahrhundert wurde unter dem Einfluß der Aufklärung die Einzelbeichte bekämpft und abgeschafft. Da sie vielerorts zu einem Katechismusverhör geworden war, stieß sie auch bei der Erweckungsbewegung des Pietismus auf Ablehnung.

Es hat viele Anstöße zu einer Erneuerung der Beichte in der evangelischen Kirche gegeben. In den Gemeinschaften, die aus der Erweckungsbewegung kommen, spricht man von »persönlicher Seelsorge«, wenn ein Christ dem anderen seine Schuld bekennt und von ihm den Zuspruch der Vergebung empfängt. Solche Form dessen, was anderswo in der Christenheit Beichte genannt wird, gehört oftmals zu einer das Leben verändernden Entscheidung für Jesus Christus dazu, zu der bei Evangelisationen Mut gemacht wird.

In der Bekennenden Kirche während des Dritten Reiches und auf Kirchentagen der Nachkriegszeit wurde die Beichte wieder entdeckt, angeboten und begehrt. Theoretisch war sie in den evangelischen Kirchen nie abgeschafft. In den neueren evangelischen Kommunitäten und den ihnen nahestehenden Gruppen und Bruderschaften gehört sie zur verbindlichen Form des christlichen Lebens. Ein Beichtspiegel als Hilfe zur Gewissenserforschung, der oft herangezogen wird, ist von den Brüdern von Taizé verbreitet worden.

Es gibt zweierlei Weisen, in denen die Praxis der Beichte das geistliche Leben eines evangelischen Christen bestimmen kann. Die eine ist die regelmäßige persönliche Beichte vor einem Seelsorger, der über eine längere Zeitdauer derselbe sein sollte, und der in der Beichte und nach dem Zuspruch der Vergebung auch Anleitungen zum geistlichen Leben geben kann. Diese Weise ist nicht unbedingt verpflichtend und nach evangelischem Verständnis nicht notwendig, damit Gott uns die Schuld vergibt. Sie kann aber notwendig für *Dich* sein, damit Du an die Vergebung glauben kannst. Wir können uns denken, daß ein Christ, der in einer Gemeinschaft engagiert ist und beitragen möchte zur Verkündigung des Evangeliums, auf diese Weise sein Leben besonders konkret überprüfen und Gott übergeben kann.

Dabei gibt es keinerlei Regel, wie oft die Beichtseelsorge gesucht werden sollte. Hier ist jede Gesetzlichkeit fehl am Platz.

Die andere Weise ist die nur einmal — oder nur wenige Male — im Leben zu vollziehende bewußte Umkehr und Hinwendung zu Gott. Um diese bewußte Umkehr, die einen Schlußstrich zieht unter alles, was bisher in unserem Leben Trennung von Gott bedeutete, geht es an dieser Stelle der Einübung in die christliche Grunderfahrung. Wir empfangen Neues von Gott nur, wo wir das Alte aus unseren Händen geben und uns von dem Mißtrauen gegenüber Gott bewußt und konkret lossagen.

Auch hier gilt: Nicht Gott braucht das, sondern *wir* haben einen solchen Schritt nötig. Es ist hilfreich, wenn diese Art der Umkehr wenigstens einmal in Deinem Leben vorkommt. Wir möchten Dir Mut dazu machen, auch später diese Beichte, die Du jetzt vollziehst, als den Wendepunkt in Deinem Leben zu sehen und zu erfahren, den Du nicht zu wiederholen brauchst.

Ein Gesetz ist dies alles nicht. Es gibt viele Wege und vielerlei Angebote, wie ein Mensch zu Gott findet.

Wenn Du aus einer evangelischen Gemeinde die Beichte bereits kennst und schon praktiziert hast, wird es nichts Ungewohntes für Dich sein, daß Dir die Vergebung der Schuld an dieser Stelle von Deinem Seelsorger zugesprochen wird.

Kann jeder Christ Beichte hören?

In der katholischen Kirche hat der Priester die Vollmacht zur Absolution (Lossprechung von Sünden). In der orthodoxen Kirche erwartet man auch von den »Starzen« (Mönche, die als geistbegabte Seelsorger gelten, aber nicht Priester sind), daß sie Beichte hören. Die evangelische Lehre dazu ist nicht einheitlich, vor allem wohl auch, weil sich die Frage meist gar nicht stellt.

Man müßte aus evangelischer Sicht zunächst sagen: Beichte hören und jemandem, der seine Schuld ausspricht, die Gnade Gottes und die Vergebung der Sünde tröstend verkündigen — das kann und darf jeder Christ.

Aber das heißt nicht, daß man damit so leicht umgehen könnte oder daß die katholische und orthodoxe Sicht keinen geistlichen Sinn hätte. Diese Regelung stammt aus der frühen Christenheit, als die Christen in einer engen Gemeinschaft zusammenlebten und es also notwendig war, daß jemand eindeutig die Entscheidung dieser Gemeinschaft vertrat. Dazu mußte er bevollmächtigt sein. Nicht irgendein einzelner kann für die ganze Gemeinschaft handeln.

So wird es sich auch in der Gegenwart als geistlich geboten herausstellen, daß dort, wo eine Gemeinschaft von engagierten Christen lebt, zumindest diejenigen Sünden, die auch Verstöße gegen die Gemeinde sind, vor die Gemeinde oder den Gemeindeleiter gebracht werden. Hier wäre ein einzelner, der Beichte entgegennimmt, überfordert. Dazu kommt, daß ein einzelner Laie es immer ablehnen darf, eine Beichte zu hören. Er hat das Recht, sich dazu nicht berufen zu fühlen.

Das heißt nicht, daß man nur bei einem Pfarrer beichten dürfe. Es gibt geistliche Menschen, die Erfahrung in der Beichtseelsorge haben und die offensichtlich zu diesem Dienst berufen sind, ohne Pfarrer zu sein. Aber auch das heißt ja: Nicht jeder kann sich einfach diese Berufung herausnehmen. Wer Beichte entgegennimmt, muß wissen, was er tut. Er wird nur dann die

Vollmacht haben, wenn er selbst beichtet. Und er wird den Zuspruch und das fürbittende Gebet anderer Christen brauchen, die ihn dieses seines Dienstes und seiner Berufung vergewissern.

»Das Entgegennehmen einer Beichte ist ein wichtiger Dienst, den ein Christ dem anderen erweisen kann. Damit ist aber auch die Versuchung gegeben, sich über den anderen Menschen zu erheben. Wir sollen nie vergessen, daß immer nur ein Sünder zu einem anderen spricht« (Evang. Erwachsenenkatechismus, S. 1198).

Das kann auch Dir Mut machen, einen Seelsorger zur Beichte aufzusuchen. Der evangelische Pfarrer Wilhelm Löhe, der im vorigen Jahrhundert in Neuendettelsau seine Gemeinde zum geistlichen Leben führte, sagte:

»Des Menschen Ehre beginnt mit seiner Buße und bußfertigen Erkenntnis... Ich kann dir versichern vor den Augen und Ohren dessen, der im Himmel sitzt, daß ich nie vor einem Menschen tiefere Achtung fühlte, als vor denen meiner Beichtkinder, die mit Scham und Reue ihre Missetat bekannten. Vor denen neigte ich mich, denen diente ich gern.«

Was hat die Beichte mit der Gemeinschaft zu tun?

Es ist auch eine gute Praxis, eine Aussprache und ein Bekenntnis der Sünden vor zwei oder noch mehr Christen zu vollziehen. Es kann eine Hilfe sein, wenn mehrere mit jeweils ihren Gaben zum Zuspruch der Vergebung, zum Trost im Glauben und zur Wegweisung im neuen Leben beitragen. Manchmal wird es sogar einer Gruppe oder Gemeinschaft geschenkt werden, daß sie im gemeinsamen und gegenseitigen Bekenntnis einen Neuanfang von Gott empfängt. Aber man hüte sich, so etwas zu fordern oder zu planen! Im allgemeinen wird sich Beichte unter vier Augen ereignen.

Aber auch dann ist sie auf die Gemeinschaft der Christen bezogen. Diesen Gedanken wollen wir mit Worten von Dietrich Bonhoeffer darlegen. Es ist gut, gerade auch diese Worte vor einer Beichte durchzulesen, zu bedenken und in sich aufzunehmen.

»Es kann sein, daß Christen trotz gemeinsamer Andacht, gemeinsamen Gebets, trotz aller Gemeinschaft im Dienst allein gelassen bleiben, daß der letzte Durchbruch zur Gemeinschaft nicht erfolgt, weil sie zwar als Gläubige, als Fromme, Gemeinschaft miteinander leben, aber nicht als die Unfrommen, als die Sünder. Die fromme Gemeinschaft erlaubt es ja keinem, Sünder zu sein. Darum muß jeder seine Sünde vor sich selbst und vor der Gemeinschaft verbergen... In der Beichte geschieht der Durchbruch zur Gemeinschaft. Die Sünde will mit dem Menschen allein sein, sie entzieht ihn der Gemeinschaft. Je einsamer ein Mensch wird, desto zerstörender wird die Macht der Sünde über ihn und je tiefer wieder die Verstrickung, desto heilloser die Einsamkeit. In der Beichte bricht das Licht des Evangeliums in die Finsternis und Verschlossenheit des Herzens hinein« (Gemeinsames Leben).

Die Grunderfahrung Jesu: Zeugnis für Gott

1. Wer war Jesus Christus?
2. Die Geisttaufe Jesu — Urbild unserer Geisterneuerung
   a) Die urkirchliche Geisterfahrung: Schlüssel zum Verständnis der Berichte über die Taufe Jesu
   b) Beginn prophetisch-charismatischen Wirkens
   c) Eingriff Gottes in die Lebensgeschichte
3. Jesus, der Ur-Charismatiker
   a) Charisma als Geistesgabe
   b) Jesus, der Prophet

1. Wer war Jesus Christus?

Zu Beginn der dritten Woche wurde gesagt, daß die »Einführung« in das christliche Leben seit alter Zeit mehrere Aspekte hat: In der Wassertaufe geht es in erster Linie um *mein* persönliches Heil vor Gott, um die »Vergebung der Sünden«, während das Pfingstereignis und dessen Fortdauer in der Kirche uns auf das Heil *anderer* hinordnet. Die Eucharistie ist dann die *volle* Eingliederung in die Kirche.

Das Pfingstereignis wird auch als »Getauftwerden mit Heiligem Geist« bezeichnet (Apg 1, 5; 11, 16). Nach urkirchlicher Auffassung hat Jesus diesen Vorgang bei seiner Taufe im Jordan an sich selbst erfahren, und deshalb soll in der vierten Woche davon ausführlicher die Rede sein. Die historische Erforschung des Neuen Testamentes hat gezeigt, daß die Taufe Jesu im Jordan eine unbezweifelbare geschichtliche Tatsache ist, nicht weniger als sein Tod am Kreuz in Jerusalem. Wenn es auch unmöglich ist, eine Lebensgeschichte Jesu zu schreiben, weil dies nicht die Absicht der Evangelisten war, so sind doch Anfang und Ende des öffentlichen Wirkens Jesu, seine Taufe und das Kreuz, Einschnitte in seiner Lebensgeschichte, die im Neuen Testament mit historischer Treue wiedergegeben sind. Auch aus diesem Grund erhalten die Berichte über die Taufe Jesu heute eine erhöhte Bedeutung, denn von ihnen her wird es möglich, ein *ursprüngliches* Bild von dem Menschen Jesus von Nazaret zu gewinnen und es von vielerlei geschichtlichen Übermalungen aus späterer Zeit zu reinigen. Die Berichte über die Taufe Jesu, über den Anfang seiner öffentlichen Tätigkeit, zeigen uns Jesus als den *neuen, letzten Propheten,* der in einmaliger und unüberholbarer Weise *Zeugnis gibt von Gott.* Wir werden noch sehen, wie wichtig diese Feststellung im Hinblick auf die gegenwärtige Situation der Kirchen ist.

Deshalb nun zunächst die Frage: Welches Bild hast Du ganz persönlich von diesem Jesus von Nazaret? Was für ein Mensch war er? Lediglich jemand, der die Nächstenliebe gepredigt und gelebt hat? Ein edler, reiner Mensch, der niemandem etwas Böses tat? Der soziale Revolutionär und Reformer, auf den man sich berufen kann, wenn man Klassenkampfparolen vertritt, Besitzverteilung und Landreform anstrebt? Oder war er lediglich ein Mensch, der sich gegen die politischen und gesellschaftlichen Strömungen seiner Zeit stemmte? Vielleicht ein Schwärmer, der das Gute wollte, aber nicht verstanden wurde? Oder ein Superstar, dem die Menschen in Scharen zuströmten, von dem sie begeistert, fasziniert waren?

Es ist wichtig, daß wir zu Jesus ein ganz *persönliches* Verhältnis haben, zu dem Jesus, den uns die Evangelien schildern. Diese aber sind mehr als eine Lebensbeschreibung: Sie wollen uns im Licht der in der Urkirche fortdauernden Pfingsterfahrung das innerste Wesen dieses Menschen Jesus von Nazaret zeigen, ohne es durchschaubar machen zu wollen. Jede menschliche Person ist ein einmaliges Geheimnis, und dies gilt in unvorstellbarem Maß von diesem Jesus von Nazaret, denn er läßt sich in kein psychologisches Schema einordnen. Er handelt, lebt und spricht in einer Ursprünglichkeit, die unbegreiflich neu ist und immer bleiben wird. Aber eben deshalb interessiert es uns brennend, von welchen Grunderfahrungen Jesus bestimmt war, wie er selbst sein Verhältnis zu Gott erfahren hat.

Glücklicherweise gibt uns das Neue Testament dazu einen wichtigen Hinweis, denn es hat uns überliefert, wie Jesus Gott in seiner aramäischen Muttersprache angeredet hat: *Abba*. Die Erforschung des Neuen Testamentes hat ergeben, daß diese Anrede eines der sichersten historischen Jesusworte ist (vgl. Mk 14, 36). *Nichts charakterisiert den Menschen Jesus mehr als diese Gebetsanrede*[11]! Die ersten Christen haben sie übernommen (vgl. Gal 4, 6; Röm 8, 15) und dabei zugleich die Kraft und Macht des Geistes Jesu in sich erfahren. Außerdem wird an zwölf Stellen in den Evangelien gesagt, daß Jesus sich betend »an den Vater« wendet: deutliche Erinnerung an die Grundhaltung Jesu Gott gegenüber. Das Wort »Abba« ist für uns schwer zu übersetzen. Es war zur Zeit Jesu eine vertrauensvolle, in das Familienleben eingebettete Anrede der Kinder an ihren leiblichen Vater, etwa in dem Sinne von »Väterchen« oder »Vati«, sie wurde aber auch von Erwachsenen gebraucht. Wenn Jesus Gott so anredet, dann zeigt sich darin eine ungezwungene, selbstverständliche Einfachheit, die in einem deutlichen Gegensatz steht zu der Abstand haltenden Verehrung des fernen, unnahbaren Gottes zur Zeit Jesu.

Die Anrede »Abba« weist auf *die Ur-Erfahrung Jesu* zurück, auf sein außergewöhnlich inniges Verhältnis zu Gott, aus dem alle anderen Menschen ausgeschlossen sind. Niemals, an keiner einzigen Stelle der Evangelien, schließt Jesus sich mit anderen Menschen zusammen, wenn er zu seinem Vater betet. Jesus hat die Jünger beten gelehrt: »*Unser* Vater« (Mt 6, 9; vgl. Lk 11, 2), aber er schließt sich selbst nicht ein in dieses »Wir« der Jünger vor dem Vater! Sehr deutlich hat dies Johannes ausgedrückt: »Ich gehe zu *meinem* Vater und zu *eurem* Vater, zu *meinem* Gott und zu *eurem* Gott« (Joh 20, 17). Wenn andererseits Jesus in einem »Wir« den Vater mit einschließt, dann sind alle anderen Menschen ausgeschlossen: »Wenn jemand mich liebt, so wird er mein Wort halten, und mein Vater wird ihn lieben. Zu diesem werden *wir* kommen und Wohnung bei ihm nehmen« (Joh 14, 23). Ebenso deutlich ist Joh 17, 11:

»... damit sie eins seien wie *wir*«, und Joh 17, 21 f: »Alle
sollen eins sein; wie du, Vater, in *mir* bist und *ich* in *dir* bin,
sollen auch sie in *uns* sein... damit sie eins sind, wie *wir*
eins sind«.

Auch dieses »Wir« bezeichnet nur das Ich-Du-Verhältnis
zwischen dem Vater und dem Sohn, das heißt, Vater und Sohn
stehen als ein »Wir« allen anderen Menschen *gegenüber*! Diese
und ähnliche Formulierungen sind eine Erinnerung der ersten
Christen an die grundlegende Abba-Erfahrung Jesu, die sich in
seinem ganzen Leben, bis in seinen Tod hinein, geäußert hat.
Im Rückblick auf sein Leben konnten die ersten Christen Jesus
in den Mund legen: »Meine Speise ist es, den Willen dessen zu
tun, der mich gesandt hat« (Joh 4, 34), »ich suche nicht meinen
Willen, sondern den Willen dessen, der mich gesandt hat«
(Joh 5, 30; vgl. 6, 38; Hbr 10, 9).

Wir verbinden mit dem Wort »Vater« gerne die Vorstellung
von unerbittlicher Autorität, Geboten und Verboten. In der
Verkündigung und im Leben Jesu dagegen ist mit diesem Wort
der Vater als ein *menschenfreundlicher. Gott* gemeint, der
die Menschen befreit und liebt, der eine Herrschaft des Friedens, der Gerechtigkeit und der Freude aufrichten will, in Gegensatz zu der unerbittlichen menschlichen Geschichte von
Leid, Unheil, Unfrieden, Ungerechtigkeit, kränkender, unfrei
machender Unterdrückung. Dies ist die *religiöse Grunderfahrung* des Menschen Jesus von Nazaret, aufgrund deren er der
einzige Zeuge Gottes ist, der uns offenbart und vorlebt, wer
und wie Gott ist. Wir wissen nicht, wann, wo und wie Jesus
dieses Verhältnis zu Gott in sich und an sich erfahren hat.
Lukas ist der Auffassung, daß schon dem zwölfjährigen Jesus
das Charisma der Weisheit geschenkt war (Lk 2, 40. 52), eine
von Gott geschenkte »Einsicht« in seinen Willen. Diese »nahm
zu« (Lk 2, 52), und mit etwa 30 Jahren trat Jesus dann als
der neue, mit Heiligem Geist erfüllte Prophet an die Öffentlichkeit. Das Neue Testament berichtet uns nichts von einem
»Berufungserlebnis« Jesu, aber die Berichte über seine Taufe sind
eine Erinnerung an die Plötzlichkeit seines öffentlichen Auftre-
tens (seine Mitbürger in seiner Heimatstadt fragen deshalb er-
staunt: »Ist das nicht der Sohn Josefs?«; Lk 4, 22). Wir dürfen

annehmen, daß die prophetisch-charismatische Begnadung Jesu bei seiner Taufe im Jordan zum vollen Durchbruch kam, denn von da ab tritt er auf als der geisterfüllte Prophet, gibt er öffentlich Zeugnis von seiner einmaligen Abba-Erfahrung. Wenn wir wissen wollen, wie die Urkirche die Selbsterfahrung Jesu gedeutet und nachvollzogen hat, müssen wir uns deshalb an die Berichte über die Taufe Jesu halten.

2. Die Geisttaufe Jesu — Urbild unserer Geisterneuerung

a) Die urkirchliche Geisterfahrung: Schlüssel zum Verständnis der Berichte über die Taufe Jesu

Die frühesten Schriften des Neuen Testamentes sind etwa 20 Jahre nach dem Pfingstereignis geschrieben (die Thessalonicherbriefe um 52; Galaterbrief um 54), und die Evangelien des Markus, Mattäus und Lukas sind nochmals 20—30 Jahre später entstanden; das Johannesevangelium zwischen 90 und 100. Die Erinnerung an das, was Jesus gesagt und getan hat, wurde also lange Zeit fast ausschließlich in der urchristlichen Missionspredigt und im Unterricht bezeugt und überliefert. So ist es verständlich, daß die Erfahrungen, die den ersten Christen nach dem Tode Jesu geschenkt wurden (persönlicher Umgang mit dem Auferstandenen, Pfingstereignis), in die Berichte über Jesus eingeflossen sind. Dies gilt auch über die Berichte von der Taufe Jesu. Der Schlüssel zu ihrem Verständnis ist die charismatisch-missionarische Pfingsterfahrung der Urkirche sowie ihre Taufpraxis. Die neuere Forschung hat herausgearbeitet: Die Wassertaufe zur Vergebung der Sünden war in der frühesten Zeit deutlich unterschieden von der Handauflegung (als Zeichen der Fortdauer der Pfingsterfahrung)[12]. Einen Niederschlag davon haben wir an folgenden Stellen:

»Als die Apostel in Jerusalem hörten, daß Samaria das Wort Gottes angenommen hatte, schickten sie Petrus und Johannes zu ihnen. Diese zogen hinab und beteten für sie, sie möchten den Heiligen Geist empfangen. *Denn er war noch auf keinen von ihnen herabgekommen; sie waren nur auf den Namen des Herrn Jesus getauft.* Dann legten sie ihnen die Hände auf, und sie empfingen den Heiligen Geist« (Apg 8, 14—17).

»Als sie das hörten, ließen sie sich auf den Namen des Herrn Jesus taufen. Paulus legte ihnen die Hände auf, und *der Heilige Geist kam auf sie herab;* sie beteten in Sprachen und redeten prophetisch« (Apg 19, 5 f; vgl. 2, 38).

In diesen Texten wird nicht bestritten, daß der Heilige Geist auch bei der Taufe gegeben werde, aber seine Wirkungen im Menschen sind hier: Nachlassung der Sünden und die erste Eingliederung in die Kirche. Die Handauflegung der Apostel dagegen soll anzeigen und bewirken, daß der Getaufte mit der charismatisch-missionarischen Anfangserfahrung der Kirche, dem Pfingstereignis, in Kontakt kommt: Durch dieses äußere Zeichen werden dem Getauften die dem Zeugnis und der Mission dienenden Geistesgaben (Charismen) von Gott her angeboten und verliehen. Bei der Handauflegung (Apg 8, 15 ff und 19, 5 f) geht es nicht um das persönliche Heil des Getauften, sondern um seine Hinordnung auf das *Heil anderer.* Diesen Vorgang nennt das Neue Testament im Unterschied zur Wassertaufe auch »Getauftwerden mit Heiligem Geist« (Apg 1, 5; 11, 16). »Geisttaufe« ist deshalb die *Überschrift* des Lukas über seinen Bericht von der charismatisch-missionarischen Ausbreitung der Kirche (Apg 1, 5). Wie sie sich ereignet, beschreibt er in Apg 2, 1—13 (Pfingstereignis). Sie kann auch schon vor der Wassertaufe geschenkt werden (Apg 10, 44 bis 48), und daran zeigt sich nochmals, daß diese beiden Vorgänge und Erfahrungen durchaus *unterschieden* sind: Die Einübung in die christliche Grunderfahrung hat mehrere Aspekte, die sich nicht völlig decken. Wir werden später noch erwähnen, daß für die orthodoxe und die katholische Kirche die oben angegebenen Berichte über die Handauflegung der Apostel der Ursprung des Firmsakramentes sind. Dieses kann deshalb als *sakramentale Geisttaufe* bezeichnet werden. Da Sakramente *Angebote* Gottes sind und nur in dem Maß in uns wirksam werden, als wir dieses Angebot annehmen, müssen im Verlauf der eigenen Lebensgeschichte die im Firmsakrament verheißenen Gnaden immer wieder neu bejaht und angenommen werden. Diesen Vorgang bezeichnen wir als *Erneuerung der Geisttaufe* (bzw. *Firmerneuerung*) oder *Geisterneuerung*. Ähnliches gilt für die Konformation und andere Formen der Tauferneuerung in den reformatorischen Kirchen.

Die Fachleute für die Auslegung des Neuen Testamentes sagen uns nun, daß die Berichte über die Taufe Jesu so abgefaßt sind, daß die Christen sie als Urbild ihrer eigenen »Einführung« in den Glauben und in das Zeugnis verstehen können[13]. Sie waren Teil des urkirchlichen Taufunterrichtes. Die Bußpredigt Johannes des Täufers, die den Berichten über die Taufe Jesu vorangeht, hatte deshalb zugleich den Charakter einer »Taufansprache« und war für die schon getauften Christen Erinnerung an ihre eigene Taufevorbereitung und den dazugehörigen Unterricht. So wird verständlich, daß in den Taufberichten deutlich unterschieden wird zwischen der Wassertaufe Jesu und seiner Geisttaufe: *»Als aber Jesus getauft war,* stieg er sogleich aus dem Wasser empor, und siehe, der Himmel öffnete sich, und er sah den *Geist Gottes* wie eine Taube herabschweben und auf sich herabkommen« (Mt 3, 16; vgl. Mk 1, 10). Lukas betont außerdem, daß die Geisttaufe Jesu sich ereignete, *während er betete* (3, 21). Auch dies entspricht der urkirchlichen Erfahrung, denn der Heilige Geist wird gegeben in betender Anrufung Gottes (vgl. Apg 1, 14; 4, 31; 8, 15 ff; 13, 3; Lk 11, 13).

Bevor wir darauf näher eingehen, sei zunächst noch etwas zu dem Ausdruck »Geisttaufe« gesagt[14]. Die in ihm wiedergegebene Erfahrung der Urkirche wird nämlich heute auf geschichtlich neue und überraschende Weise vielen Christen in allen Kirchen geschenkt: Zeichen dafür, daß der Herr der Kirche selbst damit begonnen hat, seine Kirche zu erneuern! Die Urkirche hat Johannes dem Täufer die Worte in den Mund gelegt: »Ich taufe euch mit Wasser, er aber wird euch *mit Heiligem Geist taufen*« (Mk 1, 8; Mt 3, 11; Lk 3, 16). Was ist damit näherhin gemeint? Das Wort »Taufe« kommt von »tauchen«, »eintauchen«. Bei der Wassertaufe zur Vergebung der Sünden werden wir in das Wasser eingetaucht (die Taufe wurde ursprünglich durch völliges Untertauchen gespendet). Das, *womit* wir getauft werden, ist bei der Wassertaufe also das Wasser. Bei der Taufe mit Heiligem Geist dagegen werden wir nicht mit Wasser übergossen, sondern eben mit dieser göttlichen Kraft und Dynamik, die auch Heiliger Geist genannt wird und die uns zum Zeugnis befähigt. In diesem Sinne heißt es in Apg 2, 33, der erhöhte Herr habe den Heiligen Geist »ausgegossen« (vgl. Apg 2, 45; Tit 3, 6; Röm 5, 5). Das gleiche Bild findet sich in 1 Kor 12, 13: »Wir wurden alle in den einen Heiligen Geist hineingetauft« (von einem Geist umfaßt, mit einem Geist getränkt). Dasselbe ist gemeint, wenn es heißt, wir werden mit Heiligem Geist *erfüllt* (Apg 2, 4; 4, 31; 9, 17), wir *empfangen* ihn (Apg 2, 38; 8, 15—19; 10, 47; 19, 2), er kommt auf uns herab (Apg 8, 16; 10, 44; 11, 15), wir werden mit ihm gesalbt (2 Kor 1, 21; vgl. Apg 10, 38). In dem Ausdruck »Geisttaufe« ist also das Wort »Taufe« in einem *übertragenen* Sinne gebraucht: Wir sind gleichsam in den Heiligen Geist wie in ein Lebenselement eingetaucht; bewegen uns in ihm wie der Fisch im Wasser; atmen ihn ein wie die Luft, die uns umgibt; sind mit ihm erfüllt und ausgefüllt wie ein Gefäß usw. Deshalb ist auch der Vorgang der Geisttaufe *unterschieden* von dem der Wassertaufe und keineswegs deren Ersatz. In der Geisttaufe werden wir eingetaucht in die göttliche *Kraft zum Zeugnis,* zur Selbstentäußerung und Selbstweggabe an andere. Wir könnten diesen Vorgang auch »Zeugentaufe« nennen im Unterschied zur Sündertaufe mit Wasser.

Der Unterschied zwischen diesen beiden Vorgängen ergibt sich nicht zuletzt auch aus folgender Beobachtung: Wenn man in der Taufe zum ersten Mal der verzeihenden und versöhnenden Liebe Gottes begegnet ist und anfanghaft Glied der Kirche wurde, kann man nicht schon am nächsten Tag von dieser Liebe Zeugnis geben. Die Nachlassung der Sünden muß sich ja zunächst in einem entsprechenden Leben bewähren, die Erfahrung muß wachsen und reifen, bevor man über sie zeugnishaft berichtet. Auch in Jesus »wuchs« die Einsicht in den Willen Gottes und die Erfahrung seiner Anwesenheit (vgl. Lk 2, 52), und seine eigene Geisttaufe war dann der volle Durchbruch zu seinem charismatisch-prophetischen Wirken.

b) Beginn prophetisch-charismatischen Wirkens

Die drei Berichte über die Taufe Jesu ergänzen sich gegenseitig (derjenige des Mattäus entspricht im Wesentlichen dem
des Markus). Wir wollen sie nach urkirchlichem Brauch lesen
als Vorbereitung auf unsere Geisttaufe:

»Zu dieser Zeit kam Jesus von Galiläa an den Jordan zu Johannes,
um sich von ihm taufen zu lassen. Johannes aber wollte es nicht
zulassen und sagte zu ihm: Ich müßte von dir getauft werden, und
du kommst zu mir? Jesus antwortete ihm: Laß es nur zu! Denn
nur so können wir den *Willen Gottes erfüllen.* Da ließ er ihn
gewähren. *Als aber Jesus getauft war,* stieg er sogleich aus dem
Wasser empor; und siehe, der Himmel öffnete sich, und *er sah* den
Geist Gottes wie eine Taube auf sich herabkommen. Und eine
Stimme aus dem Himmel sprach: *Das ist mein geliebter Sohn,*
an dem ich Gefallen gefunden habe« (Mt 3, 13—17).

»Zusammen mit dem ganzen Volk ließ auch Jesus sich taufen. Und
während er betete, öffnete sich der Himmel, und der Heilige Geist
kam *sichtbar* in Gestalt einer Taube auf ihn herab, und eine Stimme
aus dem Himmel *sprach:* Du bist mein geliebter Sohn, an dir habe
ich Gefallen gefunden« (Lk 3, 21 f).

Lukas betont, daß Jesus sich *zusammen mit anderen* taufen
ließ. Dies ist bereits ganz erstaunlich: Hatte Jesus es nötig,
sich taufen zu lassen, etwas an sich geschehen zu lassen, und
dazu noch von einem Menschen, der weit unter ihm stand?
Konnte er seine öffentliche Tätigkeit nicht aus eigener aktiver
Machtvollkommenheit beginnen? War dazu eine solche »Er-
niedrigung« notwendig, ein »Ritus«, den er an sich geschehen
läßt? Mattäus gibt uns die Antwort: »Nur so können wir den
Willen Gottes erfüllen.« Die Gnadengabe der Weisheit, die Einsicht in den Willen Gottes, die nach Lukas schon dem zwölfjährigen Jesus gegeben war, kommt hier zum vollen Durchbruch: Jesus tut *nichts aus eigenem Willen,* sondern er hat
alles vom Vater empfangen, auch und gerade das prophetische
Zeugnis für ihn. Er will zu Beginn seiner öffentlichen Tätigkeit
zeichenhaft deutlich machen: Zeugnis für Gott geschieht nicht
aus eigenem Willen, eigener Anstrengung, sondern ist Berufung
und Geschenk. Jesus läßt *erleidend und hinnehmend* die Taufe
des Johannes an sich geschehen, um zu bezeugen: Ich verkün-

dige nicht mich selbst, sondern den Vater! Das erste öffentliche Auftreten Jesu war also bereits eine *prophetische Tat.* Es ist wichtig, dies festzuhalten, denn die Urkirche hat von Anfang an in Jesus den neuen und zugleich letzten, unüberholbaren Propheten gesehen, der in seiner Person, in seinen Worten und Werken, offenbart, wer und wie Gott ist.

Ein Prophet ist im Verständnis des Alten Testamentes ein »Rufer«, »Verkünder«, und als solcher zugleich ein »Berufener«. Prophet ist, wer für jemanden, an seiner Stelle und in seinem Auftrag, anderen etwas mitteilt und bezeugt[15]. Diese Mitteilung und Bezeugung kann durch Worte oder auch durch *Taten* geschehen. Schon die alttestamentlichen Propheten haben ihre Verkündigung mit auffallenden, zeichenhaften Handlungen verbunden. So trug z. B. der Prophet Jeremia ein Ochsenjoch auf seinen Schultern, um an den Gehorsam Gott gegenüber zu ermahnen (die politische Herrschaft der Babylonier zu ertragen). In ähnlicher Weise läßt Jesus sich bei seinem ersten öffentlichen Auftreten taufen, um durch dieses Zeichen darauf aufmerksam zu machen, daß, entsprechend der Predigt des Täufers, alle Menschen der Umkehr bedürfen und sich von neuem zu Gott bekehren müssen. Auf diese Weise macht Jesus deutlich, daß das Volk fern von Gott lebt. Zugleich solidarisiert er sich mit ihm. Der Evangelist Johannes hat die darin zum Ausdruck kommende Gesinnung Jesu dem Täufer in den Mund gelegt: »Seht das Lamm Gottes, das die *Sünde der Welt hinwegnimmt!«* (Joh 1, 29). Jesus solidarisiert sich mit denen, die durch den Empfang der Bußtaufe des Johannes zum Ausdruck bringen, daß sie der Bekehrung bedürfen[16]. Taufe hat im urkirchlichen Verständnis immer etwas zu tun mit Umkehr und Wegnahme der Sünde. Bei Jesus gilt dies jedoch nicht für ihn persönlich, sondern im Hinblick auf die Sünden der anderen!

Wenn Du am Ende der sechsten Woche (oder später) vortrittst, um unter Handauflegung der Anwesenden um die Geisttaufe und Geisterneuerung (Firmerneuerung) zu bitten, dann schließt dieser Vorgang zugleich eine Erneuerung des Taufversprechens ein: »Ich widersage dem Mißtrauen gegen Gott!« Ohne eine solche innere Umkehr, ohne ein Bekenntnis auch der persönlichen Sünden, kann niemand das Geschenk der Geisttaufe, die Gabe des Zeugnisses, annehmen! Zugleich wird dieser Vorgang für Dich aber auch eine *prophetische Tat* sein: Schon durch die Tatsache Deines Vortretens bezeugst Du, daß Du erneut der Umkehr, der Vergebung der Sünden und der Mithilfe der anderen bedarfst. Eine Gebetsversammlung ist immer von besonderer Dichte, wenn jemand um die Geisterneuerung bittet; denn dieser Vorgang ist zugleich Dienst am Glauben der anderen! Die Geisttaufe wird Dich zugleich auf ungeahnte Weise fähig machen, die Last und Sünde anderer Menschen mitzutragen. Du wirst Wochen oder Monate nach diesem Schritt bestimmte Wandlungen in Deinem Leben beobachten: Du bist weniger als früher auf Dich konzentriert, hast mehr Zeit für andere, bist offener für ihre Probleme und Nöte. Du erfährst an Dir, daß Du nicht mehr so sehr für Deinen privaten Nutzen lebst, sondern befähigt bist zum Dienst, daß Du — ohne es selbst eigentlich gewollt und angezielt zu haben — auf neue Weise auf andere hingeordnet bist!

Mattäus legt besonderen Wert darauf, daß Jesus *nach dem Taufvorgang* (nachdem er aus dem Wasser emporgetaucht war) eine ihn tief betreffende Geisterfahrung geschenkt wurde: Er *sah* den Geist Gottes wie eine Taube auf sich herabkommen, und er *hörte* eine Stimme. Die Ausdrücke »sehen« und »hören« sind im Neuen Testament Hinweis auf die mit den Sinnen beginnende *Erfahrung* der Anwesenheit Gottes. Die Evangelisten wollen nicht sagen, Jesus habe nach seiner Taufe einen Vogel gesehen. Die Taube ist nur ein sehr altes Vorstellungsbild (Symbol) für den Geist Gottes, aber nicht dieser selbst! Auch behaupten die Berichte nicht, Jesus habe wie durch einen in den Bäumen versteckten Lautsprecher eine geheimnisvolle Himmelsstimme gehört. Vielmehr soll ausgedrückt werden: Jesus hat in dieser Stunde und in Anwesenheit anderer auf eine sehr tiefe Weise die erwählende *Anwesenheit Gottes* erfahren: Wer hörbar spricht, ist jetzt und hier da!

Beachten wir, daß Jesus selbst sah und hörte, daß aber auch die Umstehenden *mitsahen und mithörten*[17], denn bei Mattäus lautet die Himmelsstimme: »*Dieser ist* mein geliebter Sohn, an dem ich Gefallen gefunden habe«. Die Geisterfahrung Jesu hat von Anfang an *Öffentlichkeitscharakter*. In diesem Sinne läßt auch der Evangelist Johannes den Täufer sagen: »*Ich sah, daß der Geist wie eine Taube vom Himmel herabkam und auf ihm blieb*« (Jo 1, 32). Jesus hat seine Geisterfahrung von Anfang an nicht als privates Geheimnis gehütet, sondern er hat die Menschen an ihr teilnehmen lassen, er hat sie entäußert und veröffentlicht. Dies ist der *Ursprung der Kirche*! Sie lebt davon, daß Christus seine eigene Geisterfahrung veröffentlicht hat und daß die Christen sie im Zeugnis voreinander gleichsam »vererben«. Das Erbmißtrauen wird so überwunden durch die Vererbung und Weitergabe der Geisterfahrung Jesu. Jeder ist aufgerufen, durch sein persönliches Glaubenszeugnis, durch die Veröffentlichung *seiner* Geisterfahrung, die Geisterfahrung Jesu selbst lebendig zu halten!

Lukas geht noch einen Schritt weiter und beschreibt uns von der urkirchlichen Geisterfahrung her, *wie* die Anwesenden an der Geisterfahrung Jesu am Jordan teilgenommen haben: »*Während er betete*, kam der Heilige Geist sichtbar auf ihn herab.« Die Urkirche hatte an sich erfahren, daß Geisterfahrung Frucht des Gebetes und daß ihre erste Äußerung wiederum Gebet ist (vgl. Apg 1, 14; 4, 31; 8, 15 ff; Lk 11, 13). Diese Erfahrung war für sie der *Schlüssel* zum Verständnis der Person Jesu: Die ersten Christen waren davon überzeugt, daß der Geist, dessen Wirksamkeit sie in der vertrauensvollen Anrede: »Abba, Vater« erfuhren, der *Geist Jesu* ist, ja die Geisterfahrung ist für sie der letzte *Beweis* für die Auferstehung Jesu (vgl. Apg 2, 33). Von da her können wir auch den Taufbericht des Lukas interpretieren. Lukas sagt uns nicht ausdrücklich, *was* Jesus nach der Auffassung der Urkirche bei seinem ersten öffentlichen Gebet gebetet hat. Die »Stimme«, die Jesus und die Umstehenden »gehört« haben, könnte uns aber einen Hinweis geben: »Du bist mein geliebter *Sohn*« (Ps 2, 7). Im Alten Testament galt der König als »Sohn Gottes«, und deshalb dürfen wir aus dem Zitat dieses Psalmwortes nicht ohne weiteres den Schluß ziehen, daß Jesus sich bei seiner Geisttaufe im Sinne der späteren Lehre vom Geheimnis der göttlichen Dreieinigkeit als »Sohn Gottes« erfahren hat. Der uns überlieferte Abba-Ruf Jesu, der mit Sicherheit auf ihn selbst zurückgeht und seine ureigenste Gotteserfahrung wiedergibt, könnte uns aber die charismatisch-prophetische Grunderfahrung Jesu verdeutlichen, die er während seiner Geisttaufe zum ersten Mal veröffentlicht hat. Der Evangelist Johannes hat sie nachempfunden, wenn er Jesus in seinen Abschiedsreden beten läßt: »Vater, die Stunde ist da, verherrliche du deinen Sohn, damit der Sohn dich verherrliche. Du hast ihm Macht über alle Menschen gegeben, damit er allen, die du ihm gegeben hast, ewiges Leben schenke« (Joh 17, 1 f). Vielleicht hat Jesus während seiner Geisttaufe so oder ähnlich gebetet. In jedem Fall meint Lukas kein rein inneres Gebet Jesu, von dem die Umstehenden nichts gemerkt hätten: *Die erste Wortverkündigung Jesu war ein öffentliches Gebet!* Jesus hat nicht nur in der Einsamkeit zu seinem Vater gebetet, sondern auch in sehr persönlicher Weise vor anderen Menschen, wie uns z. B. auch in Mt 11, 25 überliefert ist: »Ich preise dich, Vater, Herr des Himmels und der Erde, weil du all das den Weisen und Klugen verborgen, aber den Unmündigen offenbart hast. Ja, Vater, so hat es dir gefallen.« Mattäus hat dieses Gebet sicherlich nicht erfunden, sondern mit höchster Wahrscheinlichkeit der Überlieferung aus den Erdentagen Jesu entnommen[18].

Für viele heutige Christen ist ihr erstes wirklich persönliches Zeugnis vor anderen das Gebet vor und während ihrer Geisttaufe (Geisterneuerung, Firmerneuerung). Vielleicht wirst auch Du in diesen Wochen soweit von Gott geführt, daß Du Deinen Glauben in einem persönlichen Gebet vor anderen kundtust. Vielleicht wirst auch Du dabei die »Stimme« hören: »Du bist mein geliebter Sohn (meine geliebte Tochter).« Söhne und Töchter Gottes sind alle, »die sich vom Geiste Gottes führen lassen« (Röm 8, 14). Vielleicht bist Du in diesem Augenblick so tief getroffen, daß Du kein Wort herausbringst oder nur sagst: »Herr, da bin ich!« Andere werden Dir die Hände auflegen, Dir prophetische Worte von Gott her zusprechen, für Dich bitten, Gott loben und ihm danken. Wenn Du siehst und hörst, wie andere mit Dir und für Dich beten, dann siehst und hörst Du etwas vom Geist Gottes selbst, dann *erfährst* Du seine Anwesenheit, auch wenn Du in diesem Augenblick nichts »spürst«. Es geht ja nicht um Dich selbst, um

Deine eigene innere Ergriffenheit, bei der Du ausruhen, die Du gleichsam genießen könntest, sondern *Geisttaufe ist Zeugentaufe!* Fast alle sagen von sich, daß sich ihr Leben nach diesem Vorgang spürbar geändert hat. Natürlich kann dies auch schon vorher geschehen. Viele Menschen werden heute von Gott erweckt ohne Handauflegung und Gebet. Äußere, leibhaftige Zeichen helfen uns aber auf dem Weg zu Gott.

Halten wir zusammenfassend fest: Die erste öffentliche *Tat* Jesu war es, sich auf die Seite der Sünder zu stellen. Später wird er noch deutlicher für die Partei ergreifen, die sich vor Gott als Sünder wissen, und auch für diejenigen, die aus der damaligen Gesellschaft ausgestoßen sind, für die Randsiedler, die Entrechteten, Mißachteten. Sein erstes öffentliches *Wort* war ein Gebet. Es ist wohl kein Zufall, daß gerade in einigen Handschriften des Lukasevangeliums die Verse des »Vaterunser«: »Dein Name werde geheiligt, dein Reich komme« ersetzt sind durch: »Dein Heiliger Geist komme auf uns und mache uns heilig« (vgl. die Fußnoten zu Lk 11, 2): Die erste aller Bitten, die Jesus uns auszusprechen gelehrt hat, ist die Bitte um den Heiligen Geist, und diese Bitte wird der Vater uns in jedem Fall erfüllen (vgl. Lk 11, 13). Die Ur-Verkündigung Jesu: »Das Reich Gottes ist nahe« (Mk 1, 15) meint also im Verständnis der Urkirche: Die endgültige Ausgießung des Geistes, die Geisttaufe steht unmittelbar bevor!

c) Eingriff Gottes in die Lebensgeschichte

»Jesus war ungefähr *30 Jahre alt*, als er öffentlich zu wirken begann« (Lk 3, 23). Diese Altersangabe darf nicht allzu eng gefaßt werden, da sie auf alttestamentliche Vorbilder zurückgeht (Alter der Priester: Num 4, 3; Josephs bei Beginn seiner Wirksamkeit: Gen 41, 46; Davids bei seiner Salbung zum König: 2 Sam 5, 4 usw.). Sicher aber ist, daß Jesus nicht schon mit 15 Jahren aufgetreten ist wie ein Wunderknabe, wie einer der modernen Gurus. Warum hat er bis in sein reifes Mannesalter hinein ein völlig normales Handwerkerleben geführt? Wir würden heute gern wissen, wie sein Tagesablauf war, wann er aufstand, wie oft und wie lange er täglich betete, womit er sich sonst beschäftigte. Wir wissen nicht, wie es in dem zwanzigjährigen, wie es in dem fünfundzwanzigjährigen Jesus aussah, aber offenbar hat er sich in diesem Alter noch nicht öffentlich zu seiner Berufung und Erwählung bekannt. Mit etwa 30 Jahren muß es dann über ihn gekommen sein: Du mußt jetzt an die Öffentlichkeit treten, öffentlich Zeugnis geben! Dieses *plötzliche* Auftreten Jesu hat alle Anzeichen eines *personalen Durchbruches* an sich, wenn auch die Evangelisten ihn nicht als ein »Berufungserlebnis« nach dem Vorbild der alttestamentlichen Propheten beschreiben.

Sie wollen keineswegs sagen, daß Jesus bei seiner Taufe *zum ersten Mal* die Anwesenheit des Heiligen Geistes erfuhr, sondern der Sinn der Erzählung ist: Gott hat sich bei der Taufe Jesu zu ihm bekannt, ihn anerkannt und öffentlich als den verheißenen Messias bestätigt. In diesem Sinne sagt auch der Täufer: »Ich habe es gesehen und lege Zeugnis ab: Dieser ist der *Erwählte Gottes*« (Joh 1, 34). Das kirchliche Lehramt hat dann in den ersten Jahrhunderten deutlich herausgearbeitet: Jesus war schon vom ersten Augenblick seiner Existenz an »Sohn Gottes«, und schon von da an war der Heilige Geist in seiner ganzen Fülle in ihm gegenwärtig. Dies schließt andererseits aber keineswegs aus, daß er *als Mensch* in sein Selbstbewußtsein, der Sohn Gottes zu sein (entsprechende wörtliche Aussagen Jesu sind uns allerdings nicht überliefert), hineinwuchs und daß auch die Fülle des Heiligen Geistes in ihm erst allmählich zum Durchbruch kam. Dies zeigt sich nicht nur in seiner Todesangst am Ölberg, sondern auch im Kreuzesgeschehen selbst: Nach Hebr 9, 14 hat Jesus sich am Kreuz dem Vater dargebracht »in der Kraft ewigen Geistes«. Die Auferstehung ist für Jesus dann eine weitere Stufe seiner Geisterfahrung: »Der Geist Gottes hat Jesus von den Toten auferweckt« (Röm 8, 11), und im Pfingstereignis zeigt sich Jesus endgültig als derjenige, der selbst mit Heiligem Geist tauft und der Kirche seine eigene Geisterfahrung hinterläßt (Apg 2, 33). Aber auch das Pfingstereignis ist nicht Abschluß der Geschichte Jesu, sondern es dauert an, bis heute, bis in diese Stunde hinein!

Jesus will auch Dich mit der Kraft Heiligen Geistes übergießen, erfüllen, taufen, und dieses Ereignis wird dann auch für dich ein Einschnitt in Deiner Lebensgeschichte sein, eine Lebenswende, nicht anders, als bei denen, die beim ersten Pfingstfest anwesend waren! Bei der Verhaftung Jesu waren die Jünger geflohen (Mt 26, 56), hatten ihn allein gelassen (Joh 16, 32). Offenbar hatten sie weder zum Tode Jesu als dem Heilstod noch zu ihrem eigenen Tod ein inneres Verhältnis (vgl. Mk 8, 33). Selbst nach den Osterereignissen haben sie sich noch aus Furcht vor den Juden hinter verschlossenen Türen versammelt (Joh 20, 19). Nach ihrer Geisttaufe am Pfingstfest aber traten sie todesmutig vor die jüdischen Behörden hin mit dem Bekenntnis: »Wir können nicht mehr schweigen über das, was wir gesehen und gehört haben« (Apg 4, 20). Zwischen Ostern und Pfingsten muß also eine Erfahrung in ihnen gewachsen sein, die dann im Pfingstereignis zum vollen Durchbruch kam. Paulus drückt sie einmal mit den Worten aus: »Sein Tod soll mich prägen« (Phil 3, 10). Die Annahme des eigenen Todes ist der Beginn der pfingstlichen Lebenswende, nicht nur bei den Jüngern, sondern bei jedem, der sich vom Geist Gottes und Jesu zum vollen Christsein führen läßt.

Machen wir uns das bisher Gesagte an einer Zeichnung deutlich — wiewohl natürlich eine Zeichnung das Geheimnis der Person Jesu nicht im entferntesten andeuten kann (Abb. 2).

Die Menschwerdung des »Wortes«, des »Sohnes« (vgl. Joh 1, 14; Phil 2, 5—11; Gal 4, 4—6) ist ein *einmaliges geschichtliches Ereignis,* das sich nicht wiederholt. Die Gnade der Menschwerdung ist *nur* dem Menschen Jesu von Nazaret gegeben, nur er ist »gleichwesentlich mit dem Vater«, wie es im Glaubensbekenntnis des ersten ökumenischen Konzils vom Jahre 325 heißt, das alle christlichen Kirchen auch heute noch als verbindlich betrachten und in der Liturgie beten. Alle christlichen Kirchen bekennen weiterhin, daß der menschgewordene Sohn im Sinne von Joh 7, 39; 15, 26; Apg 2, 33 den Heiligen Geist sendet und gibt[19]. Mit der Menschwerdung des Sohnes Gottes ist also auch der *Ursprung des Heiligen Geistes* in die Geschichte eingetreten! Dies ist eine unüberholbare Differenz zwischen Jesus von Nazaret und den alttesta-

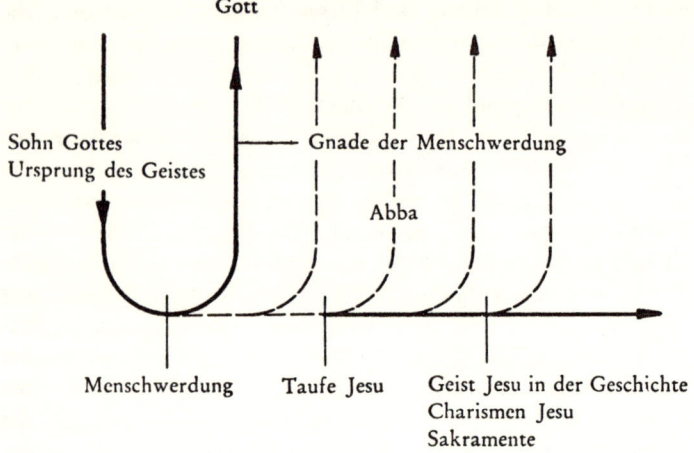

Gott

Sohn Gottes
Ursprung des Geistes ——— Gnade der Menschwerdung

Abba

Menschwerdung   Taufe Jesu   Geist Jesu in der Geschichte
                                   Charismen Jesu
                                   Sakramente

Abb. 2

mentlichen Propheten, die ja auch vom Geist Gottes erfüllt waren[20]. Der Geist Gottes war also in dem Menschen Jesus schon seit seiner Geburt anwesend. Aber erst bei seiner Taufe wurde dies im vollen Sinne offenbar.

Das Neue Testament und die alten Konzilien belehren uns nun darüber, daß Menschwerdung und Geisterfahrung Jesu eng miteinander verbunden, aber *nicht dasselbe* sind. Durch die Menschwerdung wird der Mensch Jesus von Nazaret in einmaliger und alle anderen Menschen ausschließender Weise »Sohn Gottes«. Die Gnade der Menschwerdung bezieht ihn auf den Vater, das Abba-Gebet Jesu ist ihr Ausdruck. Die Gottessohnschaft Jesu beruht nicht nur darauf, daß der Heilige Geist ihm einwohnt, er ist auch nicht etwa die »Menschwerdung des Heiligen Geistes«, sondern Menschwerdung und Geisterfahrung Jesu sind *in sich selbst* unterschieden[21].

Die Sinnrichtung der Geisterfahrung Jesu geht nämlich den Texten des Neuen Testamentes zufolge auf das Heil anderer (vgl. Apg 10, 38; Lk 4, 18 usw.). Sie hat durch und durch prophetisch-charismatischen Charakter. Seine Geisterfahrung macht ihn zum Zeugen für Gott, aber nicht zum Sohn Gottes. Die Gottessohnschaft ist vielmehr Voraussetzung für das Zeugnis für Gott.

Es ist außerordentlich wichtig, diese beiden unterschiedlichen Sinnrichtungen der Grunderfahrung Jesu zu beachten: auf den Vater und auf uns hin. Wir werden später noch sehen: Der Unterschied zwischen der *Rechtfertigungsgnade* (aufgrund deren wir im Geist Jesu »Abba« rufen dürfen) und der dem Heil anderer dienenden *charismatischen Gnade* (konsekratorische Gnade, Dienstgnade) ist in dieser doppelten Sinnrichtung der Grunderfahrung Jesu begründet. Außerdem ist daran festzuhalten: Wir nehmen unter keinen Umständen teil an der Gnade der Menschwerdung, denn wir sind nicht im gleichen Sinne »Sohn« Gottes wie Jesus. Als »Gesalbte« (dies ist die wörtliche Übersetzung von »Christen«) nehmen wir teil an der Salbung Jesu mit dem Heiligen Geist, an seiner Geisttaufe, Geisterfahrung, Geisterfülltheit. Die Kirche ist deshalb nicht die Fortdauer der Menschwerdung, insofern sie sich einmalig in dem Menschen Jesus von Nazaret vollzogen hat, sondern die geschichtliche Fortdauer seiner Geisterfahrung, seiner Charismen, die wiederum in engstem Zusammenhang mit den Sakramenten stehen, wie wir noch zeigen werden. Deshalb sei nun zunächst noch einmal gezeigt, inwiefern mit der Geisttaufe Jesu zugleich seine Geistesgaben an die Öffentlichkeit traten.

3. Jesus, der Ur-Charismatiker

a) Charisma als Geistesgabe

Wie die neutestamentliche Wissenschaft herausgearbeitet hat, ist die früheste und wichtigste Vorstellung von Jesus: Er ist der endzeitliche, *von Gottes Geist erfüllte, mit seinem Geist »gesalbte« Prophet*[22]. »Christus« heißt wörtlich: »Gesalbter«. Jesus wurde jedoch nicht — wie die alttestamentlichen Könige und Priester — mit Öl gesalbt, sondern »mit Heiligem Geist und Kraft« (Apg 10, 38). Das Wort »Salbung« ist hier also in einem übertragenen Sinne gebraucht, ähnlich wie auch schon in bezug auf die alttestamentlichen Propheten. Musterbeispiel dieses alle neutestamentlichen Schriften durchwaltenden Verständnisses ist Lk 4, 16—24: Jesus läßt sich in der Synagoge seiner Heimatstadt Nazaret die Buchrolle des Propheten Jesaja reichen und liest daraus vor: »Der Geist des Herrn ruht auf mir; denn er hat mich *gesalbt*. Er hat mich gesandt, um den Armen die Heilsbotschaft zu bringen, um den Gefangenen die Befreiung und den Blinden das Augenlicht zu verkünden, um die Zerschlagenen in Freiheit zu setzen und ein Gnadenjahr des Herrn auszurufen« (V. 18 f). Dem Bericht des Lukas zufolge bezieht Jesus dieses Zitat aus Jes 61, 1 f auf sich und kennzeichnet so sich selbst als den verheißenen Propheten der Endzeit (vgl. Lk 4, 24. 27). Wir können nicht mit Sicherheit sagen, ob Jesus tatsächlich sich selbst als einen »Propheten« verstanden hat, aber sein ganzes Auftreten und sein Schicksal liegen auf der Linie der alttestamentlichen Propheten. Jedenfalls war er in den Augen seiner Zeitgenossen auf keinen Fall ein »Priester«.

Das Zitat aus Jes 61, 1 f enthält bereits einen Katalog von »Geistesgaben«, Wirkungen seiner Geisttaufe in ihm. Sie wurden ihm vom Vater nicht gegeben im Hinblick auf seine eigene Person, sondern damit der Vater durch ihn seinen missionarischen Heilswillen in der Welt durchsetzen kann. Sie galten den Armen, den Gefangenen, den Zerschlagenen. Der größte Missionar aller Zeiten, Paulus, bezeichnet diese Geistesgaben auch als »Charismen«. Wie auch sonst, wählt er hier ein seltenes Wort, um die Eigentümlichkeit der christlichen Grunderfahrung zu kennzeichnen. Die Urkirche hat auf Jesus viele Titel und Bezeichnungen übertragen. Sie alle lassen sich zusammenfassen in dem Satz: Jesus ist der *Ur-Charismatiker*: Der Prophet, Lehrer, Heilende, der Herr über die Dämonen und Naturgewalten, der Gottessohn, mit einem Wort: der »Gesalbte«.

Die Geistesgaben Jesu lassen sich nicht alle aufzählen, denn in ihm ist ja die »Fülle« der Gnaden anwesend (Joh 1, 16). Wir wollen im folgenden nur einige nennen.

b) Jesus, der Prophet

Die Zeitgenossen Jesu haben in ihm in erster Linie einen Propheten gesehen (vgl. Mk 6, 15; 8, 28; Lk 24, 19). Die Evangelisten sind der Auffassung, daß Jesus auch sich selbst als einen Propheten verstanden habe (Mk 6, 4; Lk 4, 24; 13, 33; Mt 13, 57; 23, 31—39). Allerdings steht Jesus nicht in einer Reihe mit den alttestamentlichen Propheten: Er ist »mehr als Jonas«, »mehr als Salomo« (Mt 12, 41 f).

Dieses unüberholbare »Mehr« hat vor allem Johannes herausgearbeitet. Der charismatische Prophet Jesus erscheint hier als der »Bote Gottes«, der selbst das gesehen und gehört, also erfahren hat, was er von Gott her verkündet, und zwar in einer völlig einmaligen, alle anderen Menschen ausschließenden Weise. Er ist der absolut einmalige »Zeuge Gottes«. Das Wort »Zeugnis« entspricht im Neuen Testament unserem heutigen, alltäglichen Sprachgebrauch. Wer z. B. als Zeuge vor Gericht geladen wird, soll dort eine Aussage machen über Tatsachen, die er selbst *gesehen und gehört,* mit seinen Sinnen wahrgenommen hat. Dabei ist vorausgesetzt, daß diese Tatsachen nicht allen bekannt sind und daß man deshalb dem Zeugen *vertrauen* muß. Eine Zeugenaussage ist also kein rein verstandesmäßiger Vorgang, denn der Zeuge nimmt für sich selbst Vertrauen in Anspruch, er erwartet, daß man ihm vertraut, und dies um so mehr, je weniger die anderen seine Aussagen nachprüfen können. In diesem Sinne ist Jesus von Nazaret der Ur-Zeuge Gottes. Man kann die folgenden Texte vom Charakter des Zeugnisses her nicht »neutral« lesen, sondern muß sich ihrem unerhörten Anspruch stellen:

»Niemand hat Gott je *geschaut.* Der Einzige, der Gott ist und am Herzen des Vaters ruht, er hat Kunde gebracht« (Joh 1, 18).

»Was er *gesehen und gehört* hat, *bezeugt* er, doch niemand nimmt sein Zeugnis an. Wer sein Zeugnis annimmt, besiegelt, daß Gott wahrhaftig ist. Denn der, den Gott gesandt hat, redet die Worte Gottes; denn unbegrenzt gibt er den Geist« (Joh 3, 32 f).

»Keiner hat den Vater *gesehen,* außer dem, der von Gott her gekommen ist. Nur er hat den Vater *gesehen.* Amen, Amen, ich sage euch: Wer glaubt, hat das ewige Leben« (Joh 6, 46).

»Was ich von ihm *gehört* habe, das sage ich zur Welt ... Ich sage, was ich beim Vater *gesehen* habe ... Ihr habt ihn nicht erkannt, ich aber kenne ihn« (Joh 8, 26. 38. 55).

»Die Worte, die ich euch sage, rede ich nicht von mir selbst; der Vater aber, der in mir bleibt, tut die Werke« (Joh 14, 10).

Dieser Mensch Jesus von Nazaret, den Johannes uns beschreibt, behauptet also von sich, daß nur er wirklich Gott gesehen und gehört hat. »Sehen und Hören« ist — wie wir schon in der zweiten Woche gesehen haben — im Neuen Testament Ausdruck für den unmittelbaren Umgang mit jemandem, für *unmittelbare Erfahrung.* Jesus behauptet also von sich, daß nur er in einer exklusiven Weise Gott kennt und erfahren hat. Uns sagt er unzweideutig: »Ihr kennt ihn nicht!« (Joh 8, 19. 55). Die Gotteserfahrung Jesu ist also absolut einmalig, ja, sie ist in sich selbst göttlich. Im Glaubensbekenntnis beten wir deshalb: »Gott von Gott, Licht vom Licht, *wahrer Gott vom wahren Gott!*« Glaubst Du das? Können wir wirklich nur bei Jesus lernen, wer und wie Gott ist? Haben nicht auch andere große Menschen und Religionsstifter Zeugnis gegeben von Gott? Ist nicht zum mindesten der Gott des Alten Testamentes, den auch die Juden und Mohammedaner verehren, der wahre Gott, und ist Jesus dann nicht im Grunde jemand, der uns eben nur eine bestimmte Seite an diesem Gott nahebringt? Der alle anderen Menschen ausschließende Anspruch Jesu ist in der Tat ärgerlich, denn Jesus unterwirft sich *keiner menschlichen Nachprüfung,* läßt keinen Vergleich mit anderen religiösen Menschen zu. Sogar das Zeugnis des Täufers Johannes ist für ihn nicht maßgebend: »Ich nehme von einem Menschen kein Zeugnis an« (Joh 5, 34). Jesus verlangt also von uns, daß wir seinem Selbstzeugnis *vorbehaltlos* glaubend vertrauen.

Er läßt seine Zeitgenossen und damit auch uns jedoch nicht ohne jede Möglichkeit, sein Selbstzeugnis nachzuprüfen: »Wenn ich für mich selbst als Zeuge auftrete, ist mein Zeugnis nicht zuverlässig ... Die Werke, die mir mein Vater gegeben hat, damit ich sie vollbringe, diese Werke, die ich tue, legen Zeugnis für mich ab, daß mich der Vater gesandt hat. Der Vater, der mich gesandt hat, hat für mich Zeugnis abgelegt« (Joh 5, 31. 36 f). Die prophetischen Werke, die Jesus tut, sein ganzes Leben und Auftreten, sind das Zeugnis Gottes für die Wahrhaftigkeit seines Anspruches. Er stellt sich auf die Seite der Sünder, der Entrechteten, der Zerschlagenen und läßt uns so erkennen, wer und wie Gott ist: »Wenn ihr mich kennen würdet, dann würdet ihr auch meinen Vater kennen« (Joh 8, 19; vgl. 14, 7—9). Wer also Umgang mit Jesus hat, wer ihn aus unmittelbarer Begegnung kennt, der weiß und erfährt damit zugleich auch, wer und wie Gott ist!

Wir werden in der fünften Woche noch zeigen, daß die christliche Kirche im Grunde nichts anderes ist, als die Fortdauer dieses einmaligen, prophetischen, charismatischen Zeugnisses Jesu. Kraft unserer »Geisttaufe« sollen wir alle an ihm teilnehmen, so daß auch wir das bezeugen und verkünden, was wir *gesehen und gehört* haben (vgl. 1 Joh 1, 1—3).

In diesem Charisma Jesu, der Gesandte, Zeuge, Prophet Gottes zu sein, sind die übrigen Charismen Jesu mitgegeben (das Neue Testament will sie keineswegs vollzählig darstellen). Das Charisma der *Weisheit* zeigt sich bei dem volljährigen Jesus (vgl. Lk 2, 40) nicht nur in klugen Antworten auf Fangfragen (vgl. Lk 20, 20—26) oder in sonstigen klugen Antworten (vgl. Lk 13, 17; 14, 6; 20, 39), sondern vor allem in seiner »Einsicht« in das Wesen Gottes, das er nicht aus sich selbst hat, sondern das ihm von Gott gegeben wurde (vgl. Joh 14, 10; 12, 49). Wir werden auf den Unterschied zwischen menschlicher Klugheit und charismatischer Eingebung noch zurückkommen. Jesus war in hohem Maß auch das Charisma einer nicht auf psychologischen Studien beruhenden *Menschenkenntnis* zu eigen: »Jesus hatte von niemand irgendeine Auskunft über einen Menschen nötig, denn er selbst kannte das Innere jedes Menschen« (Joh 2, 25; vgl. 4, 18; 11, 14; 13, 11. 27).

In Ausübung seiner prophetischen Taten zeigt Jesus auch einen alles Maß übersteigenden *Glauben* an die Macht Gottes, Krankheit und widergöttliche Mächte zu besiegen, einen Glauben, der »Berge versetzt« (vgl. Mt 17, 20; Joh 11, 41 f). Deshalb war ihm auch wie keinem anderen Menschen das Charisma der *Heilung* verliehen, wie wir hier nicht im einzelnen zu belegen brauchen, und das Charisma, göttliche, menschliche und widergöttliche Mächte in ihrer Wirksamkeit voneinander zu *unterscheiden*. Zu letzterem eines von vielen

Beispielen: Jesus bezeichnet Petrus als »Satan«, weil er nicht das im Sinn hat, was Gott will, sondern was die Menschen wollen (Mt 16, 23)[23]. Das Grundcharisma Jesu ist seine *Selbstweggabe* (vgl. Abschnitt 5 der ersten Woche), aus der alle seine und damit auch unsere Charismen ursprünglich erfließen.

Die Fortdauer der Geisterfahrung Jesu in der Geschichte

1. Die Geisterfahrung Jesu: Ursprung der Kirche

a) Jesus ja — Kirche nein?

Es läßt sich nicht umgehen, daß wir in der fünften Woche auch Fragen und Probleme zur Sprache bringen, die schwierig und zum Teil schmerzlich sind. Zur »Einübung« in die christliche Grunderfahrung gehört auch, daß die entsprechende *Lehre* vorgetragen wird. Jesus war nicht nur Prophet, sondern auch Lehrer (Mt 23, 10; Joh 3, 2), er hat nicht nur Erfahrung, sondern auch Lehre vermittelt. Erfahrung ist weiter und tiefer, als der Verstand erfassen und durch Lehre weitergeben kann, aber die Lehre ist dennoch ein unersetzlicher Vollzug der Kirche. Auch die Gabe des Lehrens ist ein Charisma (vgl. 1 Kor 12, 28; Röm 12, 7; Eph 4, 11). Zu allen Zeiten der

Kirche war es eine besondere Gefahr geistlicher und charisma-tischer Aufbrüche, Lehre durch Erfahrung ersetzen zu wollen (meistens als Gegenschlag zu der ebenso verhängnisvollen Ten-denz, die Erfahrung durch Lehre zu ersetzen und zu unter-drücken). Wenn wir in der fünften Woche von der Kirche sprechen, dann können wir uns dabei nicht nur auf *wörtliche* Aussagen des Neuen Testamentes berufen: Die Strukturen, Ausdrucksformen, Gebräuche und Lehren der jetzt getrennten Kirchen sind ja erst im Laufe der Geschichte entstanden, wie-wohl jede Kirche sich zur Begründung ihrer jeweiligen Eigen-art auf Aussagen des Neuen Testamentes beruft. Wir können in dieser »Einübung« nicht all die schwierigen Fragen erörtern, die heute noch die Kirchen voneinander trennen, müssen aber doch auf einige Grundelemente der Lehre von der Kirche ein-gehen: Wassertaufe und Geisterneuerung können sich nur innerhalb einer konkreten Gemeinde und Kirche vollziehen und gliedern in diese ein. Entscheidung für Christus ist deshalb zugleich immer auch Entscheidung für die (beziehungsweise vorläufig noch für eine bestimmte) Kirche. Der weltweite spirituelle Aufbruch, vor allem die vom Herrn der Kirche selbst geschenkte Erneuerung der Geistesgaben, ist zugleich der hoff-nungsvolle Beginn einer *gemeinsamen* Tradition der jetzt noch getrennten Kirchen.

Deshalb zunächst die Frage: Hast Du überhaupt zu Deiner Kirche ein inneres Verhältnis? Was fällt Dir unmittelbar ein, wenn Du das Wort »Kirche« hörst? Ist sie für Dich in erster Linie eine Organisation, ein Machtapparat, eine Institution, die durch die Amtsträger repräsentiert wird? Eine gesellschaft-liche Gruppe, die sich immer an die Mächtigen und Reichen angelehnt hat? Oder verbindest Du mit diesem Wort die Vor-stellung von religiöser Pflichterfüllung, Geboten, Forderungen, Verboten? Bei vielen geht heute die Parole um: Jesus ja, Kirche nein!

Wenn Du Deiner Kirche noch nicht den Rücken gekehrt hast: Gehst Du gerne zum Gottesdienst? Kirche ist ja von ihrem Ursprung und Wesen her »Versammlung«, und wenn die Gläu-bigen sich nicht mehr zum Gottesdienst versammeln, kann die Gemeinde nicht mehr lebendig sein, löst die Kirche sich auf.

Umfragen haben ergeben, daß in allen christlichen Kirchen der Gottesdienstbesuch in der Hauptsache aus zwei Gründen nachläßt:

1. *Es herrscht keine Beziehung der Gottesdienstteilnehmer untereinander.* Man sitzt neben- und hintereinander und ist ausgerichtet auf den einen »Geistlichen« auf der Kanzel, am Altar. Von einer wirklichen Gemeinsamkeit untereinander kann kaum die Rede sein. Man nimmt sogar die Anwesenheit von Freunden und Nachbarn kaum zur Kenntnis, das wäre »unandächtig«. Auch eine geistliche Gemeinschaft untereinander ist kaum spürbar. Ein Rest ist das Kirchenlied: Wenn neben, vor und hinter mir Menschen aus tiefstem Glauben singen, dann bestärkt und trägt dies auch meinen eigenen Glauben. Es wird aber kaum spürbar, daß Kirche »Versammlung« ist, zu der jeder im Sinne von 1 Kor 14, 26 etwas beiträgt, je nach der ihm verliehenen Geistesgabe. Der Gottesdienst bleibt im Grunde individualistisch, jeder bleibt mit sich allein. Dies ist ein erheblicher Kontrast zu dem Prozeß der Vergemeinschaftung, der Sozialisierung, wie ihn das moderne Leben fordert. Der tiefere Grund dafür ist das einseitige Gottesbild, von dem wir in der zweiten Woche gesprochen haben: Gott ist fast nur der allmächtige Vater, den wir nicht sehen und hören können, während der Heilige Geist als die göttliche Wirklichkeit unter und zwischen uns in Vergessenheit geraten ist. Im Grunde herrscht das Prinzip: Es gibt nur *einen* Gott, und diesen kann auf Erden auch nur *ein* Mensch repräsentieren: der eine Geistliche. Daß jeder Christ ein Geistlicher ist (vgl. 1 Kor 2, 14 f), wird kaum spürbar. In der Reformation des 16. Jahrhunderts wurde zwar betont, daß jeder Christ ein »Geistlicher« ist und auch den Auftrag zur Verkündigung hat, aber dies blieb weitgehend eine Forderung. Der Aufbruch der Geistesgaben in allen Großkirchen um die Mitte unseres Jahrhunderts, das Geschenk einer *sozialen Gotteserfahrung,* könnte hier eine durchgreifende geschichtliche Wende bringen[24]: den Überschritt vom Ich zum Wir auch im Gottesdienst!

2. *Die Sprache und die Riten im Gottesdienst sind fremdartig,* stimmen nicht mehr mit unserer Lebens- und Glaubenserfahrung überein. Der sprachliche Ausdruck, die Lieder stammen

aus vergangenen Jahrhunderten. Sie waren damals, in einer bestimmten geschichtlichen Situation, Ausdruck tiefer Glaubenserfahrung, aber das Empfinden hat sich gewandelt, die Welt ist anders geworden. Viele Gebete stammen aus der bäuerlichen Lebenswelt, zu der viele Menschen heute keinen Zugang mehr haben. Manche Riten und Ausdrucksformen im katholischen Gottesdienst stammen aus dem vierten oder fünften Jahrhundert! Diese Ausdrucksformen sind gleichsam »eingefrorener« Glaube und können ihn heute kaum noch wecken.

Nicht alles, was der Glaube vergangener Jahrhunderte uns hinterlassen hat, ist veraltet, aber Erneuerung gehört ebenso zum Wesen der Kirche wie die Bewahrung dessen, was überliefert ist. Erneuerung ist andererseits nicht reines Menschenwerk, geht nicht auf Strategien und Planungen zurück, sondern kann nur von Gott erbeten werden. Deshalb ist die Bitte um die Geistesgaben und ihre Annahme Voraussetzung für eine geistliche Erneuerung in der Kirche. Wer nur nach dem Grundsatz handelt: Kirche ja, *traditionelle* Kirche nein, entzieht sich dem Anruf, sich Gott für die Erneuerung seiner Kirche zur Verfügung zu stellen!

In jedem Fall gilt: *Niemand kommt zu Jesus ohne die Kirche!* Wir können Jesus selbst nicht mehr sehen und hören und sind deshalb auf die *geschichtliche Überlieferung* des Zeugnisses der Zeugen des Lebens Jesu angewiesen. Diese Überlieferung geschieht nicht in erster Linie durch die Weitergabe eines Buches, der Bibel, sondern durch die lebendige Verkündigung. Die Kirche ist — wie die Reformatoren des 16. Jahrhunderts gesagt haben — die »lebendige Stimme des Evangeliums«, sie ist und bleibt es trotz aller Sünde und Entstellung.

Es gibt heute gut gemeinte Missionsmethoden: Junge Menschen gehen auf die Hauptgeschäftsstraßen der großen Städte oder an die Badestrände, beginnen ein Gespräch über den Sinn des Lebens, über den Plan Gottes und über Jesus. Oft geschehen dabei wirkliche Bekehrungen, häufig beten Menschen zum ersten Mal wieder seit vielen Jahren. Da sie aber nur als einzelne angesprochen worden sind, wird das Samenkorn des Wortes und das erste Aufflackern einer Umkehrerfahrung schon bald wieder von Unkraut überwuchert. Entscheidung für Christus kann nur von Dauer sein in einer konkreten kirchlichen Gemeinschaft. Aber auch viele aus den Großkirchen herausgewachsene »Erweckungsbewegungen« haben oft nicht die erwarteten Früchte getragen: In der ersten Generation waren viele Gemeinden, ganze Landstriche, von tiefem Glaubensgeist erfaßt, aber davon ist in der zweiten und dritten Generation kaum etwas übriggeblieben: Es fehlten Struktur, Ordnung und Disziplin.

Solche »Bewegungen« haben außerdem die Tendenz, sich aus ihren Kirchen herauszulösen, eigene Kirchen zu bilden und damit die Spaltung der Christenheit weiter voranzutreiben. In manchen Gegenden schließen sich einfach einige »erweckte« Familien zusammen. Sie lehnen jede Beziehung zu anderen »Kirchen« ab und verstehen sich selbst ebenfalls nicht als »Kirche«. Dies ist der Beginn einer neuen »Sekte« und damit weiterer Aufspaltung.

Sicherlich ist der Heilige Geist überall am Werk, wo Menschen zum Glauben an Jesus Christus kommen, aber dieser Geist kommt nicht *von Fall zu Fall*, nicht nur von »oben« auf die Menschen herab, sondern er ist ja auch der Geist des Menschen Jesus von Nazaret, der bei seiner Geisttaufe in ihm zum Durchbruch kam. Jesus hat diesen seinen Geist der Kirche »überliefert«, so daß er auch *durch die Geschichte der Kirche hindurch* auf uns zukommt. »Getauftwerden mit Heiligem Geist« ist immer auch eine Teilhabe an der geschichtlichen Anfangserfahrung der Kirche (vgl. Apg 11, 16), und deshalb müssen wir darüber noch etwas genauer nachdenken.

b) Der Heilige Geist und die Geschichte der Kirche

Heiliger Geist ist die Kraft und Dynamik Gottes, insofern sie unter und zwischen Menschen anwesend ist. Mit Jesus von Nazaret tritt sie endgültig in die Geschichte ein, denn mit der Menschwerdung des Sohnes ist ja zugleich auch der Ursprung des Heiligen Geistes Mensch geworden. Der Heilige Geist ist dadurch so in die Geschichte eingetreten, daß er dauernd in ihr anwesend bleibt: »Ich werde den Vater bitten, und er wird euch einen Beistand geben, damit er *immer bei euch bleibt*« (Joh 14, 16). Im Alten Testament kam der Geist Gottes nur auf einzelne Menschen herab, und zwar für eine ganz bestimmte Aufgabe, aber er war noch nicht endgültig in der Geschichte des Volkes anwesend. Die Fachleute für die Auslegung der Bibel sagen uns: Die erste Geisterfahrung war das plötzliche Auftreten und Wirken von Männern, die in den Notzeiten als charismatische Führer und Retter ungewöhnliche Taten vollbrachten: Der Geist des Herrn kam über Otniël, so daß er Israel zu seinem Recht verhalf (Ri 3, 10). »Da kam auch schon der Geist des Herrn über Jiftach« (Ri 6, 34; vgl. 14, 6). Im Sinne einer charismatischen Begabung kommt der Geist Jahwes auch über Saul (1 Sam 11, 6) und David (1 Sam 16, 13). Ähnliches gilt auch von Josua (Num 27, 18; Dtn 34, 9) und den großen Propheten (vgl. Jes 61, 1; Ez 37, 1—14 usw.).

Nach jüdischer Auffassung ist seit dem Tod der letzten Propheten (Haggai, Sacharja, Maleachi) der Geist Jahwes in Israel erloschen und wird erst wieder für die erwartete Endzeit in dem großen neuen Propheten lebendig. Auf Jesus aber kommt der Geist nicht nur herab wie auf einen der alttestamentlichen Führer und Propheten, sondern er hat die Macht und die Kraft, seine eigene Geisterfahrung dem Volk Gottes so zu überliefern, daß sie *bleibend* in ihm anwesend ist.

Schon vor seiner Auferstehung läßt er durch sein Wort und seine Wunder die Jünger teilnehmen an seiner eigenen Geisterfahrung: »Denn der, den Gott gesandt hat, redet Worte Gottes; *denn unbegrenzt gibt er den Geist*« (Joh 3, 34). Im Zeugnis von dem, was er »gesehen und gehört hat« (V. 32), teilt er nicht nur eine Lehre mit, sondern seine eigene Erfahrung mit Gott, seine Geisterfahrung! Wir sagten schon in der zweiten Woche: Der Heilige Geist ist die Dynamik, die Kraft und Macht Gottes, seine *Selbsterfahrung* (vgl. 1 Kor 2, 10). Durch das Zeugnis Jesu wird diese Selbsterfahrung Gottes endgültig in der Geschichte anwesend. Jesus gibt sie an uns weiter, indem er sie am Kreuz an die dort Anwesenden »überliefert« (Joh 19, 30; im griechischen Urtext), die stellvertretend für die kommende Kirche dort ausharren.

Am Pfingstfest wird dann vollends deutlich: Kirche ist die *geschichtliche Fortdauer der Geisterfahrung Jesu*! Derjenige, der mit Heiligem Geist tauft, ist *derselbe*, der im Jordan mit Heiligem Geist getauft worden ist. Die Kraft zum Zeugnis, die die Jünger beim Pfingstfest in sich erfahren, ist keine andere als die des vorösterlichen Jesus. Am Schluß des Markusevangeliums, der in der ersten Hälfte des 2. Jahrhunderts entstanden ist, heißt es: »Und diese *Zeichen* werden geschehen, wo Menschen glauben: In meinem Namen werden sie Dämonen austreiben; sie werden in anderen Sprachen reden; sie werden Kranken die Hände auflegen und sie gesund machen« (Mk 16, 17 f). Wenn also die Geistesgaben Jesu in der Kirche fortdauern, dann muß auch er selbst als der Ursprung aller Geistesgaben lebendig sein! Dies ist der *Erfahrungsbeweis* der Urkirche für die Auferstehung Jesu! Paulus ist fest davon überzeugt, daß Christus selbst durch ihn in Wort und Tat wirkt. In seiner Verkündigung geschehen »Zeichen und Wunder« in der Kraft des Geistes Gottes und Jesu (Röm 15, 18 f). Wenn sich durch die Verkündigung des Apostels Menschen zu Christus bekehren, dann ist dies ein »Zeichen« für die Anwesenheit des Geistes Gottes in seinem Wort und in seinem Werk (2 Kor 12, 12; 1 Thess 1, 5; 1 Kor 2, 4 f; Gal 2, 9). Die Kirche ist entstanden aus der Teilhabe der Jünger an der Gottes- und Selbsterfahrung Jesu, und diese Anfangserfahrung bleibt *bindend für alle Zeiten*! Aus dieser Erfahrung ist nämlich das Neue Testament entstanden, wobei zu bedenken ist, daß Erfahrung nicht restlos in das Wort eingehen kann, sondern einen viel weiteren Umfang hat.

Im Hinblick auf die Erneuerung der Kirche, die Gott selbst durch die Geschichte der Kirche hindurch immer wieder anbietet, ist es außerordentlich wichtig, darüber noch etwas nachzudenken. Wir können Erfahrung im Wort weitergeben und durch Zeichen ausdrücken.

Weitergabe von Erfahrung durch das Wort

Wenn jemand einem anderen seine Eltern vorstellt mit den Worten: »Dies sind meine Eltern«, dann schwingt in diesem Satz seine ganze Erfahrung mit diesen beiden Menschen mit, und der andere spürt in der Art und Weise, wie er das sagt, welcher Art diese Erfahrungen sind. Er vermittelt in diesem Wort etwas von seiner Liebe zu seinen Eltern. Er macht nicht nur eine sachliche, ihn persönlich nicht betreffende Mitteilung, wie etwa bei der Erklärung einer Mathematikaufgabe, sondern er gibt ein Zeugnis von seiner Liebe. Es ist aber offensichtlich, daß diese Liebe durch noch so viele Worte nicht zureichend ausgedrückt werden kann. In ähnlicher Weise hat Jesus uns durch sein Zeugnis seine Liebe zum Vater mitgeteilt, aber menschliche Worte können diese Liebe nicht einfangen und umfassen. Deshalb sagt Johannes: In seinem Wort gibt uns Jesus gleichzeitig seinen Heiligen Geist. Dieser selbe Heilige Geist ist dann auch nach der Auferstehung Jesu im Wort der Verkündigung anwesend, er »erinnert« uns an alles, was Jesus gesagt und getan hat, hält seine Geisterfahrung lebendig (vgl. Joh 14, 26; 16, 13 f). Die Kirche lebt aus diesem geisterfüllten Wort, und deshalb ist für ihren Bestand die ununterbrochene Kette derer notwendig, die das Wort in der Kraft des Geistes verkünden! Sie lebt aus der Überlieferung der Ur-Zeugen.

Weitergabe von Erfahrung durch Zeichen

Weil Worte nicht ausreichen, drücken wir unsere Verbundenheit und Liebe auch durch Zeichen aus. Wenn ich z. B. einem anderen Menschen die Hand gebe, ihm einen »guten Tag« wünsche, dann ist dies ein relativ äußerliches Zeichen der Verbundenheit. Wenn ich dagegen einem anderen Menschen etwas schenke, dann drücke ich damit schon eine tiefere und persönlichere Beziehung aus. Eltern schenken ihren Kindern etwas, Kinder ihren Eltern, Freunde, Braut und Bräutigam machen sich gegenseitig Geschenke. Das Geschenk, die Gabe, ist *Ausdruck persönlicher Liebe.* Deshalb bezeichnet das Neue Testament den Heiligen Geist selbst als die erste aller Gaben Gottes an uns, als die »himmlische Gabe« (Hebr 6, 4; vgl. Apg 2, 38; 8, 20). In ihr schenkt Gott uns nicht nur »etwas«, sondern *sich selbst,* seine eigene Selbsterfahrung. Was damit gemeint ist, sehen wir an der Liebe zwischen Ehegatten: In der leiblichen Vereinigung schenken sie sich gegenseitig nicht nur etwas, sondern sich selbst, ihre ganze Person. Deshalb ist die Ehe eine Nachahmung der Selbstschenkung Gottes an uns: »Ihr Männer, liebt eure Frauen, wie Christus die Kirche geliebt und sich für sie weggegeben hat, um sie im Wasser und durch das Wort rein und heilig zu machen« (Eph 5, 25 f; vgl. 5, 5). Das »Zeichen« der Taufe ist also ein Zeichen der Selbstweggabe Christi an uns!

Dies gilt auch und in besonderem Maß von den Abendmahlsgaben: In ihnen gibt Jesus uns nicht nur etwas, Brot und Wein, sondern *sich selbst.* Die Abendmahlsgaben sind »Zeichen« dessen, der von sich gesagt hat: *»Ich bin das lebendige Brot«* (Joh 6, 51). In dieser »geistlichen« Speise und diesem »geistlichen« Trank gibt Jesus uns zugleich seinen eigenen Heiligen Geist, denn nur in seiner Kraft werden die Gaben gewandelt, erfahren wir die Anwesenheit Jesu in ihnen. »Tut dies zu meinem Andenken« bedeutet deshalb nicht lediglich: Erinnert euch an dieses Abendmahlsgeschehen wie an irgendein anderes historisches Ereignis, sondern öffnet euch meinem Heiligen Geist, der euch an alles »erinnern« wird. Ohne die bleibende Gegenwart des Heiligen Geistes in der Geschichte der Kirche wäre die Abendmahlsfeier nicht möglich. Wichtig ist dabei, daß Jesus nur mit den *Zwölfen* das Abendmahl gehalten hat (vgl. Mk 14, 17; Mt 26, 20) und daß eben nur durch diese Zwölf die Abendmahlserfahrung in die Geschichte der Kirche eingegangen ist. Wenn wir Abendmahl halten, nehmen wir also auch an der Abendmahlserfahrung der Zwölf teil. Deshalb überliefert Paulus die Abendmahlsworte und damit auch die Abendmahlserfahrung der Zwölf, ohne eigene Eingebungen hinzuzufügen (1 Kor 11, 23).

Von diesem Befund her halten einige Kirchen, vor allem die katholische und die orthodoxe, daran fest, daß die Amtsträger als Nachfolger der Apostel in besonderer Weise Sorge tragen für die Fortdauer der Abendmahlserfahrung, und dazu gehört auch die kirchliche Ordnung und Disziplin. Die Amtsträger sollen das Geheimnis des Glaubens mit reinem Gewissen *bewahren* (1 Tim 3, 9) und deshalb auch die anvertraute Lehre und Überlieferung (2 Tim 1, 13 f). Dieser Auftrag gilt trotz aller Sünde und Entstellung, und damit kommen wir nun zu den leidvollen Fragen der Spaltung, durch welche die Geschichte der Anfangserfahrung der Kirche verdunkelt ist.

c) Spaltung kommt nicht aus dem Heiligen Geist

Wir können hier nicht im einzelnen auf die komplizierten Vorgänge eingehen, die zur Spaltung der Christenheit geführt haben. Sie ist nicht das Werk des Heiligen Geistes, sondern — wie das II. Vatikanische Konzil sagt — »Schuld der Menschen auf beiden Seiten« (Dekret über den Ökumenismus, Art. 3, 1). Worin besteht diese Schuld? Man wird davon ausgehen können, daß nicht rein menschliche Willkür im Spiel ist, sondern daß viele Trennungen auf wirkliche *Geisterfahrungen* zurückgehen. Die Schuld besteht dann darin, daß die bestehende Kirche diese Geisterfahrungen nicht erkannt und anerkannt hat und daß diejenigen, denen diese Geisterfahrung geschenkt wurde, sie einseitig betont haben. Die Kirche hat ihren Ursprung in der prophetisch-charismatischen Verkündigung Jesu. Die *Fortdauer* der Geistesgaben Jesu in der Geschichte ist nicht möglich ohne eine bestimmte Ordnung (vgl. 1 Kor 14, 40; 11, 34). Die Menschen, die für Ordnung in der Kirche Sorge tragen (die Amtsträger), sind aber immer in der Gefahr, diese für wichtiger zu halten als die Geistesgaben selbst. Deshalb gehört zum Wesen der Kirche, daß von Zeit zu Zeit prophetische Impulse und Korrekturen notwendig sind.

In bestimmten geschichtlichen Situationen hat der Geist Gottes immer wieder Männer und Frauen zu diesem prophetischen Dienst erwählt, und zwar vor allem dann, wenn bestimmte Charismen und Geistwirkungen nicht mehr lebendig waren. Luther, Calvin und Zwingli sind hier ebenso zu nennen wie diejenigen, die dann auch innerhalb der reformatorischen Kirchen wieder diesen prophetischen Dienst wahrnahmen (Spener, Wesley und viele andere). Solche prophetische Kritik an der Kirche ist nicht am Schreibtisch entstanden, sondern aus lebendiger, den einzelnen tief erschütternder Geisterfahrung. Wenn diese Kritik nicht angenommen wurde, haben sich durch die Schuld der Menschen auf beiden Seiten neue Kirchen und kirchliche Gemeinschaften gebildet, und in ihnen wurden dann unabhängig voneinander bestimmte Geistesgaben mit besonderem Nachdruck gelebt. Die Entdeckung der Rechtfertigungserfahrung durch Luther war für die katholische Kirche ebenso notwendig, wie der Protest gegen eine vorwiegend den Verstand ansprechende Predigt innerhalb der reformatorischen Kirchen.

Die Schuld der Menschen auf beiden Seiten liegt dann häufig in der *Übertreibung des Guten und Wahren:* Die katholische Kirche hat im Laufe ihrer Geschichte Ordnung und Disziplin übertrieben (der vom Geist Gottes geläuterte Sinn für Ordnung ist sicherlich auch eine Geistesgabe) und wurde so blind für andere Geistesgaben. Das gleiche kann man auch von der reformatorischen Rechtfertigungserfahrung und anderen Geisterfahrungen sagen (man denke nur an die Überbetonung der Sprachengabe in den freien Pfingstkirchen). So kommt es, daß in *keiner* der jetzt getrennten Kirchen *alle* Charismen Jesu lebendig sind. Die katholische Kirche bekennt deshalb ausdrücklich, daß die in den anderen Kirchen und kirchlichen Gemeinschaften lebendigen Geistwirkungen zu ihrer eigenen Auferbauung beitragen und daß es ihr wegen der Spaltungen schwierig ist, die Fülle dessen, was Christus uns hinterlassen hat, »unter jedem Aspekt in der Wirklichkeit des Lebens auszuprägen« (Dekret über den Ökumenismus, Art. 4, 9 f).

Dies bedeutet dann andererseits: Wenn der eine Heilige Geist in den jeweils anderen Kirchen und kirchlichen Gemeinschaften Geistesgaben geweckt hat, die in der eigenen Kirche nicht ausgeprägt sind, dann *darf* keine der jetzt noch getrennten Kirchen ihr geistliches Erbe einfach aufgeben! Jede Kirche *muß* ihre eigene, geprägte Geisterfahrung einbringen in eine erhoffte, wiederversöhnte Christenheit. Aufgrund dieser Überlegungen haben katholische und evangelische Christen, die sich im europäischen Raum für die charismatische Erneuerung in ihren jeweiligen Kirchen verantwortlich wissen, einige Grundsätze verabschiedet, die im Anhang dieses Buches wiedergegeben sind. Aus ihnen geht hervor: Die charismatische Erneuerung muß lutherisch, reformiert, orthodox, katholisch usw. sein, bevor sie wahrhaft ökumenisch werden kann. *Die Dynamik dieser Erneuerung geht nicht auf eine neue charismatische*

Überkirche (Geistkirche), sondern auf die eine charismatisch erneuerte Kirche. Wir können nicht einfach in die Situation der Urkirche hinein zurückspringen und dann von vorne anfangen. Dies wäre ein Widerspruch zu der Tatsache, daß der Geist Christi eben auch in der *Geschichte* wirksam gewesen ist, auch noch in den getrennten geistlichen Traditionen, und es wäre geradezu eine »Sünde gegen den Heiligen Geist«, dies nicht anzuerkennen. Jede Kirche muß sich deshalb von den Geistesgaben der anderen Kirchen bereichern lassen. Alles, was wirklich vom Heiligen Geist kommt, kann nicht kirchentrennend sein. So beginnt im Zueinander der verschiedenen Charismen, die in den einzelnen kirchlichen Gemeinschaften besonders ausgeprägt sind, eine *gemeinsame Tradition* aller jetzt noch getrennten Traditionen. Vielleicht ist dies für jeden einzelnen Christen ein neuer Anlaß, die in seiner Kirche besonders lebendigen Charismen neu zu entdecken. Wer mit Heiligem Geist getauft worden ist, wird eben deshalb auch zu *seiner* Kirche ein neues Verhältnis gewinnen! (Vgl. die ökumenischen Thesen und theologischen Leitlinien im Anhang dieses Bandes.)

Dabei ist folgendes zu bedenken: Martin Luther oder Johannes Calvin wollten keine neue Kirche gründen, sondern behielten die wesentlichen Formen des kirchlichen Lebens bei: die Struktur des eucharistischen Gottesdienstes, die Ordnung der Gemeindeleitung und die Ordination der Pastoren usw., gar nicht zu reden von Predigt und Sakramenten. Die evangelischen Kirchen betonen dabei freilich stärker die Kontinuität des Evangeliums und seiner Verkündigung gegenüber den Riten und Formen, in denen dies vor sich geht. In jedem Fall aber gilt auch das Zeugnis der Väter (siehe den Catalogus Testimoniorum in den lutherischen Bekenntnisschriften) als Zeichen der geschichtlichen Kontinuität, die zum Wesen der Kirche gehört.

Nicht die Spaltung der Kirche lag in der Absicht der Reformatoren, sondern ihre geistliche Erneuerung aus Buße und Glauben. Daß es zur Trennung kam, liegt offensichtlich an geschichtlichen Umständen, wie an Einseitigkeit und menschlicher Schuld auf beiden Seiten. Dasselbe gilt auch für die

Entstehung der Freikirchen oder der Pfingstgemeinden, die in ihrer Ursprungssituation Erneuerung der Christenheit, Erweckung und Versöhnung suchten — und durch menschliche Unzulänglichkeiten zu jeweils eigenen Kirchengemeinschaften wurden.

Alle Beispiele der Kirchengeschichte zeigen, daß ursprüngliche Geisterfahrungen immer auch mit menschlich-geschichtlichen Begleitumständen auftreten. Wir sehen heute mehr als je zuvor, daß Gott uns aufruft, in unseren Kirchen zu einer Erneuerung beizutragen, die in der Zukunft zu konkreter Versöhnung und Einheit führen kann.

2. Die Kirche ist lebendig in den Charismen und in den Sakramenten

a) Der prophetisch-charismatische Ursprung der Kirche

Die »Versammlung«, die wir heute »Kirche« nennen, trat zum ersten Mal sinnenhaft wahrnehmbar in Erscheinung bei der Taufe Jesu, als er sich »zusammen mit dem ganzen Volk« taufen ließ (Lk 3, 21). In der Kraft seiner Geisttaufe ist Jesus dann nach Art eines Propheten aufgetreten und hat Jünger um sich gesammelt. Den Inhalt seiner Verkündigung faßt Markus wie folgt zusammen: »Die Zeit ist erfüllt, und das Reich Gottes ist nahe. Bekehrt euch und glaubt an das Evangelium!« (Mk 1, 15). Diese Verkündigung war begleitet von der Ausübung anderer Charismen (Krankenheilung, Lehre usw.), wie wir in der vierten Woche gezeigt haben. Beachten wir, daß Jesus selbst nicht getauft hat (Joh 4, 2). Erst am Ende seines Lebens hat er ein Zeichen vollzogen, das wir heute mit dem Sammelnamen »Sakrament« bezeichnen: das Abendmahl. Dieses Zeichen ist höchster Ausdruck seiner Selbstweggabe, aber es steht nicht am Anfang seines Wirkens! Der geschichtliche Ursprung der Kirche ist die prophetisch-charismatische *Verkündigung* Jesu, und in diesem Anfang zeigt sich zugleich auch das *Wesen* der Kirche: Die Botschaft Jesu muß immer wieder neu in die Situation der Zeit hineingesprochen werden, bevor Sakramente sinnvoll werden. Der Vollzug der sakramentalen

Zeichen ist der Verkündigung nachgeordnet und zugleich ihr besonders dichter Ausdruck. So sagt z. B. Paulus von der Eucharistie: »So oft ihr von diesem Brot eßt und aus dem Kelch trinkt, *verkündet* ihr den Tod des Herrn, bis er kommt« (1 Kor 11, 26). Jesus hat den Zwölf aufgetragen, nach seinem Tode dieses Mahl zu halten, damit sein Ur-Charisma, seine Selbstweggabe, seine Geisterfahrung, durch die Geschichte hindurch anwesend bleibe. Die charismatische Grunderfahrung Jesu ist im Abendmahl gleichsam »aufbewahrt«, damit die Menschen aller Zeiten an ihr teilnehmen können, ja, er selbst ist in den Abendmahlsgaben als derjenige gegenwärtig, der sich für uns an den Vater weggibt.

Für ein Verständnis des Verhältnisses von Charismen und Sakramenten ist nun wichtig, daß auch die übrigen Sakramente als Ausdruck der einen, charismatischen Selbstweggabe Jesu angesehen werden können. Für die *Taufe* ist dies im Epheserbrief belegt: Christus hat die Kirche geliebt und »sich für sie weggegeben, um sie im Wasser und durch das Wort rein und heilig zu machen« (Eph 5, 25). Wir haben in der vierten Woche bereits gezeigt, daß die einzelnen Charismen Jesu ein je anderer Ausdruck seiner Geisterfahrung, seiner Liebe und Selbstweggabe an uns sind. Die katholische, die orthodoxe und andere Kirchen sind der Überzeugung, daß auch in den übrigen Sakramenten bestimmte Charismen Jesu »aufbewahrt« sind und durch die Geschichte hindurch fortdauern. Das *Bußsakrament* ist im Grunde nichts anderes als die Wiederholung der für die Taufe vorausgesetzten Umkehr. In ihm ist die »geistliche« Vollmacht Jesu anwesend, Sünden zu erlassen oder nicht zu erlassen (Joh 20, 22 f) und zugleich das Charisma der Barmherzigkeit, die nicht nur einmal vergibt, sondern immer wieder (Mt 18, 21; Lk 17, 3 f). In der *Krankensalbung* ist das Charisma Jesu gegenwärtig und aufbewahrt, zu heilen (vgl. Jak 5, 14—16), in der *Firmung* das prophetische Charisma Jesu, insofern die ganze Kirche und jeder einzelne an ihm teilhat (vgl. Apg 2, 17; 8, 14—17; 19, 5 f): Alle sind zu priesterlichem Dienst aneinander berufen, zu Verwaltern der vielfältigen Gnade Gottes, je nach der ihnen jeweils verliehenen Geistesgabe (1 Petr 4, 10). Im *Weihesakrament* (Ordination) lebt das Charisma Jesu fort, die Charismen anderer zu wecken (Lk 10, 1–12), alle Menschen als der gute Hirt zu leiten (Joh 10, 1–18) und sich als der »Apostel« und einzige Hohepriester des Neuen Bundes (Hebr 3, 1) für sie in der Kraft seines Heiligen Geistes dem Vater darzubringen (Hebr 9, 14). Auch die *Ehe* ist eine »Nachahmung« der Selbstweggabe Christi für uns (Eph 5, 1 f. 25. 32).

Im Sprachgebrauch der evangelischen Kirchen werden im allgemeinen die Taufe und das Abendmahl als »Sakramente« bezeichnet. Manche Freikirchen verwenden das Wort »Sakrament« überhaupt nicht, weil es in der Bibel noch nicht gebraucht wird. Alle evangelischen Kirchen kennen aber Taufe und Abendmahl, dazu auch die Konfirmation, die christliche Ehe, die Ordination von Pastoren und Predigern, den Zuspruch der Sündenvergebung bei der Beichte (Absolution) und in einzelnen Fällen auch die Salbung der Kranken (nach Jak 5, 14–16). Nur wird für die letzteren meist nicht der Begriff »Sakrament« gebraucht. (Die lutherischen Bekenntnisschriften nennen an je einer Stelle die Absolution und die Ordination Sakrament, weil sie die Verheißung Gottes haben.)

»Kein kluger Mann wird um die Zahl oder das Wort ›Sakrament‹ streiten, wenn nur jene Riten beibehalten werden, die den Befehl Gottes und seine Verheißungen haben« (Apologie der Augsburgischen Konfession, Art. 13).

»Jahrhundertelang galt die Frage nach der Zahl der Sakramente als klassisches Thema konfessioneller Polemik: hier sieben — da zwei. Heute bahnt sich ein Wandel an. Die römisch-katholische Theologie, die früher zum Teil etwas gewaltsam versuchte, für alle Sakramente ein Einsetzungswort Christi zu finden oder wenigstens zu behaupten, hat erkannt, daß das nicht mehr möglich ist. Aber auch die evangelische Theologie ist durch die moderne neutestamentliche Forschung hier unsicher geworden: man kann heute nicht mehr so scharf trennen zwischen dem Wort Jesu und dem der Urgemeinde. So haben sich Theologen beider Seiten auf den neutestamentlichen Begriff des mysterion zurückbesonnen: Jesus Christus als der menschgewordene Gottessohn und die Kirche als sein Leib bilden das eine Urmysterium, das Ur-Sakrament, das im Wort der Verkündigung und in verschiedenen kirchlichen Handlungen entfaltet und den Menschen nahegebracht wird. Bei allen

Unterschieden im einzelnen sind alle Konfessionen der Meinung, daß unter den kirchlichen Handlungen Taufe und Abendmahl eine besondere Bedeutung zukommt« (Evang. Erwachsenenkatechismus, Gütersloh 1975, S. 1125).

b) Was ist ein Charisma[25]?

Wenn heute vielen in allen Kirchen auf überraschende Weise längst vergessene Geistesgaben von Gott geschenkt werden, dann ist es unumgänglich, daß wir auch wieder nachdenken über das Verhältnis von sakramentalen und charismatischen Zeichen. Deshalb muß zunächst noch einmal genauer gesagt werden, was ein Charisma ist. Charisma bedeutet wörtlich: Gnadengabe. Paulus nennt die Charismen auch »Dienste« oder »Kräfte« (1 Kor 12, 4—6). Der Heilige Geist »erscheint« in diesen Gnadengaben in ähnlich handgreiflicher, sinnlich erfahrbarer Weise, wie der Sohn Gottes in dem Menschen Jesus von Nazaret erschienen ist (vgl. 1 Joh 1, 1—3 mit 1 Kor 12, 7).

Das Wort Gabe deutet an, daß Gott uns seine Gnadengaben nicht aufzwingt und daß wir sie auch wirklich gebrauchen können. Wenn ich jemandem etwas schenke, überlege ich, ob er etwas damit anfangen kann. So schenkt auch Gott jemandem nicht die Gabe, andere zu lehren, wenn er nicht von sich aus dazu fähig ist. Er schenkt niemandem die Gabe, im Gottesdienst den Gesang zu leiten, wenn er unmusikalisch ist: Ein Charisma ist eine uns von Geburt an mitgegebene Fähigkeit und Begabung, *insofern sie vom Geist Gottes geläutert, gestärkt und für den Aufbau der Kirche und der Gesellschaft in Dienst genommen wird.* Geistesgaben werden uns nicht zu unserem eigenen Heil gegeben, sondern damit wir dem Heil und der Heilung *anderer* dienen können. Sie werden gegeben »zum Nutzen aller« (1 Kor 12, 7), *sie ordnen uns auf andere hin.*

In einem weiteren Sinn ist jede Eignung zu einem bestimmten *Beruf* oder einem bestimmten Dienst Grundlage einer Geistesgabe. Wenn wir z. B. unseren Beruf, der ja bestimmte Fähigkeiten voraussetzt, auffassen als *Dienst* an den Mitmenschen, in der Gesellschaft, wenn wir unsere Fähigkeiten nicht lediglich zu unserem privaten Nutzen gebrauchten, dann ist unsere Berufstätigkeit in einem weiteren Sinne »charismatisch«. In einem engeren kirchlichen Sinne sind Charismen alle Dienste, die dem Aufbau der Gemeinde dienen. Da gibt es zunächst eingerichtete »Stellen«: der Gemeindeleiter (Pfarrer), Gemeindehelfer, Küster, Organist usw. Daneben gibt es unbezahlte und ehrenamtliche Tätigkeiten: Lektor, Gottesdiensthelfer, Caritas, Sozialdienst usw. Alle diese Charismen waren immer in der Kirche lebendig, während andere fast völlig erstorben sind. Zu ihnen zählen vor allem die »leuchtenderen« Charismen, (II. Vatikanisches Konzil, Konstitution über die Kirche, Art. 12), zu denen die Prophetengabe, die Sprachengabe, die Heilungsgabe und auch die gesellschaftskritischen Charismen gehören, von denen wir noch sprechen werden. Der Kirche wird heute auf unerwartete Weise auch eine Erneuerung dieser vergessenen oder fehlenden Charismen geschenkt. Die charismatische Erneuerung ist jedoch nicht die einseitige Betonung lediglich dieser »leuchtenderen Charismen«, sondern in ihrer inneren Dynamik liegt eine Erneuerung der *ganzen* Kirche in *allen* ihren Lebensäußerungen. Die Ausübung der »leuchtenderen« Charismen erfordert jedoch eine sehr tiefe und totale Auslieferung an den Herrn der Kirche und Spender aller Geistesgaben.

Zentral für die Ausübung der Charismen ist ihr einträchtiges Zueinander, das Paulus an dem Leib verdeutlicht, der aus vielen Gliedern besteht[26]. Nach Paulus ist jedem eine Gnadengabe von Gott gegeben, aber keineswegs allen dieselbe, erst recht nicht einem alle, sondern *jedem seine,* je nach seiner Eigenart (1 Kor 12, 11). Nach 1 Kor 12, 4 wirkt der eine Heilige Geist geradezu die *Unterschiedenheit* der Geistesgaben und damit auch deren Ungleichheit. Gleichheit aller besteht lediglich darin, daß überhaupt jedem seine ihm eigene Gnadengabe geschenkt ist und eben deshalb nicht darin, daß jeder jede Funktion in der Gemeinde ausüben könnte. Das Bild von den unterschiedlichen Funktionen der Glieder des menschlichen Leibes besagt: Jede Funktion ist notwendig und keine ist mit der anderen austauschbar. Gott hat jedes Glied so in den Leib eingefügt, wie es seinem »Plan« entsprach (1 Kor 12, 18). Das

Ohr ist nicht das Auge, und das Auge ist nicht die Hand usw. Alle Glieder sollen einträchtig füreinander sorgen und sich so ergänzen zu dem ganzen Leib (1 Kor 12, 25). In ähnlicher Weise sollen auch die Geistesgaben aufeinander bezogen sein, sich ergänzen und entsprechend der jeweiligen Aufgabe zum Aufbau der Gemeinde beitragen. Wir werden in der sechsten Woche noch genauer über einzelne Geistesgaben sprechen.

c) Das Verhältnis von charismatischen und sakramentalen Zeichen

Unter einem Zeichen versteht die Bibel einen sinnlich wahrnehmbaren Vorgang oder ein Merkmal, an dem man jemand oder etwas erkennt[27]. Wir sind es gewohnt, von sakramentalen Zeichen zu sprechen (obwohl der Begriff »Sakrament« in diesem Sinne im Neuen Testament nicht vorkommt). Das äußere, sakramentale Zeichen der Taufe besteht in dem Übergießen mit Wasser und den diesen Vorgang deutenden Worten: »Ich taufe dich im Namen des Vaters und des Sohnes und des Heiligen Geistes.« Die Taufe geschieht »im Wasser und durch das Wort« (Eph 5, 26). Das äußere, sakramentale Zeichen des Abendmahles sind Brot und Wein mit dem über sie gesprochenen Einsetzungsbericht. Es ist nun außerordentlich bedeutsam, daß Paulus Prophetengabe und Sprachengabe (damit aber auch alle anderen Charismen) ebenfalls »Zeichen« nennt (1 Kor 14, 22; vgl. Mk 16, 17): Die Charismen zeigen die Anwesenheit des Heiligen Geistes an, denn er »erscheint« in ihnen, sie machen ihn offenbar (1 Kor 12, 7). So ist etwa das prophetische Wort in sich selbst ein *Zeichen* für die Anwesenheit des Heiligen Geistes. In dem Satz: »Laßt euch mit Gott versöhnen« (vgl. 2 Kor 5, 20) *erscheint* der Geist Gottes und Jesu, in ihm ist er selbst machtvoll anwesend. In ähnlicher Weise *erscheint* der Geist Gottes und Jesu im Sprachengebet, denn der Geist selbst betet in uns mit unaussprechlichem Seufzen (Röm 8, 26). Ähnliches gilt auch von den übrigen Charismen. Zwischen sakramentalen und charismatischen Zeichen bestehen gewisse Ähnlichkeiten, aber auch wichtige Unterschiede: Während die sakramentalen Zeichen eine größere *Ge-*

wißheit für die Anwesenheit des Heiligen Geistes bei sich haben, machen erst die charismatischen Vorgänge (prophetische Ermahnung, Zuspruch usw.) die sakramentalen Zeichen *fruchtbar,* denn sie ermöglichen erst die Annahme des sakramentalen Angebotes. Verdeutlichen wir uns dies an dem Verhältnis von Prophetengabe und Wassertaufe.

1. Beiden gemeinsam ist, daß Christus ihr Ursprung ist und bleibt: Die Prophetengabe wird ausgeübt »an Christi Statt« (2 Kor 5, 20), und auch der Spender der Taufe handelt an Christi Statt, da ja Christus selbst es ist, der tauft.

2. Die Ausübung des prophetischen Dienstes ist die *Voraussetzung* für den Vollzug der Taufe: Der für die Taufe vorausgesetzte Glaube kommt vom Hören. Die Prophetengabe und die übrigen Charismen *erwecken* den Glauben, dienen der Mission. Der Vollzug der Sakramente dagegen setzt den Glauben voraus.

3. Die charismatischen Zeichen steigen aus unserem *Innersten* auf, aus der gnadenhaft geschenkten *Liebe zu anderen Menschen* (1 Kor 13). Wenn der menschliche Spender dagegen dem Täufling Wasser über den Kopf gießt und dabei die Worte spricht: »Ich taufe dich im Namen des Vaters und des Sohnes und des Heiligen Geistes«, dann ist dieser Vorgang nicht in erster Linie Ausdruck der persönlichen Liebe des Spenders zu dem Empfänger, sondern *unmittelbarer* Ausdruck der *Liebe Gottes* zu dem Täufling. Der menschliche Spender tritt dabei weitgehend in den Hintergrund.

4. Der Prophet kann nur dann wirklich ermahnen, Trost spenden usw. (1 Kor 14, 3), wenn er sich bei diesem Vorgang zugleich *ganz persönlich* an Gott ausliefert. Seine Worte werden bei den Zuhörern um so mehr Betroffenheit auslösen (vgl. Apg 2, 37), je mehr er selbst von der Botschaft, die er auszurichten hat, betroffen ist. Die im sakramentalen Zeichen der Taufe angebotene Nachlassung der Sünden und der Rechtfertigung dagegen ist *nicht* im strengen Sinne abhängig von der persönlichen Heiligkeit und Betroffenheit des menschlichen Spenders, wenn er nur die Absicht hat, zu tun, was die Kirche tut. Natürlich ist die persönliche Betroffenheit des Taufspenders nicht ohne jeden Einfluß auf den Glauben des Täuflings,

aber die Gnade der Taufe wird dem Täufling auch dann noch von Gott unfehlbar und mit *absoluter Gewißheit* angeboten, wenn der Taufspender selbst von diesem Vorgang persönlich nicht ergriffen ist.

Der letzte Aspekt ist besonders wichtig: Der Taufspender handelt nicht aufgrund charismatischer Eingebung, sondern er tut und sagt das, was die Kirche tut und sagt. Er erfindet nicht das sakramentale Zeichen, sondern er ist gehalten, sich genau an die Ordnung der Kirche zu halten. Dies wird sehr deutlich bei dem Vollzug des Abendmahles. Wer dieser Feier vorsteht und die Abendmahlsworte Jesu wiederholt, handelt dabei nicht im eigentlichen Sinne selbst als Prophet. Er spricht nicht von Gott her selbstformulierte Worte, sondern wiederholt genau Wort für Wort das, was Jesus, der Überlieferung des Neuen Testamentes entsprechend, im Abendmahlssaal gesagt hat. Alle Kirchen achten darauf, daß der Vorsteher der Eucharistiefeier an dem Einsetzungsbericht nichts ändert, und deshalb ist hier im Vergleich zum prophetischen Dienst die *Gewißheit* größer, daß wirklich Jesus selbst anwesend ist: Eine prophetische Äußerung muß *geprüft* werden, ob sie aus Gott kommt oder nicht, denn es gibt auch falsche Propheten (1 Joh 4, 1; vgl. 1 Kor 14, 29—32). Es ist also keineswegs absolut sicher, daß in einem prophetischen Beitrag Gott selbst handelt. Man kann aber nicht in ähnlicher Weise von »falschen Sakramenten« sprechen, unter einer Voraussetzung, daß der menschliche Spender wirklich genau das sagt und tut, was die Kirche sagt und tut. Sakramente müssen nicht in jedem einzelnen Fall *geprüft* werden, ob sie aus Gott kommen oder nicht.

Dabei ist jedoch zu beachten: Die sakramentalen Zeichen wirken nie automatisch, sondern sie sind ein *Angebot Gottes,* das nur in dem Maß wirksam wird, als der Empfänger des Sakramentes es annimmt. Man kann dieses Angebot deshalb auch als *unfehlbar* bezeichnen. Gott hält dieses Angebot auch dann noch aufrecht, wenn der Empfänger im Augenblick des Empfanges noch nicht zu einer vollen personalen Antwort fähig ist. Er kann diese Antwort später nachholen (Problem der Kindertaufe). Die charismatischen Zeichen dagegen sind *nie ein absolut sicherer »Beweis«* für die Anwesenheit des Heiligen

Geistes, der keinem Zweifel unterliegen kann. Sie müssen immer geprüft werden, und dazu ist der Kirche vor allem die Geistesgabe der Unterscheidung verliehen (vgl. 1 Kor 12, 10). Dies gilt auch im Hinblick auf die Sprachengabe, die in den Pfingstkirchen zum Teil als unumstößlicher »Beweis« für die Anwesenheit des Heiligen Geistes, für die »Geisttaufe«, angesehen wird.

Für ein Verständnis der charismatischen Erneuerung in der katholischen Kirche ist nun besonders wichtig: Einige Sakramente ordnen vorherrschend auf Gott selbst hin (Taufe, Buße, Krankensalbung), während in anderen vorherrschend die Befähigung zum Dienst am Heil anderer verliehen wird (Firmung, Weihe, Ehe). Diese Sakramente rücken damit in die Nähe der Charismen.

Das sakramentale Zeichen der *Taufe* ist die Abwaschung mit den dazugehörigen Worten. Durch dieses Zeichen bietet Gott dem Täufling an, daß er alle Sünden nachläßt und auch die Verwundungen durch die Schuld anderer Menschen heilt. Durch die Taufe macht Gott den Menschen gerecht und heilig (vgl. 1 Kor 6, 11) und ordnet ihn so auf sich selbst hin. Die Taufe ist deshalb zugleich der Beginn *meines* ewigen Lebens, *meiner* Auferstehung. Hier bin ich ganz persönlich gemeint in meinem ewigen Heil vor Gott, denn keiner kann an meiner Stelle die Nachlassung der Sünden empfangen, keiner kann an meiner Stelle auferstehen. In der Taufe wird uns also der Heilige Geist gegeben, *insofern* er in mir die Feindschaft gegen Gott besiegt und mich auf mein ewiges Leben hinordnet (Röm 8, 7—11). Ausdruck dieser neuen Beziehung zu Gott ist der Ruf »Abba, Vater!«. Wir sprechen ihn nicht in genau derselben Weise aus wie Jesus, denn er war in einem absolut einmaligen Sinne Sohn Gottes, sondern in der Kraft seines Geistes (Röm 8, 15; Gal 4, 6). Das Charisma der Sprachengabe, über das wir noch im einzelnen sprechen werden, ist in ähnlicher Weise Ausdruck unseres persönlichen Verhältnisses zu Gott: »Wer in Sprachen betet, redet nicht zu Menschen, sondern zu Gott« (1 Kor 14, 2).

Buße und Krankensalbung haben in den Kirchen, in denen sie als Sakramente angesehen werden, in ähnlicher Weise eine vorherrschende Sinnrichtung auf Gott hin. Auch hier geht es jeweils um mein persönliches Heil vor Gott. Natürlich haben die bisher genannten Sakramente auch etwas mit der Kirche zu tun: Durch die Taufe werde ich eingegliedert in die Kirche und empfange auch die Verheißung, in weiteren Wachstumsschritten dem Heil anderer dienen zu können. Die Buße ist Frieden mit der Kirche und eben deshalb auch Frieden mit Gott, und in der Krankensalbung ist die der ganzen Kirche verheißene Gabe der Heilung gegenwärtig.

Demgegenüber können Firmung, Weihe (Ordination) und Ehe als *»charismatische Sakramente«* bezeichnet werden. Durch Handauflegung und Salbung bei der *Firmung* wird dem Getauften angeboten, daß er in einen geschichtlichen Kontakt mit der Anfangserfahrung der Kirche kommt (vgl. Apg 8, 15–17; 19, 5 f). Firmung ist *sakramentale Geisttaufe* (wir werden darauf noch einmal zurückkommen). Durch die Handauflegung im *Weihesakrament* kommt der Gefirmte dann in einen geschichtlichen Kontakt mit der besonderen Beauftragung und Bevollmächtigung der Zwölf, mit ihrer Abendmahlserfahrung. Auch das Sakrament der *Ehe* empfangen die Ehegatten (die es sich gegenseitig spenden) nicht im Hinblick auf ihr je eigenes Heil, sondern im Hinblick auf das Heil des Ehegatten und der Kinder.

Paulus bezeichnet deshalb die Ehe (ebenso wie die Ehelosigkeit) ausdrücklich als »Charisma« (1 Kor 7, 7). Nach katholischem (und orthodoxem) Verständnis werden also in Firmung, Weihe und Ehe *charismatische Gnaden sakramental angeboten.* Wir brauchen nicht hervorzuheben, daß bei der Annahme dieses Angebotes der Christ auch in ein tieferes Verhältnis zu Gott selbst hineingeführt wird. Gott selbst ist es ja, der *durch uns* mahnt (2 Kor 5, 20), aufbaut, tröstet, zuspricht, heilt.

3. Geisterneuerung

Das Geheimnis des Glaubens und der Teilhabe an der Geisterfahrung Jesu kann nicht in Worten zureichend ausgedrückt werden, erst recht nicht in einem einzigen Wort. Man kann nicht genügend davor warnen, bestimmte Aspekte aus dem Ganzen der einen christlichen Grunderfahrung herauszulösen, *einen* Aspekt zum Ganzen des Christentums zu erklären. Deshalb haben wir es in dieser »Einübung« vermieden, uns zur Kennzeichnung des weltweiten spirituellen Aufbruchs auf einen bestimmten Ausdruck festzulegen. Der Begriff »charismatische Erneuerung« hat sich zwar eingebürgert, aber auch er führt zu Mißverständnissen. Das Wort »Geisterneuerung« könnte vielleicht die verschiedensten Elemente der christlichen Grunderfahrung zur Aussage bringen, und deshalb wollen wir es — mit allem Vorbehalt — an dieser Stelle kurz erläutern.

Seit ältesten Zeiten geschieht die Einführung der Taufbewerber in das Christsein in mehreren Schritten, die allesamt vom Heiligen Geist in uns ermöglicht und gewirkt werden:

1. *Umkehr.* Eph 4, 22 f lesen wir: »Ändert euer früheres Leben und *erneuert euren Geist* und Sinn! Zieht den neuen Menschen an, der nach Gottes Bild geschaffen ist, damit ihr wahrhaft gerecht und heilig lebt.« Mit dem Wort Geist ist hier unser *menschlicher* Geist gemeint, der durch den Heiligen Geist erneuert wird, so daß wir zu neuen Menschen werden. Ähnlich heißt es Kol 3, 9 f: »Ihr habt den alten Menschen mit seinen Taten abgelegt und seid ein *neuer Mensch* geworden. Er wird nach dem Bild seines Schöpfers *erneuert*, um ihn zu erkennen«, und Röm 12, 2 lesen wir: »Gleicht euch nicht dieser Welt an, sondern wandelt euch und *erneuert euer Denken*, damit ihr prüfen und erkennen könnt, was der Wille Gottes ist.« Geisterneuerung ist in diesem Sinne die durch den Heiligen Geist in uns bewirkte Erneuerung unseres *menschlichen* Geistes, d. h. unseres Fühlens, Wollens, Denkens, unserer *ganzen* Person. Sie beginnt mit der Auslieferung an den Plan und Willen Gottes, mit der Frage nach dem Sinn *meines* Lebens (erste Woche). Im Sinne von Hebr 6, 6 ist eine solche Umkehr ein tiefgreifender und einmaliger Akt in unserem Leben, der nicht mit der gleichen Intensität wiederholt werden kann, aber dennoch immer wieder erneuert werden muß.

2. *Wassertaufe zur Vergebung der Sünden.* Nach Titus 3, 5 f ist die Taufe »das Bad der Wiedergeburt und der *Erneuerung im Heiligen Geist.* Ihn hat er [Gott] in reichem Maß über uns

ausgegossen durch Jesus Christus, unseren Retter, damit wir, durch seine Gnade gerechtfertigt, Erben des ewigen Lebens werden, das wir erhoffen«. Geisterneuerung ist also auch erneute Annahme dessen, was bei der Taufe an uns geschehen ist (dritte Woche).

3. *Geisttaufe.* Die Befähigung zum Zeugnis wird im Neuen Testament auch als »Getauftwerden mit Heiligem Geist« bezeichnet (Apg 1, 5. 8; 11, 16; Lk 3, 16 par), wie in der vierten Woche gezeigt wurde. Geisterneuerung ist erneute Annahme der Geistesgaben und erneute »Todestaufe« (vgl. im zweiten Teil dieser »Einübung« den sechsten Tag der vierten Woche).

4. *Führung durch den Heiligen Geist.* Wer ein neuer Mensch geworden ist, fürchtet sich nicht mehr, weder vor Gott, noch vor der Zukunft, und läßt sich vom Geist Gottes führen (Röm 8, 14). Er vertraut dann nicht so sehr den Plänen, die er für sein eigenes Leben oder für die Zukunft der Kirche gemacht hat, sondern den Plänen und der immer neuen, überraschenden Neuheit Gottes. Gerade in Zeiten des Umbruches ist diese Offenheit für die Führung des Geistes notwendig: Niemand weiß, wie die Kirche der Zukunft aussehen wird. Um so wichtiger ist die Offenheit für Impulse des Heiligen Geistes, wie wir in der siebten Woche noch zeigen werden.

5. *Abendmahl.* In den Abendmahlsgaben ist der lebendige Herr der Kirche anwesend. In der Kraft seines Geistes wandelt er die Abendmahlsgaben, und wir empfangen sie in der Kraft dieses selben Heiligen Geistes. Der Schritt der Geisterneuerung und die tägliche Auslieferung an den Geist Christi ist deshalb auch mit einem vertieften Verständnis des Abendmahles (sowie der übrigen Sakramente) verbunden.

Geisterneuerung ist ein lebenslanger Prozeß. Da sich dieses unser Leben aber in Raum und Zeit ereignet, ist es gut und hilfreich, wenn wir sie von Zeit zu Zeit an einem bestimmten Ort, nämlich in der Versammlung der Gläubigen und mit ihrer Hilfe, vollziehen. Sie ist dann aber nicht *nur* nachgeholte Umkehr und Entscheidung für Christus, nicht *nur* Erneuerung des Taufversprechens, nicht *nur* Annahme der Geistesgaben, nicht *nur* eine von der Kirche, ihrem Amt und ihren Sakramenten losgelöste Offenheit für die Führung des Heiligen

Geistes, nicht *nur* neuer, geistlicher Zugang zu den Sakramenten, sondern dies alles in einem einzigen, unteilbaren Vorgang!

Differenzen zwischen katholischen bzw. orthodoxen und evangelischen Christen bestehen dabei vor allem im Hinblick auf das sakramentale Angebot der »Geisttaufe« sowie das Verständnis und den Vollzug des kirchlichen Amtes. Die evangelischen Mitarbeiter sagen deshalb dazu zunächst etwas aus ihrer Sicht.

a) Die bleibende Wirklichkeit der Taufe (evangelisch)

Kindertaufe und Bekehrung

Die Taufpraxis in den evangelischen Kirchen ist unterschiedlich. Die lutherischen, unierten und reformierten Landeskirchen sowie aus dem Bereich der Freikirchen z. B. die Methodistenkirche praktizieren die »Kindertaufe«. Sie taufen neugeborene Kinder, wenn die Eltern deren Taufe begehren und wenn Eltern und Paten eine christliche Erziehung zusagen. Manche Freikirchen dagegen lehnen diese Kindertaufe ab und taufen nur den, der seinen Glauben selbst bekannt hat (ab etwa 12 Jahren). Meistens erwarten sie dann auch folgerichtig von einem landeskirchlichen Christen, der sich ihrer freikirchlichen Gemeinde anschließt, daß er sich taufen läßt. Katholische, evangelisch-landeskirchliche und methodistische Christen sagen in solchem Fall: Er hat sich *noch einmal* taufen lassen. Sie lehnen diese »Wiedertaufe« ab. Für sie ist die Taufe, wie auch immer und wann auch immer vollzogen, eine bleibende Wirklichkeit: Gottes Zuwendung zum Menschen, in der die ganze Fülle des in Jesus Christus für uns erworbenen Heiles uns angeboten und zugesagt wird. Die Taufe hat die Verheißung unseres Heils. Es liegt an uns, sie anzunehmen, damit sich die Kraft dieser Verheißung in unserem Leben entfaltet.

Mit der Kindertaufe berühren wir freilich in mancher Hinsicht einen wunden Punkt. Die Freikirchen, die sie nicht anerkennen, verstehen die Taufe eines gläubig gewordenen, aber als Säugling getauften Menschen ja nicht als »Wiedertaufe«, sondern durchaus als seine eine und einzige Taufe, die sie dann ebenso als wirkkräftiges Zeichen der Verheißung Gottes erkennen können.

Ein anderer Vorwurf gegen die Kindertaufe, der auch innerhalb der Landeskirchen laut wird, geht davon aus, daß die Eltern kaum die Bedeutung der Taufe kennen und zu einer ihr entsprechenden Erziehung des Kindes fähig sind. Mit Taufgesprächen und nachgehender Seelsorge an den Eltern wird versucht, dieses Problem ein wenig zu lösen.

Richtig ist sicher, daß die Taufe nur dort vollzogen werden kann und darf, wo sie *begehrt* wird. Das heißt auch: wo die christliche Taufe wirklich in ihrer geistlichen Bedeutung begehrt wird. (Das heißt nicht, daß die Eltern das alles theologisch exakt ausdrücken müssen.) Im allgemeinen wird es angebracht sein, daß derjenige, der getauft wird, selbst die Taufe begehrt. Insofern ist tatsächlich die Erwachsenen- oder Gläubigentaufe die Grundform der Taufe. (Die anglikanische Kirche hat das vor kurzem in ihrer neuen Taufagende wieder herausgestellt.) Es gibt freilich auch die Möglichkeit des stellvertretenden und fürbittenden Begehrens — durch die Eltern für ihr unmündiges Kind. Auch solche Stellvertretung kann gewiß sein, daß Gott zu seinem Zeichen und seiner Verheißung steht. Ob und wieweit diese Möglichkeit beansprucht werden sollte — und dies vor allem in einer Zeit und in einer pluralistischen Welt, in der Eltern weit weniger als früher den Weg ihrer Kinder mitbestimmen können —, das müssen sich die Landeskirchen von den Kritikern der Kindertaufe fragen lassen.

Wiederum werden die landeskirchlichen Christen die Baptisten fragen müssen, ob sie denn nicht auch stellvertretendes und fürbittendes Begehren in anderen Fällen kennen, das mit der Erhörung rechnet. Die Erfahrung zeigt außerdem, daß auch die Gläubigentaufe nicht immer auf eine wirklich freie und mündige Glaubensentscheidung hin erfolgt, sondern aus der Erziehung und vor allem der Erwartung der Eltern und der übrigen Gemeinde hervorgeht. Das ist auch ganz unvermeidlich, ebenso wie andererseits die bittere Tatsache, daß es auch vorkommen kann, daß als »Gläubige« getaufte Menschen die Gemeinde wieder verlassen und ihrer Entscheidung untreu werden.

Wir werden damit zu rechnen haben, daß in vielen Gruppen Katholiken, landeskirchliche Evangelische und Glieder von evangelisch freikirchlichen Gemeinden miteinander beten und leben. Die Frage der Kindertaufe fordert unter Umständen, wenn sie an einem besonderen Beispiel aktuell wird, viel Verständnis füreinander. Hier ist es nicht unsere Aufgabe (und es wird auch nicht die einer charismatischen Gebetsgruppe sein), die theologischen Fragen zu entscheiden, die an diesem Punkt die Kirchen trennen. Auch ein nach seiner Bekehrung getaufter freikirchlicher Christ wird seinen Glauben immer wieder erneuern müssen. Er wird dabei vielleicht manches anders beschreiben, aber in dieser Situation sind wir alle gleich. Jede Glaubenserneuerung in der Beichte und in einer neuen Zusage an Jesus Christus ist das, was Martin Luther das »Zurückkriechen in die Taufe« genannt hat. Landeskirchliche wie freikirchliche Christen können in jeweils ihrer Taufe das Zeichen der bleibenden Wirklichkeit der Gnade Gottes erkennen, das immer wieder neu in unserem Leben lebendig werden will.

Die erneute Annahme der Taufwirklichkeit

Wer weiß schon genau, wie eine Taufe vor sich geht? Auch die evangelisch-lutherische Kirche kennt eine Absage an das Böse als Teil der Taufliturgie. Diese Absage ist aber auch Teil einer jeden Beichte, der gemeinsamen wie der Einzelbeichte. Auf diese Weise wird der erwähnte Teil der Taufhandlung jeweils »erneuert«. Zur Taufe gehört aber *immer* auch ein Gebet um den Heiligen Geist. Es wird vor Gott hingetragen unter Handauflegung, und zwar im Anschluß an das Übergießen mit Wasser, das zusammen mit der Tauformel den Kern der Handlung bildet. Durch diese Handauflegung wird ausgedrückt, daß jemand Glied am Leibe Christi, der Gemeinde, wird. Dies geschieht von Gott her so, daß die Taufe mit Wasser, verbunden mit der Bitte um seinen Geist, unwiederholbar ist. Nach evangelischem Verständnis wird sie später auch nicht vervollständigt. Für den evangelischen Christen geht es deshalb bei der Tauferneuerung um zwei Dinge:
1. um die persönliche Annahme der Taufwirklichkeit im Glauben und im Bekenntnis zu Jesus und

2. um die immer wieder neue Aktualisierung (Erneuerung) des Wirkens des Heiligen Geistes.

Das erstere nennt man im Anschluß an den biblischen Sprachgebrauch auch Bekehrung oder besser »Umkehr«. Man kann sagen, die Taufe einschließlich der persönlichen Bekehrung ist die »Wiedergeburt« zum neuen Menschen. Für manchen, der schon im Umkreis der christlichen Gemeinde aufgewachsen ist und der sich nun persönlich zu Jesus im Glauben hinwendet, kann dieser Schritt, verbunden mit der Bitte, vom Heiligen Geist erfüllt zu werden, sogleich in das Leben eines engagierten Christen hineinführen, der seine Gaben für die Ausbreitung des Reiches Gottes, für andere Menschen und ihr Heil, gebraucht.

Es ist aber sicher oftmals seelsorgerlich ratsam, hier behutsam und allmählich weiterzugehen. So wie die Bitte um den Heiligen Geist in der Taufe zunächst einmal den Täufling eingliedert in die Gemeinde, so wird es gut sein, wenn ein neu zum Glauben kommender Mensch in einer Tauferneuerung zunächst einmal für eine bestimmte Zeit die Verwurzelung in der Gruppe oder Gemeinde sucht. Ihm wird der Heilige Geist gegeben zur Gliedschaft in der Gemeinde und zum *gemeinsamen* Priestertum der Gläubigen, das er im Gebet und im Lesen der Schrift, im Zusammensein mit seinen Brüdern und Schwestern und in der gemeinsamen Feier des Abendmahles ausübt. Aber es wird ihm dann noch nicht der Dienst des auf sich allein gestellten »Missionars« Jesu Christi zugemutet. Erst nach einer Zeit der Einwurzelung in die Gemeinde und des Lebens in der Gemeinschaft wird dann für ihn gebetet werden, daß Gottes Geist in ihm Gaben erschließt zum Zeugnis und Dienst für andere.

Hier hat der seelsorgerliche Dienst der Gemeindeleitung eine wichtige Aufgabe, die gemeinsam mit der ganzen Gruppe oder Gemeinde wahrzunehmen ist. In keinem Fall sollte man davon sprechen, daß jemand den Heiligen Geist erst jetzt, anläßlich einer Handauflegung in der charismatischen Gebetsgruppe »bekommt« oder »empfängt«. Der Geist Gottes lebt bereits in einem sehr allgemeinen Sinne in jedem Menschen von der Schöpfung her und trotz aller Sünde. Und er lebt besonders und zu unserem Heil in jedem, der glaubt; denn anders gibt es keinen Glauben an Gott als durch das Wirken des Heiligen Geistes in uns. Wieder etwas anderes aber ist das Durchströmtwerden von dem Geist Gottes, der zur Entfaltung kommt in den Charismen zum Heil und zum Wohl anderer in der Liebe. Um diese Aktualisierung und Erneuerung des Geistes zu beten, ist Aufgabe und Freude jedes Christen, und es ist nicht verwunderlich, wenn dieses erste spürbare Durchbrechen des Wirkens des Heiligen Geistes mit besonderer Freude und Aufmerksamkeit in der Gemeinschaft angenommen, ja gefeiert wird.

Konfirmation und Geisterneuerung

Wir haben schon gesagt, daß die Konfirmation in den evangelischen Kirchen nicht das Gewicht hat wie die Firmung in den katholischen (obgleich beide auf lateinisch »confirmatio« heißen und damit eigentlich dasselbe meinen). Das ist schon deshalb so, weil es die Konfirmation nicht in allen evangelischen Kirchen zu allen Zeiten gegeben hat.
Geschichtlich hat die Konfirmation mancherlei verschiedene Bedeutung angenommen. Neben der Bestätigung der Taufe: Ablegen des persönlichen Glaubensbekenntnisses, Abschluß einer Katechumenatsstufe, Verleihung kirchlicher Rechte und Pflichten (Abendmahlszulassung bzw. Patenamt). Je nach theologischer Interpretation wird der eine oder der andere Aspekt mehr betont. Das Problem der Konfirmation besteht aber heute kaum in erster Linie in diesen unterschiedlichen Akzentsetzungen, sondern viel eher in der mangelnden geistlichen Bedeutung, die sie hat.
Die Bitte um den Heiligen Geist hat freilich bei der Konfirmation kaum jemals gefehlt, höchstens daß sie durch eine allgemeinere Segensformel an den Rand gedrückt worden ist. Auch und gerade in der evangelischen Konfirmation geht es um die Entfaltung dieses Aspektes der Taufe, der in der mit der Wassertaufe verbundenen Geistbitte ausgedrückt wird: um das *Wirksamwerden des Heiligen Geistes in dem Leben eines Christen.*
So freilich, wie die Konfirmation weithin nur als Sitte oder

Pubertätsweihe praktiziert wird und die Unterweisung eng an einen bestimmten Jahrgang gebunden ist (der vielen als zu früh erscheint) — kurz: als Konfirmation in der Volkskirche —, ist der einzige Weg, diese Bedeutung wiederzuentdecken, das bewußte Meditieren und Annehmen der Gebete und Segensworte. Wir geben deshalb zu diesem Zweck im zweiten Teil dieser Einübung (»Gebet und Erwartung«) für die Kursteilnehmer Beispiele dafür wieder.

Die Konfirmation ist für uns, die wir die Einübung in die christliche Grunderfahrung vermitteln möchten, die volkskirchliche Institutionalisierung dieser dringend notwendigen, für die Kirche »lebensnotwendigen«, Aktualisierung der Taufe und des in ihr verheißenen und gegebenen Geistes. Sie ist aber fast durchweg nicht viel mehr als äußere Form und das ein wenig zaghafte, meist in der Isolation des einzelnen verbleibende, erste Umgehen mit dem Glauben (das oft bald versandet).

Damit ist der objektive Gehalt der Konfirmation nicht abgestritten, zumal wenn sie zum Beispiel mit der Formel geübt wird:

> Nimm hin den Heiligen Geist,
> Schutz und Schirm vor allem Argen,
> Kraft und Hilfe zu allem Guten,
> aus der gnädigen Hand Gottes,
> des Vaters, des Sohnes und des Heiligen Geistes.

Die christliche Grunderfahrung der Geisterneuerung in einer lebendigen Gemeinde ist dann aber die notwendige erlebnismäßige Ergänzung dazu.

b) Das Firmsakrament: Geschichtliche Fortdauer des Pfingstereignisses (katholisch)

Was oben über das Verhältnis von Kindertaufe und Bekehrung gesagt wurde, gilt auch für katholische Christen. Auf unterschiedliche Akzentsetzungen brauchen wir hier nicht näher einzugehen, und von dem unterschiedlichen Verständnis der Beichte war bereits früher die Rede (dritte Woche, vierter Abschnitt). Auch kann es nicht Sinn dieser »Einübung« sein, die sehr schwierigen geschichtlichen und theologischen Fragen zu besprechen, die mit dem Verständnis und dem Vollzug des Firmsakramentes verbunden sind. Es scheint aber so zu sein, daß die charismatische Erneuerung innerhalb der katholischen Kirche dieses weithin als »Nebensache« betrachtete Sakrament wiederentdeckt. Die lehramtlichen und liturgischen Texte der katholischen Kirche setzen den Empfang des Firmsakramentes ausdrücklich in Beziehung zur pfingstlichen Anfangserfahrung der Kirche! Im Jahre 1971 hat Papst Paul VI. die Spendeformel der Firmung derjenigen der orthodoxen Kirche angeglichen. Sie lautet nunmehr: »Sei besiegelt durch die Gabe Gottes, den Heiligen Geist.« Wie es in dem entsprechenden Dokument aus dem Jahre 1971 heißt, soll durch diese Formel deutlicher »an die Sendung des Geistes am Pfingstfest erinnert« werden. Außerdem werde die in Apg 8, 15—17 und 19, 5 f erwähnte Handauflegung in der katholischen Überlieferung als »Anfang des Firmsakramentes« betrachtet, *»das die Pfingstgnade in der Kirche auf eine gewisse Weise fortdauern läßt«*[28].

Natürlich muß man daran festhalten, daß auch schon in der Taufe der Heilige Geist verheißen und gegeben wird, aber die Gnade Gottes ist »vielfältig« (1 Petr 4, 10), und nach katholischem Verständnis beruht die geschichtliche Trennung von Taufe und sakramentaler Befähigung zum Zeugnis nicht auf rein menschlichen Überlegungen. Sie ist vielmehr durchaus biblisch begründet:

1. Das äußere Zeichen der Taufe, die Abwaschung bzw. das Untertauchen mit den dazu gesprochenen Worten, deutet an und bewirkt die innere Abwaschung, die Reinigung von den Sünden (1 Kor 6, 11). Ihre Wirkung ist die Wiedergeburt (Tit 3, 5; Joh 3, 5). Nirgendwo ist im Neuen Testament die unmittelbare Wirkung der Taufe die Ausübung von Geistesgaben!

2. Lukas spricht in der Apostelgeschichte nirgendwo davon, daß schon mit der Wassertaufe als solcher der Heilige Geist verliehen werde (vgl. 8, 16; 19, 6). Die Ausübung von Charismen kann sogar schon zeitlich *vor* der Wassertaufe geschenkt werden (10, 44—48).

3. Das Neue Testament in seiner Gesamtheit unterscheidet also sehr deutlich, ob der eine und selbe Heilige Geist die Wiedergeburt bewirkt oder ob er zur Ausübung der Charismen befähigt. Daraus ergibt sich der *theologische* Unterschied zwischen Taufe und Firmung, wie auch immer der geschichtliche Befund sein mag. Wenn die Charismen kaum noch oder überhaupt nicht mehr lebendig sind, ist dieser Unterschied natürlich kaum noch wichtig, und die Firmung wird auch in der Praxis zu einem Anhang der Taufe! Die Wiederentdeckung der Charismen rückt auch die Firmung in ein neues Licht!

4. Lebensgeschichtlich ergibt sich außerdem: Wenn ich *heute* getauft werde, kann ich nicht schon *morgen* Zeugnis von meiner Wiedergeburt geben. Diese muß sich zunächst bewähren, so daß auf jeden Fall ein existentiell gedecktes Zeugnis erst nach einer gewissen Zeit möglich ist (vgl. den siebenten Tag der siebenten Woche im zweiten Band dieser Einübung).

Von daher ist es durchaus berechtigt, die Firmung als »sakramentale Geisttaufe« zu bezeichnen, und es ist kein großer Unterschied, ob das sakramentale Zeichen der Firmung (Handauflegung und [oder] Salbung) mit den dazu gehörigen Worten an dem kleinen Kind vollzogen wird (wie in der orthodoxen Kirche) oder an dem heranwachsenden Jugendlichen (wie in der katholischen Kirche)[29]. Dieses Sakrament ist und bleibt — wie jedes andere — ein *Angebot*, das in jedem Fall immer wieder neu angenommen werden muß. Auch die Jünger haben nach der ersten Verfolgung die Pfingsterfahrung betend erneuert: »Als sie gebetet hatten, bebte der Ort, an dem sie versammelt waren, und alle wurden mit Heiligem Geist erfüllt, und sie verkündeten das Wort Gottes mit Freimut« (Apg 4, 31). In ähnlicher Weise gehört auch die Erneuerung des einmal empfangenen Firmsakramentes zu seiner inneren Dynamik selbst. Geisterneuerung ist für den Katholiken deshalb immer zugleich auch *Firmerneuerung*.

Wie kann sie vor sich gehen? Es wäre dem sehr persönlichen Geschehen der Geisterneuerung nicht angemessen, wenn die ganze Gemeinde bei bestimmten Anlässen eine Formel oder ein Gebet spräche. Die Tauferneuerung in der Osternacht zeigt ja, daß dieser Vorgang bereits wieder zu einem Ritus geworden ist, der den einzelnen nicht unbedingt in seinen tieferen Schichten erfaßt. Angemessener ist es, wenn einzelne Mitglieder der Gemeinde nach einer persönlichen und intensiven Vorbereitung (zum Beispiel durch die vorliegende »Einübung«) vor die Anwesenden hintreten und ein frei formuliertes, persönliches Gebet der Übereignung an Christus sprechen. Dies kann um die Pfingstzeit herum geschehen oder auch in kleineren Gebetsgruppen. Der liturgische Ort wäre vor der Gabenbereitung während der Eucharistiefeier. Geisterfahrung aber ist jederzeit möglich, wenn Christen miteinander »in ihren Häusern« um die Fülle des Geistes beten, so auch nach dem Abschluß dieser siebenwöchigen »Einübung«. Zur Handauflegung sollten dann vor allem solche vortreten, die den um die Geisterneuerung Bittenden persönlich begleitet haben. Sie legen ihm die Hände auf Kopf und Schultern und sprechen Gebete der Fürbitte, des Lobes und des Dankes.

Dieser Vorgang ist kein neues Sakrament, sondern Ausübung des *gemeinsamen Priestertums,* aufgrund dessen die Christen einander im Glauben helfen und bestärken, Ausdruck der Solidarität aller im Glauben, der sozialen Gotteserfahrung. Diese Handauflegung ist für Katholiken vergleichbar mit derjenigen bei der Priesterweihe: Diese ist nicht eine Ergänzung der bischöflichen Handauflegung, sondern Ausdruck priesterlicher Solidarität. (Sie geschieht heute meistens stumm, aber es wäre sicherlich eine Verlebendigung mitbrüderlicher Gemeinschaft, wenn dabei auch persönliche Gebete gesprochen würden.)

Das Symbol der Handauflegung ist von sich selbst her vieldeutig: Es kann Segen ausdrücken, das Gebet um Heilung begleiten usw. Bei Firmung und Priesterweihe wird durch die Handauflegung der geschichtliche Kontakt mit der Anfangserfahrung der Kirche ausgedrückt: Derjenige, der die Hände auflegt, hat selbst die Handauflegung empfangen von jemandem, dem wiederum die Hände aufgelegt worden sind, bis zurück zur Urgemeinde (vgl. Apg 8, 14). Auf diese Weise wird deutlich, daß Geisttaufe, Geisterfahrung etwas zu tun hat mit der Kirche in ihrer ganzen geschichtlichen Erstreckung und gebunden bleibt an die Anfangserfahrung. Der katholische oder orthodoxe Christ wäre deshalb niemals bereit, unter Berufung auf seine eigene Geisterfahrung, und sei sie noch so tief und erschütternd, eine neue Kirche zu gründen. Er hält daran fest, daß der Geist nicht nur je und je gleichsam »von oben« kommt und immer neue Kirchen und Strukturen gründet, sondern eben auch auf dem geschichtlichen Weg der Überlieferung in der Predigt und in den Sakramenten. Dies wird ihm beim Empfang der Firmung besonders bewußt, und deshalb ist ihm dieses Sakrament teuer. Die bisherige geschichtliche Erfahrung zeigt: Entweder sind bestimmte Charismen (wie z. B. Prophetengabe, Heilungsgabe, Sprachengabe usw.) in der Großkirche überhaupt nicht lebendig oder es kommt zu einer sektiererischen Abspaltung. Für die charismatische Erneuerung aber ist es eine Lebensfrage, ob sie sich wirklich vom Geist Gottes so führen läßt, daß die bestehenden traditionellen Kirchen von innen her erneuert werden. Dies aber setzt voraus, daß die normative *Anfangserfahrung* der Kirche eine geschichtlich neue Gestalt gewinnt. Unter dieser Rücksicht hat das Firmsakrament eine wichtige und vielleicht unaufgebbare Bedeutung für die Zukunft der charismatischen Erneuerung. In der »Geisterneuerung« öffnet sich der einzelne zunächst für *alle* Geistesgaben, die Gott ihm verheißen und verliehen hat. Wenn jemand schon vorher an sich erfahren hat, daß Gott ihm bestimmte Geistesgaben geschenkt hat, kann er bei der Geisterneuerung (oder deren Wiederholung) auch besonders um eine Intensivierung dieser bestimmten Geistesgaben bitten. Es ist eine verhängnisvolle Einseitigkeit, wenn die »Geisttaufe« in den Pfingstkirchen nur mit der Bitte um die Sprachengabe verbunden wird[30]. In der Regel wächst der einzelne erst nach der *ersten* Geisterneuerung in einem weiteren Prozeß in die Ausübung der verschiedenen Geistesgaben hinein.

Annahme der Geistesgaben: Weg zur lebendigen Gemeinde

1. Geistesgaben in der Gemeinde
2. Die Prophetengabe
3. Die Sprachengabe
4. Gesellschaftskritische Charismen
5. Die Heilungsgabe

1. Geistesgaben in der Gemeinde

Die Ausübung von Geistesgaben gehört zum prophetisch-charismatischen Wesen der Kirche und war immer in ihr lebendig. Allerdings wurden einige Geistesgaben schon im 2. und 3. Jahrhundert vom kirchlichen Amt gleichsam aufgesogen und auf dieses konzentriert, so daß ein deutlicher Unterschied zwischen »Geistlichen« und »Laien« entstand. Nach der Verfolgungszeit begann mit Kaiser Konstantin zu Beginn des vierten Jahrhunderts die erste Christianisierung des öffentlichen Lebens. Die der Mission dienenden Geistesgaben traten in den Hintergrund, und die Charismatik der Urkirche zog sich in der folgenden Zeit immer weiter zurück in die Mystik der Klöster[31]. Von dorther kamen dann immer wieder auch prophetische Impulse (Bettelorden des Mittelalters, Volksmission der »Neuzeit« usw.). Auch andere im Neuen Testament genannte Charismen blieben in der Kirche erhalten: Das Charisma der Lehre, der Sorge für die Armen und Kranken, der Heilung (letzteres vor allem an bestimmten Wallfahrtsorten) usw. Das gemeinsame Priestertum aller Gläubigen ist ebenfalls nie ganz erstorben. Es blieb lebendig im Verhältnis der Eltern zu ihren Kindern, der Lehrer zu den Schülern usw., aber das *persönliche Gottesverhältnis* zog sich dennoch immer mehr in die Privatheit zurück, vor allem seit der »Aufklärung« des 18. Jahrhunderts.

Die Geschichtswissenschaftler sind sich darüber einig, daß sich um die Mitte des 20. Jahrhunderts wiederum ein Geschichtseinschnitt allergrößten Ausmaßes ereignet, vorbereitet durch das Aufkommen der Industriekultur im 18. Jahrhundert. Die Menschen spüren deutlicher als früher, daß sie in einem immer komplizierter werdenden Leben voneinander abhängig sind, und in diesem Schritt vom Ich zum Wir, in dieser Sozialisation und Solidarisierung kündigt sich eine neue Epoche an. Der Blick wird frei für die im Neuen Testament bezeugte soziale Gotteserfahrung, von der wir in der zweiten Woche gesprochen haben, und damit zugleich auch für die Erfahrung von Kirche und Gemeinde, *zu der jeder etwas beiträgt.* Ein Anliegen der Reformatoren des 16. Jahrhunderts erhält damit neue Bedeutung. Auch die Gemeinsame Synode der Bistümer in der Bundesrepublik Deutschland sagt in ihrem Dokument über die pastoralen Dienste in der Gemeinde: »Lebendige Gemeinden, in denen vielfältige Geistesgaben zusammenwirken, sind eines der wichtigsten Ziele der kirchlichen Reformbemühungen« (1. 1. 1). Es muß jedoch nochmals betont werden: die Ausübung von Geistesgaben kann man nicht »einführen« wie liturgische Reformen oder die Einrichtung von Gemeinderäten und anderen Gremien. Dazu ist eine sehr persönliche Öffnung eines jeden einzelnen Christen notwendig, so daß der Schritt des Glaubens, der Tauf- und Geisterneuerung, Voraussetzung für die Annahme der Geistesgaben ist.

Ein wichtiger pastoraler Ansatz ist dabei die Hinführung Jugendlicher zu Konfirmation und Empfang des Firmsakramentes durch aktive Gemeindeglieder. Zur Vorbereitung auf ihren Dienst könnten die letzteren sich zunächst zu einer Gebetsgruppe in der Gemeinde zusammenschließen, um sich gegenseitig zu dem persönlichen Schritt der Geisterneuerung und zur Annahme der Geistgaben zu verhelfen. Eine solche Gruppe wäre zugleich das Modell von Gebetsgruppen überhaupt: Sie sind kein Freundeskreis, kein »charismatischer Zirkel«, nicht lediglich Selbsterfahrungsgruppe, sondern wollen dem Aufbau und der Verlebendigung der *Gemeinde* dienen. Wenn von einer Gebetsgruppe nicht auferbauende Impulse für das Gemeindeleben ausgehen, bleibt sie nicht nur fruchtlos, sondern zeigt häufig auch die Tendenz, sich aus dem Gemeindeleben zurückzuziehen und abzuspalten. Dies aber wäre dann nicht Erneuerung der Kirche, sondern ihr Zerfall.

Natürlich können und dürfen sich in der Anfangsphase auch überpfarrliche Gruppen bilden, aber wenn die Mitglieder dieser Gruppen nicht auch in ihrer jeweiligen Ortsgemeinde aktiv werden, sie mittragen und nach Möglichkeit auch dort mithelfen zur Bildung von Gebetsgruppen, dann kann die charismatische Erneuerung ihre Dynamik auf eine Erneuerung der Kirche hin nicht entfalten.

Wir können im folgenden nur einige Charismen beschreiben und beschränken uns dabei auf solche, die im Neuen Testament zum normalen Gemeindeleben gehören, im Laufe der Geschichte aber weitgehend in Vergessenheit geraten sind. Dabei kommt zugleich die dreifache, verhängnisvolle Privatheit des Glaubens zur Sprache: Gott, der Gemeinde und der Gesellschaft gegenüber.

2. Die Prophetengabe[32]

Paulus hält nach dem Dienst der Apostel den der Propheten für den wichtigsten in der Kirche (1 Kor 12, 28) und ermahnt deshalb jeden dazu, sich für diese Gabe zu öffnen (1 Kor 14, 1), wenn auch nicht jedem diese Gabe geschenkt wird (1 Kor 12, 29). An der Prophetengabe können wir gut zeigen, was ein Charisma ist, denn sie ist die Urform des Charismatischen überhaupt: »Wer prophetisch redet, redet zu Menschen. Er baut auf, spricht zu, spendet Trost« (1 Kor 14, 3). Ein schönes Beispiel für eine prophetische Rede ist uns in 2 Kor 5, 20 aufgezeichnet: »Wir sind also Gesandte an Christi Statt, und *Gott ist es, der durch uns mahnt.* Wir bitten an Christi Statt: *Laßt euch mit Gott versöhnen!*« Wenn also jemand in die Gebetsversammlung den Anruf hineinspricht: »Laßt euch mit Gott versöhnen!«, dann werden die Anwesenden in der Art und

Weise, wie dieser Satz ausgesprochen wird, spüren, daß hier nicht ein Mensch zu ihnen spricht, der sich etwas anmaßt, mit einem persönlichen Anspruch vor sie hintritt, sondern daß Gott am Werk ist: »Niemals wurde eine Prophetie ausgesprochen, weil ein Mensch es wollte, sondern vom Heiligen Geist getrieben haben Menschen *im Auftrag Gottes geredet*« (2 Petr 1, 21).

Dies ist ein ungeheurer Vorgang, und jeder spürt sofort: Ich kann mir nicht einfach vornehmen, an Stelle Christi zu anderen zu sprechen. Ich kann nicht machen und wollen, daß Gott durch mich anderen eine Botschaft ausrichtet. Wenn ich von Gott her sprechen soll, dann muß ich mich vorher völlig von ihm abhängig machen, mich ihm ausliefern, auf ihn hören. Gott benutzt mich ja nicht als Sprechmaschine, sondern er benutzt meine Gefühle, meinen Willen, meinen Verstand, meinen Mund, um zu den Anwesenden zu sprechen. Die Propheten des Alten Testamentes haben es oft geschildert: Nichts ist anstrengender und aufregender als dieses gesammelte Hören auf Gott und das Sprechen von Gott her. Deshalb kann man nur nach einer tiefen und persönlichen Auslieferung an Gott in diese Gabe hineinwachsen.

Ein erster Schritt ist es, Worte der Bibel in die Versammlung hineinzusprechen. Der prophetische Charakter dieses Dienstes zeigt sich dann daran, daß sie situationsgerecht sind, das heißt, vom Zusammenhang des Gebetsgottesdienstes her auferbauen, ermahnen, trösten. So hat z. B. jemand während der Zusammenkunft um die Gnade der Bekehrung gebetet, und ein anderer hat ihm mit einem Wort aus der Geheimen Offenbarung geantwortet: »So setze denn alles daran und bekehre dich! Ich stehe an der Tür und klopfe. Wenn einer meine Stimme hört und die Tür öffnet, werde ich bei ihm eintreten, und ich werde mit ihm und er wird mit mir Mahl halten« (3, 19 f). Es ist unglaublich, welche Wirkung ein solches Wort haben kann: Wenn Jesus jetzt hier leibhaftig anwesend wäre, dann könnte er diesen Satz sprechen, und er spricht ihn wirklich durch den Mund eines Anwesenden!

Wem die Prophetengabe gegeben ist, der hört innerlich auf Anrufe und Weisungen des lebendigen, erhöhten Herrn und fragt sich: Was würde Jesus jetzt und hier sagen, wenn er als der Mann von Nazaret noch unter uns anwesend wäre? Was will der lebendige Jesus jetzt den Anwesenden sagen? Deshalb werden Prophetien häufig in der Ichform vorgetragen, so *als ob* Jesus jetzt hier spräche.

Ein weiterer Schritt ist es, wenn Gott den einzelnen so weit führt, daß er ihm seine eigenen Vorstellungen, Worte, Bilder zur Verfügung stellt und Gott durch sie hindurch zu anderen spricht. Eine Prophetie muß dabei nicht unbedingt in der Ichform ausgesprochen werden. Oft ist es besser, wenn jemand aufsteht und sagt: »Ich glaube, Gott würde uns jetzt folgendes sagen: ...« Die folgende Prophetie wurde am Pfingstmontag 1975 während der Eucharistiefeier gesprochen, die Kardinal Suenens mit 750 Priestern in Konzelebration und 10 000 Teilnehmern an dem internationalen Kongreß der katholisch-charismatischen Gemeindeerneuerung gefeiert hat. Wahrscheinlich war es das erste Mal in der Geschichte des Petersdomes, daß eine solche frei formulierte Prophetie während der Eucharistiefeier gesprochen wurde.

»Ich habe dich mit meiner Kraft gestärkt. Ich will meine Kirche erneuern, ich will mein Volk zu einer neuen Einheit führen. Ich fordere dich auf: Wende dich ab von unnützen Vergnügungen, habe Zeit für mich! Ich möchte euer Leben zutiefst verwandeln. Schaut auf mich! Ich bin immer noch anwesend in meiner Kirche. Ein neuer Ruf ergeht an euch. Ich schaffe mir aufs neue ein Heer von Zeugen und führe mein Volk zusammen. Meine Kraft liegt auf ihm. Sie werden meinen auserwählten Hirten folgen. Wende dich nicht von mir ab! Laß dich von mir durchdringen! Erfahre mein Leben, meinen Geist, meine Kraft! Ich will die Welt befreien. Ich habe damit begonnen, meine Kirche zu erneuern. Ich will die Welt zur Freiheit führen.«

Nach der Regel des Paulus sollen die Anwesenden beurteilen, ob eine Prophetie von Gott kommt (1 Kor 14, 29), und es kann durchaus notwendig sein, daß die Versammlung nicht zustimmt. Die zitierte, von einem »Laien« ausgesprochene Prophetie aber wurde im Petersdom durch lang anhaltenden Beifall bestätigt, auch von den anwesenden Bischöfen, von denen ja in erster Linie die Gabe der Unterscheidung (darüber mehr in der siebten Woche) erwartet wird. Es gibt auch »falsche

Propheten« (Mk 13, 6. 22; Mt 7, 15; 1 Joh 4, 1; 2 Petr 2, 1 usw.)! Nehmen wir an, in der oben erwähnten Prophetie käme auch der Satz vor: »Trennt euch von eurer Kirche, schafft die Sakramente ab. Mein Geist ist es, der lebendig macht, und alles andere ist Menschenwerk.« Es ist offensichtlich, daß eine solche Aufforderung zur Spaltung nicht vom Heiligen Geist, dem Geist der Einheit, eingegeben wäre.

Nicht immer ist eine genaue Unterscheidung zwischen dem möglich, was von Gott, was aus dem Menschen oder sogar aus widergöttlichen Mächten kommt. Es bleibt ein Rest von *Unsicherheit,* der in der menschlichen Freiheit und Möglichkeit zur Verfehlung begründet ist. Immer ist Gott *ganz* am Werk, und immer ist der Mensch *ganz* engagiert. Der Prophet spricht Worte aus, die aus ihm selbst kommen. In ihnen erscheinen Vorstellungen und Bilder, die mit seiner Lebensgeschichte und seiner Lebenserfahrung zusammenhängen. Zugleich aber will Gott durch sie hindurch zu anderen sprechen, sie zum Glauben erwecken. Eine *genaue* Grenze läßt sich jedoch nicht angeben, und deshalb sagt Paulus, die Anwesenden sollen »urteilen« (1 Kor 14, 29. 32). Ein letztes Urteil über die Echtheit von Geistesgaben steht nach katholischem Verständnis der Gesamtheit aller Bischöfe als den Repräsentanten der ganzen Kirche zu. Für evangelische Christen hat diese Funktion die jeweilige Ortsgemeinde in ihrer Verbundenheit mit den anderen Ortsgemeinden (vgl. den evangelischen Beitrag am Ende der siebten Woche).

Wer die Prophetengabe ausübt, gibt damit seine Privatheit Gott und der Gemeinde gegenüber auf. Wenn Gott selbst es ist, der *durch Dich mahnt,* dann setzt dies voraus, daß Du Deine Gefühle, Deinen Willen, Deinen Verstand, Dich selbst ganz und gar Gott geöffnet und zur Verfügung gestellt hast. Das Wort »privat« bedeutet: »gesondert«. Wer an Christi Statt spricht, ist in diesem Vorgang nicht mehr gesondert von Gott, sondern auf gnadenhafte Weise eins mit ihm. Der Prophet gibt aber auch der Gemeinde gegenüber seine Privatheit auf: Er spricht nicht als »Privatmann«, sondern als Glied der Gemeinde, und unterwirft sich dem Urteil der anderen Propheten.

3. Die Sprachengabe

Für viele ist der erste Schritt zu einer Entprivatisierung Gott gegenüber die Sprachengabe: »Wer in Sprachen betet, redet nicht zu Menschen, sondern zu Gott; keiner versteht ihn: Im Geist redet er Geheimnisse« (1 Kor 14, 2). Gott ist nicht nur unerkennbar, sondern auch *unaussprechlich*. Dies ist ausdrücklich Lehre und Dogma der Kirche. Wir können das Geheimnis Gottes in unserer üblichen menschlichen Sprache nicht umfassen und nicht aussagen. Das Sprachengebet aber ist das *Aussprechen dessen, was in alle Ewigkeit unaussprechlich bleibt!* Wir müssen deshalb Gott selbst erlauben, in unser tiefstes Sprechvermögen einzudringen, sein Geheimnis in uns auszusprechen. Im Sprachengebet liefern wir uns Gott aus bis in die Tiefen unseres Menschseins. Das Sprechvermögen ist ja dessen tiefster Ausdruck (ein Tier wird niemals eine menschliche Sprache erlernen): In dem Wort »ich« bin ich selbst ganz und gar anwesend, mit Leib und Seele, Verstand, Willen und Gefühl. Keiner kann an meiner Stelle »ich« sagen, keiner an meiner Stelle »du«. Das Sprachengebet ist in diesem Sinne ein aus den personalen Tiefen kommendes Du-Sagen zu Gott, ohne daß der Betende den »Sinn« versteht (vgl. 1 Kor 14, 11).

Da dieses Aussprechen des Unaussprechlichen fast unbekannt geworden ist, kann man sich auch nicht im entferntesten eine Vorstellung von ihm machen, wenn man es noch nie gehört oder an sich erfahren hat. Dieses Gebet ist deshalb vielen Mißverständnissen ausgesetzt[33]. Es ist nicht — wie viele Bibelübersetzungen nahelegen — ein »verzücktes« oder »ekstatisches« Reden, sondern ein ganz normales Sprechen in normalem Tonfall. Paulus setzt voraus, daß der so Betende beginnen und aufhören kann, wenn er selbst es will (1 Kor 14, 27: »einer nach dem anderen«). Das Sprachengebet hört sich in der Regel an wie eine Nachrichtensendung im Radio in einer dem Hörer völlig unbekannten Sprache. Es handelt sich um eine Folge von Vokalen und Konsonanten mit einer bestimmten Sprachmelodie und Rhythmik, mit dem einen Unterschied, daß dieses Sprechen für den Verstand »sinnlos« ist und außerdem sehr persönlich, da es aus einer tiefen Haltung der Anbetung kommt.

Wir kennen in unserem traditionellen Beten durchaus Vorstufen dazu: Im gregorianischen Choral gibt es langgezogene Tonfolgen, bei denen nur der Vokal »a« gesungen wird (etwa am Schluß des Alleluja). Der Vokal »a« hat in sich selbst keinen »Sinn«, er enthält keine Mitteilung, keine Information. Er ist in einem solchen Sich-Aussingen vor Gott lediglich die sprachliche Brücke zu Gott hin und kommt aus tieferen Schichten meiner Person, die rein verstandesmäßig nicht zu umgreifen sind. Ein ähnlicher Vorgang ist das vor allem in der Ostkirche bekannte Jesus-Gebet: In oft stundenlanger Wiederholung spricht der Betende die Anrufung aus: »Herr Jesus Christus, erbarme dich meiner.« Wenn man diesen Satz einmal gehört hat, kennt man den Inhalt, aber bei dieser Form des Betens kommt es eben nicht in erster Linie auf den *Inhalt* an, sondern auf den *Vorgang*, daß ich mich überhaupt auf Jesus, auf Gott hin ausspreche und so seine Anwesenheit in mir erfahre. Für den »Verstand« ist eine solche ständige Wiederholung »sinnlos«. Ähnliches geschieht im Rosenkranzgebet: Während des Betens verfolgt man nicht verstandesmäßig den Inhalt jedes einzelnen Wortes oder der ausgesprochenen Sätze. Es hat keinen »Sinn«, fünfzigmal dasselbe Gebet auszusprechen. Beim Sprachengebet kommt nur eins hinzu: Die ausgesprochenen Vokale und Konsonanten gehören einer Sprache an, die ich nicht kenne, die in dieser Form noch niemand gesprochen hat: In ihr sage ich mich selbst aus vor Gott, gebe ich mich selbst ganz und gar, auch meine Sprache, zurück an ihn.

Die Selbstweggabe an Gott im Sprachengebet kann zum Ausdruck bringen Dank (1 Kor 14, 16 f), Fürbitte (Röm 8, 27; Eph 6, 18), Verkündigung der großen Taten Gottes (Apg 2, 11; 10, 46). Ihre tiefste Dimension aber erreicht sie in der *Anbetung Gottes um seiner selbst willen*. Wenn wir Gott loben und preisen wegen seiner Schöpfung, dann können wir die vielen Geschöpfe aufzählen, die er geschaffen hat. Wenn wir ihn aber loben und preisen, weil er das unermeßliche, unbegreifliche, unaussprechliche Geheimnis (vgl. 1 Kor 14, 2) ist, versagen uns die Worte. Wir können nur ausrufen: »Wir loben dich, wir preisen dich, wir beten dich an« und müßten dann eigentlich diese Anrufungen ständig wiederholen oder damit beginnen, die »Eigenschaften« Gottes aufzuzählen (»du allein bist der Heilige, du allein der Herr, du allein der Höchste« usw.). Wenn es um Gott selbst geht, *weil er Gott ist,* wissen wir wirklich nicht, was und wie wir beten sollen. Wir können uns dann nur der Anwesenheit des Geistes Gottes in uns überlassen: Er selbst tritt dann rur ins ein »mit *unaussprechlichem* Seufzen« (Röm 8, 26). Das griechische Wort, das an dieser Stelle mit »seufzen« übersetzt wird, ist in der Umwelt des Neuen Testamentes Fachausdruck für ein Beten, das nicht vom Verstand, sondern vom Geist hervorgebracht wird[34]. Dieses Wort findet sich auch in Mk 7, 34 und 8, 12. Markus war also wahrscheinlich der Meinung, daß auch Jesus in dieser Weise gebetet hat.

Wenn wir Gott das unaussprechliche Geheimnis nennen, dann meinen wir damit, daß kein Inhalt unseres Verstandes ihn umfassen und zur Sprache bringen kann. Dies gilt auch für die Worte »Gott«, »Vater«, »heilig« usw. Wir verbinden mit ihnen bestimmte Vorstellungen und Inhalte, die unserer menschlichen Erfahrung entnommen sind. Wenn Gott selbst, der »Vater«, aber *unerfahrbar* ist, wie die Bibel vom ersten bis zum letzten Buch sagt, dann kann sein Geheimnis nur in Worten zum Ausdruck kommen, die nicht unserer menschlichen Erfahrung entnommen sind. Außerdem können wir uns mit unserer Muttersprache und den vielen erlernten Begriffen unseres Verstandes sehr gut gegen Gott abschirmen, *über* ihn sprechen. Im Sprachengebet dagegen sprechen wir *zu Gott* (1 Kor 14, 2). Deshalb teilen wir in ihm auch nicht anderen Menschen etwas mit, sondern bauen uns selbst auf, bringen uns selbst vor Gott (1 Kor 14, 4).

Aus diesem Grund warnt Paulus davor, das Sprachengebet im Gemeindegottesdienst in den Vordergrund zu rücken. Wenn niemand es »auslegen« kann, soll auch keiner vor der Gemeinde so reden. Man soll es dann »für sich selbst tun und vor Gott« (1 Kor 14, 28). Diese Form des Betens bleibt also insofern privat, als es in erster Linie eine Bereicherung des »privaten« Betens ist. Der Vorgang selbst aber ist eine tiefe *Ent-*

privatisierung Gott gegenüber, denn in ihm bete ich nicht mehr »gesondert« von Gott zu einem »höchsten Wesen« vor und über der Schöpfung, sondern *Gott, der Heilige Geist betet in mir durch Christus zu Gott, dem unerkennbaren und unerfahrbaren Vater.*

Etwas anderes ist allerdings das gemeinsame »Singen im Geist« (vgl. Eph 5, 19 f; Kol 3, 16 f): Jemand stimmt einen Ton an, alle versammeln sich um ihn, umspielen ihn mit weiteren Tonfolgen, »wie der Geist sie eingibt«, und beten dabei in Sprachen. Wem diese Gabe nicht gegeben ist, kann auch Gebete in seiner Muttersprache mit diesen Tonfolgen verbinden (Alleluja, Herr ist Jesus usw.). Dieses »Singen im Geist« gibt dem Gebetsgottesdienst oft eine ungeahnte Tiefe der Anbetung. Es ist kein Zufall, daß es sich häufig in der Eucharistiefeier nach der Wiederholung des Einsetzungsberichtes entfaltet, nach dem Ruf: »Geheimnis des Glaubens«.

Die *Deutung* eines einzelnen Sprachengebetes im Gottesdienst ist nach Paulus eine besondere Geistesgabe (1 Kor 12, 10). Wer ein Sprachengebet deutet, versucht, es nachzuvollziehen und ihm in geistgewirkter Einfühlung einen Inhalt zu geben. Es ist offensichtlich, daß es sich dabei nicht um eine »Übersetzung« handeln kann, denn der Betende selbst verbindet mit seinem Sprechen ja keinen Inhalt. Die Gabe der Deutung und Auslegung wird vor allem deshalb gegeben, damit auch die anderen einen Nutzen von dem Sprachengebet haben (1 Kor 14, 17), die soziale Dimension der Gotteserfahrung erhalten bleibt und auch der Verstand nicht ohne Gewinn ist (1 Kor 14, 14). Die Deutung ist also mehr eine *Ergänzung* als eine Übersetzung!

Erwartet Gott von Dir, daß auch Du um diese Gabe bittest? Paulus sagt den Korinthern: »Ich wünschte, ihr alle würdet in Sprachen beten« (1 Kor 14, 5) und dankt ausdrücklich Gott, daß er selbst in Sprachen betet (V. 18). Er mahnt deshalb dazu, die Sprachengabe nicht zu unterdrücken (V. 39), betont aber auch, daß nicht allen diese von Gott »eingesetzte« Gabe gegeben wird (1 Kor 12, 28. 30). Den meisten Menschen wird sie geschenkt, wenn sie bereit sind, *auch ihre Sprache an Gott zurückzugeben.*

In unserer modernen, rationalen Kultur sind allerdings bestimmte Angstbarrieren zu übersteigen, wenn jemand um die Sprachengabe bittet: Wir sind dazu erzogen worden, uns ständig selbst zu beobachten, verstandesmäßige Leistungen zu erbringen, uns nicht vorschnell und unkritisch auf etwas einzulassen, was wir nicht kennen. Im Sprachengebet aber müssen wir zunächst einmal aus dem Boot aussteigen, aus dem, was wir gewohnt sind, was uns Schutz gibt. Wir müssen das Unmögliche versuchen und über das Wasser gehen, obwohl wir es für unwahrscheinlich halten, daß es uns trägt. Dabei gilt auch uns der Ruf Jesu: »Habt Vertrauen; ich bin es, habt keine Angst!« (Mt 14, 27).

Es kann sein, daß Du beim ersten Mal sehr aufgeregt bist, denn Du mußt wirklich eine Schwelle überschreiten, Du mußt Dich selbst ganz loslassen, einfach drauflosbeten, ohne darauf zu achten, welche Laute Du von Dir gibst. Manche haben Angst davor, und deshalb ist es eine Hilfe, wenn solche, die diese Gabe schon angenommen haben, beim ersten Mal gemeinsam mit Dir in Sprachen beten. Manchen wird dieses Gebet auch ohne innere Erregung geschenkt, wenn sie sich ganz kindlich und in einem guten Sinne »naiv« Gott ausliefern. Von sich selbst her hat dieses Gebet nichts zu tun mit Ekstase oder emotionalem Ausbruch.

Es ist unwahrscheinlich, daß diese Form des Betens in naher Zukunft in die großen Gemeindegottesdienste Eingang findet[35]. Im Schluß des Markusevangeliums, der erst um die Mitte des 2. Jahrhunderts entstanden ist, heißt es: »Und diese Zeichen werden geschehen, wo Menschen glauben: ... sie werden *in anderen Sprachen reden*« (Mk 16, 17). Also noch hundert Jahre nach dem Tode Jesu war allgemein bekannt, was mit dem Sprachengebet gemeint ist, und der Text läßt die Meinung erkennen, daß dieses »Zeichen« der Anwesenheit des Heiligen Geistes nicht nur der ersten christlichen Generation gegeben wurde, sondern eine normale Begleiterscheinung der christlichen Mission ist. Wir stehen heute wieder vor einer neuen Epoche der Geschichte des Glaubens und haben noch nicht die Sprache gefunden, diese Neuheit des immer neuen Gottes zu beschreiben[36]. Der Herr der Geschichte will unsere Sprache *reinigen*, von innen her aufbrechen, uns neue Worte geben: Wenn wir die Tiefen unseres Sprechvermögens seinem Geheimnis darbieten, dann werden wir auch wieder in unserer verständlichen Muttersprache auf neue Weise »mit Freimut das *Geheimnis des Evangeliums* verkünden« (Eph 6, 19).

Abschließend sei hervorgehoben: Das Charisma des Sprachengebetes hat — wie jedes andere Charisma — eine natürliche Fähigkeit zur Voraussetzung, nämlich das menschliche Sprechvermögen als solches. Das Sprachengebet muß deshalb wie jede andere Geistesgabe auf seine Echtheit hin geprüft werden. Das Aussprechen unverständlicher Folgen von Vokalen und Konsonanten ist ein Phänomen, das den Ärzten bei bestimmten Krankheitsbildern durchaus bekannt ist oder auch in Rauschzuständen vorkommt. Es ist dann nicht charismatisch, sondern hat *rein psychischen* Ursprung[37].

4. Gesellschaftskritische Charismen[38]

Im Sprachengebet gebe ich meine private Existenz Gott gegenüber auf, veröffentliche ich mich ihm gegenüber, und deshalb ist es nicht ein Sprung in eine völlig andere Welt, wenn wir gleich anschließend von dem Charisma des gesellschaftskritischen Einsatzes sprechen, nach dem jeder ebenso »streben« sollte (1 Kor 14, 1) wie nach den übrigen, aus der Liebe erfließenden Geistesgaben. Paulus nennt in seinen Charismenkatalogen auch Verwaltungsdienste, Aufgaben der Gemeindecaritas, der Verteilung der beim eucharistischen Mahl gesammelten Liebesgaben. Das in 1 Kor 12, 28 mit »Hilfeleistungen« übersetzte Wort (antilempsis) bedeutet wörtlich: das »Dagegenempfangen« und meint die Aufgabe dessen, der bei Handelsgeschäften, bei Ein- und Ausfuhr, darauf achtet, daß die Vereinbarungen eingehalten werden. Dazu gehört die angeborene Fähigkeit zum Verwaltungsdienst. Der Geist Gottes läutert und stärkt diese Fähigkeit und nimmt sie in Dienst zum Aufbau der Kirche (und der Gesellschaft). Dadurch wird sie zum Charisma.

Innerhalb der christlichen Gemeinde zeigt sich diese Gabe nicht nur als Charisma der Barmherzigkeit von Mensch zu Mensch — als persönlicher Liebesdienst an Kranken und Hilfsbedürftigen —, sondern auch als Verwaltung der Liebesgaben in der *Öffentlichkeit* der Gemeinde, als Charisma des Verteilens (Röm 12, 8). Damit ist nicht lediglich die Buchführung gemeint, sondern auch die Sorge dafür, daß innerhalb der Ortsgemeinde und zwischen den verschiedenen Ortsgemeinden ein gerechter *Ausgleich* des materiellen Besitzes angestrebt wird.

Paulus übernimmt selbst diesen Dienst, wenn er die Korinther zu einer Sammlung für die arme Gemeinde in Jerusalem auffordert, damit ein »*Ausgleich*« entsteht zwischen Überfluß und Mangel (und zwar sowohl auf der materiellen als auch auf der geistlichen Ebene; 2 Kor 8, 13 f). Wir würden so etwas heute »Entwicklungshilfe« nennen: Geistiger und materieller Ausgleich zwischen armen und reichen Völkern »ohne Nebenabsicht« (vgl. Röm 12, 8). Ein solcher Ausgleich setzt natürlich eine *Kritik* an den bestehenden Verhältnissen voraus, die bei Paulus ansatzweise im Zusammenhang mit dem Liebesmahl vor der Eucharistiefeier deutlich wird: Er tadelt die Korinther scharf, weil die Reichen reich bleiben und die Armen arm (1 Kor 11, 20—22). Er fordert zwar nicht zur *Änderung* der bestehenden »gesellschaftlichen« Verhältnisse auf, wie ja auch Jesus selbst keine konkreten gesellschaftskritischen Programme aufgestellt hat, aber es liegt in der Konsequenz des durch Jesus herbeigeführten Bewußtseinswandels, daß nicht nur die Menschen sich ändern, sondern auch die jeweils herrschenden Strukturen kritisch befragt und unter Umständen verändert werden.

Paulus macht uns weiterhin deutlich: Ein gesellschaftskritisches, soziales Engagement beruht für den Christen nicht lediglich auf irgendeiner politischen Weltanschauung (Ideologie). Dieser geht es nämlich nicht in erster Linie um die Wahrheit, sondern um die Erreichung politischer Ziele. Der gesellschaftliche Einsatz des Christen dagegen ist charismatisch. Er ist »*Gnade*« (2 Kor 8, 1) und die geschichtliche Fortdauer der Selbstweggabe Jesu selbst. Paulus sagt von den Mazedoniern: In der materiellen Gabe haben sie nicht nur etwas gegeben, sondern sie haben »*sich selbst weggegeben,* und zwar in erster

Linie an den Herrn und dann auch an uns« (1 Kor 8, 5).
Einige Übersetzungen glätten den Text (»sie haben sich eingesetzt, zunächst für den Herrn, aber auch für uns«), und man
findet es ja auch zunächst etwas übertrieben, wenn die Weg-
gabe materiellen Besitzes als Hingabe an Christus selbst beschrieben wird. Dies ist aber nicht nur eine emotional auf-
geladene Ausdrucksweise, sondern für Paulus sind auch die
alltäglichen Handlungen und Notwendigkeiten, die wir als
»weltlich« bezeichnen würden, charismatisch, in der Liebestat Christi begründet: »Ihr kennt die Liebestat unseres Herrn
Jesus Christus: Er, der reich war, wurde euretwegen arm, so
daß ihr durch seine Armut reich wurdet« (2 Kor 8, 9). Jesus
hat seinen göttlichen Reichtum nicht für sich behalten, sondern
sich erniedrigt, sich arm gemacht, um mit uns Armen arm zu
sein (vgl. Phil 2, 5—8).
Fragen wir, was dies für jeden einzelnen von uns bedeutet. Zunächst: Wenn die soziale Gotteserfahrung im Gottesdienst nicht
auch zu einem verstärkten sozialen und politischen Einsatz
führt, wenn sie beschränkt bleibt auf einen ausgewählten Kreis
von sogenannten »Charismatikern«, dann ist eine solche Einseitigkeit schuldhaft! Du kannst im Gottesdienst noch so ergriffen und ergreifend beten: Wenn deinem Glauben nicht
Taten folgen, dann »betrügst du dich selbst« (vgl. Jak 1, 22).
Du bist dann mehr von Dir selbst ergriffen als von Christus,
der sich selbst für andere weggegeben hat. »Wenn ein Bruder
oder eine Schwester ohne Kleidung ist und ohne das tägliche
Brot und einer von euch zu ihnen sagt: Geht in Frieden, wärmt
und sättigt euch, ihr gebt ihnen aber nicht, was der Körper
braucht — was nützt das? So ist auch der Glaube für sich
allein tot, wenn ihm keine Taten folgen« (Jak 2, 15—17).
Als Christ bist Du andererseits jedoch gegen alle Ideologien
gewappnet, die allein in der Besitzverteilung das Heil der
Menschheit sehen und daraus einen totalitären Anspruch ab-
leiten: »Wenn ich meine ganze Habe verschenkte, aber die
Liebe nicht hätte, nützte es mir nichts« (1 Kor 13, 3). Du hast
das Geheimnis Gottes in Dir erfahren und hast deshalb einen
inneren Maßstab, an dem Du alle totalitären Ansprüche und
innerweltlichen »Heilslehren« messen kannst. Das setzt voraus,

daß Du Dich auch wirklich mit ihnen auseinandersetzt und nach Kräften mitarbeitest an der Änderung ungerechter sozialer Strukturen und Herrschaftsverhältnisse.

Der Christ kann und muß sich dabei unter Umständen auch mit solchen solidarisieren, die es ablehnen, Christen zu sein, oder sich sogar als Atheisten bezeichnen. In der großen Gerichtsrede in Mt 25, 31–46 fragen die »Gerechten«: »Herr, *wann* haben wir dich hungrig gesehen und dir zu essen gegeben oder durstig und dir zu trinken gegeben? Und *wann* haben wir dich obdachlos gesehen und dich aufgenommen oder nackt und dich bekleidet? Und *wann* haben wir dich krank oder im Gefängnis gesehen und sind zu dir gekommen? Darauf wird der König ihnen antworten: Amen, ich sage euch: Was ihr einem meiner geringsten Brüder getan habt, das habt ihr *mir* getan« (VV. 37–40). Diejenigen, die sich für die Hungernden, die Entrechteten, die Gefangenen eingesetzt haben, *wußten offenbar gar nicht,* daß sie dies alles für Christus getan haben! Du kannst und mußt Dich unter Umständen mit allen solidarisieren, die »ohne Nebenabsicht«, ohne Dich vereinnahmen oder verplanen zu wollen, für die Änderung gesellschaftlicher Strukturen und für eine gerechte Verteilung des Besitzes einsetzen. Die sozialen Revolutionen des 18. und 19. Jahrhunderts sind nun einmal nicht von Christen ausgegangen, weil Theologie und Frömmigkeit sich in eine verhängnisvolle *Privatheit* zurückgezogen hatten, weil man vergessen hatte, daß der Geist Gottes auch die sozialen Verhältnisse der Menschen untereinander ordnen will, und dies ist eine geschichtliche *Schuld* der christlichen Kirchen! Du kannst und mußt sie abtragen, bis hin zum Protest und anderen Mitteln der (gewaltlosen) Veränderung.

Vielleicht fühlst Du Dich als begnadeter Charismatiker, betest in Sprachen, hast im Gottesdienst große Gefühle; aber Du verfällst einer schrecklichen Selbsttäuschung, wenn Du glaubst, dies sei der eigentliche und wichtigste Weg zu Gott. Schuld beginnt oft mit der Übertreibung des Guten! Die Geisttaufe erfaßt Dich in allen Deinen Kräften, bis hinein in Deine Emotionen, aber wenn eine solche Erfahrung Dich der Gesellschaft entfremdet, wenn Du glaubst, nun erst recht ein rein privates, bürgerliches Leben führen zu können, dann wäre es besser, Du wärest nie mit der charismatischen Erneuerung in Berührung gekommen! Entweder Du entprivatisierst Deinen Glauben auch in die Gesellschaft hinein, oder Du bleibst auch Gott gegenüber in einer privaten, abgesonderten Existenz und genießt in dem, was Du »Gotteserfahrung« nennst, vielleicht nur Deine eigenen Gefühle! Jesus hat Partei ergriffen für die Verachteten, die Entrechteten, die Sünder, und sein Einsatz für sie war durchaus auch emotional!

5. Die Heilungsgabe[39]

Paulus hält es für ganz selbstverständlich, daß einigen in der Gemeinde die Gabe der Heilung gegeben ist (1 Kor 12, 9. 28), und noch zu Beginn des zweiten Jahrhunderts heißt es: »Und diese Zeichen werden geschehen, wo Menschen glauben: Sie werden *Kranken die Hände auflegen und sie gesund machen*« (Mk 16, 17 f). Die Heilungsgabe ist in der Kirche nie erstorben. Immer wieder stoßen wir in der Lebensbeschreibung von Gott besonders berufener Frauen und Männer (der »Heiligen«) auf Heilungen. Sie sind »Zeichen« für die Anwesenheit des Heiligen Geistes in diesen Menschen, damit zugleich aber auch Zeichen für den Anbruch der zukünftigen Gottesherrschaft. Heilungen haben deshalb eine erweckende, die Glaubensbereitschaft hervorrufende Wirkung. Sie fordern unsere Stellungnahme, unseren Glauben an die heilende Macht Gottes heraus, und deshalb schützen wir uns in der Regel davor, mit solchen Vorgängen näher in Berührung zu kommen. Manche halten es durchaus für möglich, daß jemandem in der Gemeinde die Prophetengabe gegeben wird, aber sie halten es für *höchst unwahrscheinlich,* daß auch heute noch im Gottesdienst der Gemeinde Heilungen geschehen könnten. Viele schließen nicht aus, daß in Lourdes und Fatima Heilungen geschehen, aber sie werden ja schließlich von Ärztekommissionen geprüft. Wer aber käme schon auf den Gedanken, daß ihm selbst vielleicht die Gabe der Heilung gegeben sei? Man *erwartet* dies nicht, und deshalb wird diese Gabe auch nicht geschenkt: Ihre

Ausübung ist ein tiefer Schritt des Glaubens und der Selbstauslieferung an Gott. Vielleicht hältst Du »innere« Heilung noch für möglich, weil man sie unter Umständen auch psychologisch erklären kann (das Gebet um innere Heilung in der dritten Woche hat ja in der Tat auch diesen Hintergrund), aber *physische* Heilung von Menschen, die von den Ärzten schon aufgegeben worden sind?

Schauen wir zunächst noch einmal in das Neue Testament:

»Er zog in ganz Galiläa umher, lehrte in den Synagogen, verkündete das Evangelium vom Reich und *heilte im Volk alle Krankheiten und Leiden*« (Mt 4, 23).

»Gehet hin und berichtet Johannes, was ihr gesehen und gehört habt: Blinde sehen wieder, und Lahme gehen; Aussätzige werden rein, und Taube hören; Tote werden auferweckt, und den Armen wird das Evangelium verkündet« (Lk 7, 21 f).

Den Berichten der Evangelien zufolge werden alle Menschen, die mit Jesus in näheren Kontakt kommen, von ihren Krankheiten geheilt: Die Gottesherrschaft ist angebrochen! Dies zeigt sich dann auch in dem Auftrag des vorösterlichen Jesus und in der nachpfingstlichen Missionsgeschichte:

Den Jüngern sagt Jesus: »Geht und verkündet: Das Himmelreich ist nahe. *Heilt Kranke*, weckt Tote auf, macht Aussätzige rein, treibt Dämonen aus« (Mt 10, 7 f).

»Die zwölf Jünger machten sich auf den Weg und riefen zur Umkehr auf. Sie trieben viele Dämonen aus und salbten viele Kranke mit Öl und *heilten* sie« (Mk 6, 12).

Petrus fand auf seiner Reise in Lod einen Mann, der seit acht Jahren lahm und bettlägerig war. »Petrus sagte zu ihm: Äneas, *Jesus Christus heilt dich.* Steh auf und richte dir dein Bett! Sogleich stand er auf. Und alle Bewohner von Lod und Saron sahen ihn und bekehrten sich zum Herrn« (Apg 9, 34 f; vgl. V. 40 f).

In der charismatischen Erneuerung werden solche Berichte wieder ernst genommen, ohne daß die heutigen medizinischen Kenntnisse dabei übergangen würden. Wenn jemand im Gottesdienst vortritt und um Heilung bittet, dann sind alle zutiefst betroffen und sehen ihren Glauben in Frage gestellt: Sollen und dürfen wir Gott jetzt um Heilung bitten, wird er seine Macht zeigen? Wer eine solche Situation zum ersten Mal miterlebt, ist zunächst befremdet, vielleicht sogar abgestoßen.

Viele wachsen erst nach einem längeren Prozeß der Auslieferung an Gott in die Haltung des Urvertrauens hinein, das mit der Bitte um Heilung und der Annahme der Heilungsgabe verbunden ist.

Allerdings ist hier wie bei allen übrigen Geistesgaben die Gabe der Unterscheidung notwendig: Sowohl bei demjenigen, der um die Heilung bittet, als auch im Gebet der Anwesenden sind natürliche, in der Schöpfung selbst verborgene Kräfte wirksam. In der medizinischen Literatur werden unabhängig von religiösen Zusammenhängen Spontanheilungen schwerer organischer Krankheiten berichtet: Die Natur heilt sich selbst. Diese in der Schöpfung selbst begründete Möglichkeit von Spontanheilungen ist die Grundlage charismatischer Heilung. Sie ist nicht ihrem Wesen nach übernatürlich, sondern in der *Art und Weise*, in welcher sie geschieht. In ihr werden die Heilungskräfte, die in der Schöpfung selbst liegen, mobilisiert, wird die Schöpfung zu sich selbst gebracht und innerhalb ihrer eigenen Möglichkeiten geordnet. Gott hat den Menschen als sein Ebenbild, als seinen Partner, geschaffen, und auch der Leib des Menschen ist in das Verhältnis zu Gott hineingenommen. Krankheit und Tod sind im Sinne des Neuen Testamentes Zeichen der Trennung von Gott, der Sünde (Röm 6, 23). Christus hat Krankheit und Tod zwar nicht aufgehoben, aber er hat ihnen ihren widergöttlichen Charakter genommen. Wenn sich also ein Mensch in einem tiefen Urvertrauen total an Gott zurückgibt, dann hat dies Auswirkungen bis in seine Leiblichkeit hinein.

Dabei ist zu beachten, daß viele organische Erkrankungen seelisch mitbedingt sind. Viele Patienten, die heute die Sprechzimmer der Ärzte bevölkern, leiden unter »vegetativer Dystonie«, die begründet ist in persönlichen Spannungen, Ärger, Streß, Leistungsdruck, falschem Ehrgeiz, emotionaler Unausgeglichenheit usw. Aus ihr ergeben sich häufig organische Erkrankungen. Der Arzt kann deshalb auch mit den besten Medikamenten manche organische Erkrankungen nicht heilen, wenn nicht zugleich auch ein emotionaler Gesundungsprozeß einsetzt. Dieser aber wiederum geschieht in erfreuenden persönlichen Beziehungen zu anderen Personen. Die höchste personale Beziehung, die der Mensch erfahren kann, ist die Beziehung zu Gott selbst, und deshalb wird er auch von ihr am meisten ergriffen und bleibend geprägt. So ist es verständlich, daß die Totalauslieferung an Gott, die Begegnung mit ihm, auch Heilungsvorgänge in den Tiefen der Person in Gang setzt. Dies ist ein weiteres deutliches Beispiel dafür, daß man nie *genau* sagen kann, wo die Grenze zwischen gnadenhafter Einwirkung Gottes und natürlichen Kräften der Schöpfung verläuft. Deshalb ist eine vorschnelle und übertriebene Bezeichnung bestimmter Vorgänge als »übernatürlich« zu vermeiden. Erst wenn Heilungen von Ärzten bestätigt sind und den Test der Zeit bestanden haben, sollte man sie als charismatische Wirkungen Gottes bezeichnen. In jedem Fall ist die Bitte um Heilung ein tiefer Schritt des Glaubens, des Urvertrauens. Wenn jemand Heilung anstrebt wie einen geschäftlichen Erfolg oder einen Job, dann ist dies ein sicheres Zeichen dafür, daß seine Bitte nicht aus dem Urvertrauen zu Gott kommt.

Die Heilungsgabe hat aber auch bei denjenigen, denen sie verliehen ist, natürliche, von Geburt an gegebene Voraussetzungen wie jedes andere Charisma. Die Betätigung solcher Fähigkeiten ist dann insofern *charismatisch*, als sie vom Geist Gottes geläutert, intensiviert und in den Dienst zum Aufbau der Kirche genommen werden. Wichtig ist weiterhin, daß *der Kirche als ganzer* diese Gabe verheißen ist und daß der einzelne sie stellvertretend für die ganze Kirche ausübt. Deshalb betet die ganze Versammlung um Heilung, und jeder ist eingeladen, die Hände aufzulegen. Der innerste Antrieb zu diesem Tun ist die Liebe des lebendigen Jesus selbst, mit der er den Kranken liebt: Sein Frieden, seine befreiende Freiheit, seine Freude ist anwesend, wenn Christen füreinander um Heilung bitten. Es handelt sich hier nicht lediglich um Gruppentherapie, sondern um den Ausdruck sozialer Gotteserfahrung. Heilung wird geschenkt *in erwartendem Glauben*!

Was aber geschieht, wenn Gott die Bitte um Heilung nicht erfüllt? Eine Gruppe oder Gemeinde muß in die Ausübung dieser Geistesgabe *hineinwachsen*, und dies geschieht in dem Maß, als der Glaube wächst. Nicht nur der für die Taufe vorausgesetzte Glaube, sondern derjenige, der »Berge versetzt« (Mt 17, 20; 1 Kor 13, 2). In diesem Bild kommt zum Ausdruck, daß Widerstände überwunden werden müssen, die in der noch unerlösten geschöpflichen Wirklichkeit selbst begründet sind oder sogar in dem Einfluß widergöttlicher Mächte. Einen solchen Glauben hatte der Hauptmann von Kafarnaum (Mt 8, 10), und deshalb sagt Jesus zu ihm: »Es soll geschehen, *wie du geglaubt hast*« (V. 13). Der Hauptmann erwartet alles von Jesus, auch daß er aus der Ferne heilt: »Herr, ich bin nicht wert, daß du mein Haus betrittst; sprich nur ein Wort, und mein Diener wird gesund« (Mt 8, 8). Dieses Wort des Vertrauens wiederholen wir vor dem Empfang der eucharistischen Gaben und beziehen es auf uns selbst (»so wird meine Seele gesund«); aber ist uns überhaupt bewußt, daß wir damit zugleich auch um *Heilung* bitten?

An diesem Beispiel wird deutlich, daß das Zeichen der Heilung eng verbunden ist mit den sakramentalen Zeichen. Aber nicht nur die eucharistische Gegenwart Jesu hat heilende Kraft, sondern auch das Sakrament der Buße (Heilung der Widerstände gegen Gott), der Ehe (Heilung der persönlichen Beziehungen). Im Gebet nach der sakramentalen Krankensalbung heißt es:

»Heile denn, unser Erlöser, durch die Gnade des Heiligen Geistes die Leiden dieses Kranken, schließe seine Wunden und vergib seine Sünden. Nimm von ihm alle Schmerzen der Seele und des Leibes und schenke ihm gnädig *die volle innere und äußere Gesundheit* wieder, auf daß er, durch das Walten deiner Barmherzigkeit genesen, von neuem seinen Pflichten nachkommen kann.«

Die Krankensalbung ist keineswegs in erster Linie Vorbereitung auf den Tod, sondern Bitte um Heilung. Wir brauchen nicht eigens hervorzuheben, daß weder das Charisma der Heilung noch das Sakrament der Krankensalbung Ersatz für eine fachmännische, medizinische Behandlung ist.

Ein schönes Beispiel für die Auffassung, daß die Heilungsgabe der ganzen Gemeinde verliehen ist, finden wir in einem Brief Luthers aus seinem letzten Lebensjahr (dahinter steht also seine ganze Lebenserfahrung). Er schreibt einem Pfarrer, daß die Gemeinde von Wittenberg, deren Pastor er ja war, »durch das

Gebet in Christus« einen Mann geheilt hat, der von einer Manie befallen war, und gibt ihm folgenden Rat:

»Mache einen Hausbesuch und nimm dazu den Hilfsprediger und *zwei oder drei gute Männer* mit. Habe dabei eine ganz *feste Zuversicht*, weil du im öffentlichen Kirchenamte stehst und Ortspastor dort bist. *Lege dem Kranken die Hände auf* und sprich: ›Friede sei mit dir, lieber Bruder, von Gott unserem Vater und vom Herrn Jesus Christus!‹ Darauf bete mit vernehmlicher Stimme über ihn das Glaubensbekenntnis und das Vaterunser. Das schließe mit folgenden Worten ab: ›Gott, allmächtiger Vater, du hast zu uns durch deinen Sohn gesagt: Wahrlich, ich sage euch, wenn ihr den Vater in meinem Namen um etwas bittet, gewährt er es euch.‹ Abermals hast du ganz dringend befohlen zu beten: ›Betet, so werdet ihr's bekommen.‹ Ebenso Psalm 50: ›Rufe mich an am Tage der Trübsal, so reiße ich dich heraus, und du verherrlichst mich.‹ Auf solches Wort und solchen Befehl deines Sohnes hin bitten wir unwürdigen Sünder zu deiner Barmherzigkeit mit *all unserer Glaubenskraft:* ›Würdige diesen Menschen, befreie ihn von allem Übel und zerstöre das Werk Satans in ihm zur Verherrlichung deines Namens, zum Wachstum des Glaubens und zur Stärkung der Heiligen durch unseren Herrn Jesus Christus, welcher mit dir lebt und regiert von Ewigkeit zu Ewigkeit. Amen.‹ Unmittelbar vor dem Weggehen *lege ihm wiederum die Hände auf* und sprich: ›Die Zeichen, die denen folgen, die da glauben, sind: Auf die Kranken legen sie die Hände, und es wird ihnen gut gehen.‹ Dies alles tue bis zu dreimal am Tage. Außerdem halte öffentlich in der Kirche von der Kanzel Gebete, bis Gott erhört. Laßt uns eins sein in gemeinsamer Fürbitte und Bitte im Herrn *mit all unserer Glaubenskraft* unaufhörlich« (W. Br. 11, Nr. 4120, S. 111 f)[40].

Wenn uns Gott aber Krankheiten und Leiden beläßt, obwohl wir ihn um Heilung gebeten haben, dann ist auch dies sein ausdrücklicher Wille, wie Paulus an sich selbst erfahren hat: »Dreimal habe ich den Herrn angefleht, daß dieser Satansengel [meine Krankheit] von mir abläßt. Der Herr aber antwortete mir: Es genügt dir meine Gnade; denn sie erweist ihre Kraft in der Schwachheit« (2 Kor 12, 8). Paulus faßt seine Leiden auf als Antrieb zu einem noch tieferen Verständnis seines missionarischen Wirkens: Der Missionar kommt »in Schwäche und Furcht«, damit sich der Glaube nicht auf Menschenweisheit stützt, sondern auf die Kraft Gottes (1 Kor

2, 3—5). Außerdem nimmt Paulus seine Leiden auch stellvertretend für diejenigen auf sich, zu denen er gesandt ist:

Jetzt freue ich mich in den Leiden, die ich *für euch* ertrage. Für den
Leib Christi, die Kirche, erfülle ich in meinem irdischen Leben das
Maß seiner Leiden. Ich diene der Kirche durch das *Amt*, das mir
Gott übertragen hat, damit ich bei euch das Wort Gottes zur Voll-
endung führe« (Kol 1, 24 ff).

Laßt euch vom Geist führen, prüft die Geistesgaben!

1. Der Satan will Dich wieder von Gott trennen

Das griechische Wort, das wir mit »Geist« übersetzen (pneuma), bezeichnet im Neuen Testament nicht nur den göttlichen Geist, sondern auch unseren menschlichen und den bösen, widergöttlichen Geist. Schon in diesem Sprachgebrauch wird deutlich, daß eine Unterscheidung nicht immer ganz leicht ist: Der Geist Gottes ist anwesend *in* unserem menschlichen Geist, und der böse Geist wiederum ahmt in täuschender Weise den Geist Gottes nach. Wenn wir aber durch den Heiligen Geist die sündigen Taten unseres Ich töten, werden wir leben: *»Denn alle, die sich vom Geist Gottes führen lassen,* *sind Söhne Gottes«* (Röm 8, 14). Unsere Tendenz zur Sünde, unsere »Feindschaft gegen Gott« (Röm 8, 7) bleibt auch in demjenigen, den Gott gerechtfertigt und frei gemacht hat vom Gesetz der Sünde und des Todes. Wenn Du im Laufe dieses Seminars oder später um die Geisterneuerung bittest, wirst Du vielleicht deutlicher als früher spüren, was damit gemeint ist. Jesus selbst wurde unmittelbar nach seiner Geisttaufe vom Satan in Versuchung geführt, seine Macht zu mißbrauchen zu Zwecken, die nicht im göttlichen Auftrag liegen: Er soll aus Steinen Brot machen, weltliche Macht anstreben, sich im Vertrauen auf das Wort Gottes vom Tempel herabstürzen (Mt 4, 1—11; Lk 4, 1—13). Der Satan bestreitet Jesus keineswegs, daß er mit Heiligem Geist getauft ist, aber er will gerade diese seine Geisttaufe in ihr Gegenteil verkehren.

Dir wird es nicht anders ergehen. Wenn Du Dich auf den Heiligen Geist einläßt, dann wirst auch Du mit dem bösen Geist zu tun bekommen. Du wirst erfahren, daß er eine wirkliche Macht ist, die Dich wieder von Gott trennen will. Deshalb heißt es im Epheserbrief: »Zieht die Rüstung Gottes an, damit ihr den Schlichen des Teufels widerstehen könnt« (Eph 6, 11). Die Sache ist ernst, denn wir haben es hier nicht mit »Menschen aus Fleisch und Blut« zu tun, sondern mit überirdischen Mächten, die in und hinter der Weltgeschichte, in und hinter auch Deiner Lebensgeschichte am Werk sind.

Die Gelehrten streiten sich heute darüber, ob der Satan wirklich ein persönliches Wesen ist, ein Jemand, oder ob sich die biblischen Schriftsteller den Satan lediglich als Person vorgestellt haben, um die Herkunft des Bösen im Menschen konkreter beschreiben zu können. Diese Fragestellung ist aber nicht angemessen: Wir haben schon in der zweiten Woche gezeigt, daß auch der Heilige Geist nicht ein »Jemand« ist, der uns nach Art einer menschlichen Person gegenübersteht. Es wäre nicht sinnvoll, in der Kirche ein Standbild aufzustellen mit der Unterschrift »Heiliger Geist«, denn er ist nicht Mensch geworden und kann deshalb auch nicht nach Art eines Menschen vorgestellt werden (dagegen ist es sehr sinnvoll, Christus als Menschen darzustellen, denn er war ja wahrhaft und wirklich Mensch, in allem uns gleich, außer der Sünde). Der Heilige

Geist ist vielmehr die göttliche Kraft und Macht in uns, die Dynamik Gottes selbst. In ähnlicher Weise ist es auch irreführend, sich den bösen Geist, den Teufel, als einen Jemand vorzustellen, den man »an die Wand malen« kann. Er ist vielmehr die (in ihrer Existenz von Gott abhängige) widergöttliche Macht und Kraft, die uns von Gott trennen will (vgl. Eph 6, 12). Die Widergöttlichkeit dieser Macht zeigt sich vor allem daran: Sie versteht es, aus guten und wahren Absichten oder Handlungen böse Folgen zu erzielen, das *Gute also ins Gegenteil zu verkehren*. Dies erreicht der Satan meistens auf dem Weg der *Übertreibung*.

Du hast dies sicherlich im Laufe des Seminars auch schon an Dir selbst erfahren: Vielleicht hast Du in der dritten Woche deutlicher als früher erkannt, daß Du Gott gegenüber mißtrauisch bist, Dich ihm gegenüber abgesichert hast. Der Satan hat Dir eingeflüstert: »Recht so! Du mußt auch diesem Gott gegenüber mißtrauisch sein, denn er will Dir Deine Freiheit nehmen, er will Dich unterdrücken, er ist ein Tyrann!« Der Satan bestreitet nicht, daß Gott lebt, er bestreitet auch nicht, daß Gott Dir die Freiheit gegeben hat, ihm zu vertrauen. Der Satan will Dich aber dazu überreden, Deine Freiheit zu *mißbrauchen*, Dich dem immer möglichen Mißtrauen Gott gegenüber auch wirklich ganz zu überlassen und Dich auf eigene Füße zu stellen!

Vielleicht hat der Satan Dich aber auch bei einer anderen schwachen Stelle gepackt. Er hat Dir eingeredet: »Wenn Du Dich Gott ganz überläßt, dann mußt Du aber auch wirklich *ganz konsequent* sein. Du mußt Dein Leben dann auch radikal ändern, auf alles verzichten, alles verkaufen, ganz arm leben, überhaupt nicht mehr nach Erfolg streben. Du mußt Vater und Mutter, Deine Familie im Stich lassen, denn so steht es ja in der Bibel! Laß also lieber die Finger ganz davon und bleibe wie Du bist!« Der Satan versucht, Dich *durch das Wort Gottes von Gott zu trennen*, indem er übertreibt. Er ist — wie Johannes sagt — der »Vater der Lüge« (Joh 8, 44), der »Geist der Täuschung« (1 Joh 4, 6). Der Satan lügt nie direkt, sondern er übertreibt das Wahre und verkehrt es so in sein Gegenteil.

Eine solche Übertreibung des Guten geschieht auch dann, wenn Du der Meinung bist: Ich habe in der Geisttaufe die Anwesenheit des Heiligen Geistes erfahren, und das genügt mir! Ich brauche mich jetzt nicht mehr gesellschaftskritisch oder politisch einzusetzen. Der Satan will Dich dazu verführen, die Freude, Gott zu loben und zu preisen, die Dir neu geschenkt worden ist, zu *mißbrauchen*, gleichsam Gott und Deine Gefühle zu genießen, ein Erlebnis um des Erlebnisses willen zu suchen. Er will Dich von Deinen Aufgaben in der und für die Gesellschaft trennen und verkehrt so die Anbetung Gottes in ihr Gegenteil. Wir haben es in der vorigen Woche schon gesagt: Wenn Deinem Glauben keine Taten folgen, betrügst Du Dich selbst, hat der Satan Dich betrogen.

Mit aller Macht tritt der Satan auf den Plan, wenn Du um die Geisterneuerung bittest, wenn Gott Dir die Prophetengabe, die Sprachengabe, die Gabe der Heilung schenkt: Er wird Dir immer wieder einreden, daß Du Dir *selbst etwas vormachst*, daß man im Grunde alles rein psychologisch erklären könne und daß dies alles gar nichts mit dem Geist Gottes zu tun habe! Wenn Du zum ersten Mal den Antrieb verspürst, im Gottesdienst einen prophetischen Beitrag zu geben, dann beschleichen Dich Zweifel, ob denn nun wirklich hier der Geist Gottes am Werk sei. Vielleicht will der Satan Dich auch dazu verführen, überheblich zu werden, auf andere herabzuschauen, weil Du ja nunmehr ein »Prophet« bist, Dich dazu verführen, diese Gabe zur Steigerung Deines eigenen Ansehens zu *mißbrauchen*. Ähnlich ist es, wenn Du zum ersten Mal in Sprachen betest: Du kommst Dir in der Tat komisch vor, weil Du Dich noch viel zu sehr selbst beobachtest, und der Satan wird Dir einreden, daß ein solches Gebet nur etwas für Verrückte ist. Vertraue darauf, daß das Sprachengebet ein Gebet des Sieges ist, und laß Dich durch noch so viele psychologische Erklärungen nicht irre machen. Jedes Charisma setzt eine natürliche Begabung und Fähigkeit voraus, aber wer diese Wahrheit so überspitzt, daß für den Heiligen Geist kein Platz mehr bleibt, der macht sich durch Übertreibung des Wahren selbst zum Maßstab für das, was Gott tun kann.

2. Selbsterfahrung — Sünde — Geistesgaben

Von besonderer Wichtigkeit für die charismatische Gemeinde-
erneuerung ist es, daß jeder einzelne und die Gemeinde es
lernen, zu unterscheiden zwischen dämonischen, menschlichen
und göttlichen Antrieben. Die Bibel belehrt uns darüber, daß
es zur Unterscheidung dieser verschiedenen Antriebe einer
besonderen Geistesgabe bedarf, der Gabe der »Unterscheidung
der Geister« (1 Kor 12, 10)[41]. Man darf nicht allen trauen,
die vorgeben, von Heiligem Geist erfüllt zu sein: »Prüft sie,
um herauszufinden, ob ihr Geist von Gott kommt. Denn viele
falsche Propheten sind unterwegs« (1 Joh 4, 1). Bevor wir die
Merkmale besprechen können, an denen man die Echtheit von
Geistesgaben erkennen kann, sind zunächst einige grundlegende
Überlegungen erforderlich. Wenn die Geistesgaben in der
Geschichte der Kirche häufig nicht ihre volle Kraft entfalten
konnten, dann hat dies zwei Gründe:
1. Einzelne oder ganze Gruppen haben nicht genügend be-
dacht, daß die Ausübung der Geistesgaben immer auch von
Mißbrauch und Sünde bedroht ist. Sie haben ihre eigene Selbsterfahrung, ihre Wünsche und Antriebe häufig mit der Erfahrung des Heiligen Geistes und seinen Antrieben verwechselt.
2. Diejenigen, die in der Kirche für die Ordnung verantwortlich sind, haben ihren Dienst nicht immer als einen geistlichen,
charismatischen, verstanden. Sie haben die Geistesgaben nicht
gefördert und geweckt, sondern häufig unterdrückt.
Schon Paulus hatte in der Gemeinde von Korinth mit Partei-
bildungen und der Tendenz zur Spaltung zu kämpfen (vgl.
1 Kor 1, 11). Je tiefer und im echten Sinne ergreifender die
Geisterfahrung ist, um so naheliegender ist die Gefahr, daß
jeder sich auf *seine* Geisterfahrung beruft (vgl. das viermalige
»Ich« in 1 Kor 1, 12). Die Erfahrung der Geistesgaben enthält von Anfang an in sich die *Tendenz zur Spaltung.* Schon
bald nach dem Tode des Paulus, gegen Ende des ersten Jahrhunderts, hatten sich diese Tendenzen in der Gemeinde von
Korinth verstärkt: Einige Leute hatten unter Berufung auf
ihre Geisterfahrung bewährte Vorsteher der Gemeinde einfach
abgesetzt. Die Gemeinde von Rom schreibt deshalb an die

Gemeinde von Korinth einen Brief (er ist sehr wahrscheinlich von dem römischen Bischof Klemens verfaßt) und ermahnt sie mit eindringlichen, brüderlichen Worten zu Disziplin und Ordnung. Der Verfasser des Briefes weist dabei hin auf die Ordnung des Alten Testamentes: Hohepriester — Priester — Leviten. Das Verhältnis Bischof — Priester — Diakon sei demgegenüber nichts völlig Neues[42].

Mit diesem Rückgriff auf das Alte Testament beginnt eine geschichtliche Entwicklung, in welcher das kirchliche Amt häufig in einen Gegensatz zu den Geistesgaben tritt, und zwar nicht immer ohne »Schuld der Menschen auf beiden Seiten«. Der Aufbruch einer charismatischen Erneuerung in allen christlichen Großkirchen ist nicht ohne einen Eingriff Gottes in die Geschichte erklärbar, denn er war und ist nicht von Menschen geplant und organisiert. Wenn es nicht wiederum zu schuldhaften *Spaltungen* (aufgrund der geschenkten Geistererfahrung) oder zu schuldhafter *Unterdrückung* dieses Aufbruches (durch die »Amtskirche«) kommen soll, dann müssen alle bereit sein, aus der Geschichte zu lernen und Gott inständig um die Gabe der Unterscheidung bitten. Auch diese Gabe wird nur demjenigen geschenkt, der offen ist für sie, der sich Gott ganz ausliefert und nicht nur nach menschlichen Klugheitsregeln handelt. Wer um die Gabe der Unterscheidung bittet, setzt zugleich voraus, daß überhaupt etwas zu unterscheiden ist, daß die Antriebe des Heiligen Geistes nicht dasselbe sind wie meine eigenen Antriebe. Diese Unterscheidung ist um so wichtiger, als die Tendenz zur Sünde und damit auch zum Mißbrauch der Geistesgaben unausrottbar ist: Jeder Mensch bleibt trotz der Rechtfertigung und Heiligung durch Gott ein Sünder und zur Sünde geneigt.

Das Verhältnis von Selbsterfahrung und Geistererfahrung kommt vor allem an zwei Stellen des NT deutlich zum Ausdruck:

»Alle, die sich vom Geist Gottes führen lassen, sind Söhne Gottes. Denn ... ihr habt den Geist empfangen, der euch zu Söhnen macht, den Geist, in dem *wir* rufen: Abba, Vater! Der Geist selber bezeugt unserem Geist, daß wir Kinder Gottes sind« (Röm 8, 14—16).
»Weil ihr Söhne seid, sandte Gott den Geist seines Sohnes in unsere Herzen, den Geist, *der ruft:* Abba, Vater!« (Gal 4, 6).

Diese beiden Stellen sind aus mehreren Gründen besonders wichtig: Zunächst sind sie eine Erinnerung an die Abba-Erfahrung Jesu, wie wir in der vierten Woche gezeigt haben. Wir sind aber nicht in demselben Sinne »Sohn Gottes« wie Jesus von Nazaret (der »Sohn Gottes« ist nicht in jedem einzelnen von uns Mensch geworden). Söhne und Töchter Gottes sind wir vielmehr nur deshalb, weil Jesus uns durch seine Selbstweggabe am Kreuz die Wiedergeburt aus Gott verdient hat. Zeichen dieser Wiedergeburt ist die Anwesenheit des Geistes Jesu in uns. Aus dem Vergleich der beiden zititierten Stellen ergibt sich: Der *Geist Gottes* selbst betet in uns, aber auch *wir* beten: Abba, Vater. Die Texte sagen uns nicht *genau*, was der Geist in uns tut und was wir tun, sie geben uns nicht genau an, wo die Trennungslinie verläuft. Sicher ist nur, daß unser menschlicher Geist und der göttliche Geist *unterschieden* bleiben: Der Geist Gottes ist in unsere Herzen gesandt, und »Herz« meint die Mitte des Menschen, jene Tiefe, aus welcher unsere leiblichen Empfindungen, unsere Gefühle, unser Verstand, unser Wollen aufsteigen. Die Anwesenheit des Heiligen Geistes in uns löscht dies alles nicht aus. Im Gegenteil: Alle unsere Kräfte werden erweckt zur Anbetung und zum Dienst, wenn der Heilige Geist unserem menschlichen Geist »bezeugt«, daß wir Kinder Gottes sind. Daraus ergibt sich ein erster wichtiger Grundsatz: *Die Erfahrung des Heiligen Geistes geschieht in uns, aber nicht ohne uns.*

Was damit gemeint ist, wird an folgendem deutlich (der Verfasser muß sich nochmals für die Du-Anrede entschuldigen, aber er hat keine bessere Möglichkeit des Ausdrucks gefunden): Beobachte jetzt noch einmal, wie Du atmest, wie Deine Brust sich hebt und senkt: Dies ist *Dein* Leben, *Deine* Lebendigkeit, denn keiner kann an Deiner Stelle atmen. Wenn Du eine Entscheidung triffst, dann ist es ebenfalls *Dein* Wille, so zu handeln und nicht anders. Auch *Deine* Sünde, für die Du persönlich verantwortlich bist, ist *Deine* Tat. Weil dies alles so ist, kann auch niemand an Deiner Stelle getauft werden, niemand ein Deiner Stelle den Heiligen Geist empfangen. Paulus sagt einmal: »Ich lebe, aber nicht mehr ich, sondern Christus lebt in mir« (Gal 2, 20). Damit ist nicht gemeint, daß Dein Eigenleben durch die Gnade zerstört oder aufgehoben wird. Christus lebt in Dir, aber nicht ohne Dich! Wenn man den obigen Satz übertreibt, kann er bis zur Lächerlichkeit entstellt werden. Man kann z. B. nicht sagen: Wenn ich einen Brief schreibe, schreibt Christus in mir den Brief; wenn ich mich verrechne, verrechnet Christus sich in mir.

Das gleiche gilt auch für die Ausübung der Geistesgaben: Niemand kann und darf von sich sagen: Wer mich sieht und hört, der sieht und hört damit auch *unmittelbar* Christus oder seinen Heiligen Geist selbst! Wer im Gottesdienst einen prophetischen Beitrag gibt, kann nie von sich sagen: In mir und durch mich spricht unmittelbar der Heilige Geist selbst! Völlig unmittelbar und direkt war Gott nur in Jesus Christus anwesend. Wer ihn gesehen hat, hat Gott selbst gesehen (vgl. Joh 14, 10). Jesus *ist* der Sohn Gottes, aber ich bin *nicht* Christus, nicht gleichsam der Heilige Geist »in Person«. Wenn Gott durch uns das Heil anderer wirken will, dann bedient er sich dabei unseres Verstandes, unseres Willens, unserer Gefühle, unserer ganzen Person mit ihrer ganzen Lebensgeschichte und allen Erfahrungen, dann sind wir selbst an diesem Vorgang mitbeteiligt. Daraus ergibt sich ein zweiter wichtiger Grundsatz: *Gott handelt nie völlig unmittelbar und direkt an uns und durch uns.*

Hinzu kommt weiterhin: Der menschgewordene Sohn Gottes war ohne jede Sünde, er lebte von Anfang an nicht getrennt von Gott, seine Menschheit war in keiner Weise ein Hindernis für den missionarischen Heilswillen Gottes. Wir aber sind und bleiben Sünder und können deshalb die Anwesenheit des Heiligen Geistes in uns vereiteln. Ja, unsere Sünde ist ein ständiges Attentat auf den göttlichen Heilswillen, der durch uns hindurch andere erreichen will. Wir dürfen darauf vertrauen, daß Gott unsere Tendenz zur Sünde und zum Mißbrauch niederhält, wenn wir uns ihm ganz ausliefern, aber wir müssen wachsam bleiben: Wenn Gott seine Geistesgaben schenkt, ist sofort auch die widergöttliche Macht zur Stelle. Deshalb müssen wir uns einer Prüfung durch andere unterwerfen. Was Paulus von der Prophetengabe sagt, gilt auch für die übrigen Geistesgaben: »Die anderen sollen urteilen« (1 Kor 14, 29;

vgl. V. 32). Daraus ergibt sich ein dritter Grundsatz: *Niemand kann mit absoluter Sicherheit, die jeden Zweifel ausschließt, wissen, ob der Heilige Geist in ihm wirkt*[43].

Ein *letztes* Urteil über die Echtheit von Geistesgaben kann nur die ganze Kirche abgeben. Ähnlich wie andere Geistesgaben üben aber auch die Gabe der Unterscheidung nicht alle in gleicher Weise in der Öffentlichkeit der Kirche aus. In diesem Sinne heißt es in 1 Thess 5, 12: »Wir bitten euch, Brüder, die anzuerkennen, die sich bei euch mühen und euch im Namen des Herrn leiten und zum Rechten anhalten.« Deshalb müssen die Leitenden immer wieder in Selbstauslieferung an Gott um die Gabe der Unterscheidung bitten. Wenn sie dies unterlassen, dann vertrauen sie lediglich auf ihre menschliche Klugheit und bleiben nicht mehr offen für die Geistesgaben in der Kirche.

Aus dem Gesagten ergibt sich: Die Ausübung der Geistesgaben ist immer *notwendig* vermischt mit der Tendenz zu Sünde, Spaltung und Mißbrauch. Es kommt deshalb alles darauf an, daß wir dem Geist Gottes erlauben, unsere natürlichen Begabungen und Fähigkeiten zu *läutern,* unsere Antriebe zu *reinigen.* Dies ist ein lebenslanger Prozeß. Je mehr wir uns dem Geist ausliefern (die häufigere Bitte um Geisteserneuerung und Handauflegung ist dazu eine große Hilfe), um so mehr dürfen wir auf diese Läuterung hoffen. Sie führt dazu, daß unsere eigenen Antriebe und die Tendenz zur Sünde uns *immer weniger* beherrschen, daß wir dem Heiligen Geist *immer mehr* Raum geben. Die Prüfung der Geistesgaben wird deshalb niemals mit der Feststellung enden: In diesem Menschen ist keine Sünde mehr, er ist ganz von Heiligem Geist erfüllt! Es kann also nur um die Frage gehen: Ist in ihm der Heilige Geist *mehr* am Werke als seine ureigensten Antriebe (die ja keineswegs ausgelöscht werden), mehr als die Tendenz zur Sünde (die immer bleibt)? Bestimmte Merkmale, die wir noch erläutern werden, geben dann allerdings eine bestimmte Gewißheit über die Echtheit von Geistesgaben. Charismatische Erneuerung ist deshalb zugleich auch eine Erneuerung der Gabe der Unterscheidung! Diese ist nicht lediglich ein lästiger Anhang. Ihre Ausübung ist nicht weniger erfreund und befreiend als diejenige anderer Geistesgaben: Wer nach kritischer Prüfung das Wirken des Heiligen Geistes in der Kirche erkennt, wird dankbar ausrufen: Wahrhaftig, Gott ist unter uns!

3. Führung durch den Geist

a) Der Unterschied zwischen menschlicher Klugheit und göttlicher Eingebung[44]

Die Gabe der Unterscheidung und Prüfung vollzieht sich in einem *Urteil.* Darauf weisen die entsprechenden griechischen Ausdrücke (1 Kor 12, 10; 14, 29; 1 Joh 4, 1) hin. Jedes Charisma setzt bestimmte menschliche Fähigkeiten und Begabungen voraus. Durch die Gabe der Unterscheidung wird also die Urteilsfähigkeit, die nicht allen in gleichem Maß gegeben ist, vom Geist geläutert und in den Dienst der Kirche gestellt. Die Gabe der Unterscheidung muß aber wie jede andere auf ihre Echtheit hin geprüft werden, und die Frage dabei lautet: Urteilt dieser Mensch mehr aufgrund seiner menschlichen Urteilsfähigkeit und Klugheit, oder vertraut er in erster Linie auch in seinem Urteil der Eingebung und Führung des Heiligen Geistes? Es ist offensichtlich, daß auch diejenigen, denen die Gabe der Unterscheidung gegeben ist, in der Ausübung dieser Geistesgabe wiederum von anderen »geprüft« werden müssen. Ebenso wie es »falsche Propheten« gibt, kann auch die Gabe der Unterscheidung unzureichend ausgeübt werden. Dies setzt allerdings voraus, daß die Prüfenden und Urteilenden sich selbst wiederum ganz vom Geist Gottes abhängig gemacht haben: »Der ungeistliche Mensch (der sich auf seinen eigenen Verstand verläßt) lehnt ab, was vom Geist Gottes kommt. Es kommt ihm unsinnig vor. Er kann es nicht verstehen, weil es nur durch den Geist Gottes geprüft werden kann. Der geisterfüllte Mensch prüft alles, ihn aber vermag niemand zu prüfen. Denn wer begreift den Geist des Herrn? Wer kann ihn belehren? Wir aber haben den Geist Christi« (1 Kor 2, 14—16). Jeder Christ ist ein »Geistlicher«, und jeder soll — wie nach der Prophetengabe — so auch nach der Gabe der Unterscheidung streben, wenn auch nicht alle diese Gabe in gleicher

Weise in der Öffentlichkeit der Kirche ausüben können. Allerdings kann derjenige, der den Geist Christi nicht »hat«, wer sich ihm nicht ganz öffnet, auch nicht beurteilen, was von Gott kommt: Nur ein Geistlicher kann Geistliches beurteilen. Dies gilt sowohl für diejenigen, die urteilen, als auch für diejenigen, die diese wiederum prüfen. Ein »ungeistlicher« Mensch, das heißt ein solcher, der sich dem Geist Gottes nicht ausgeliefert hat, wird deshalb niemals die »Verrücktheit« mancher Eingebungen verstehen, von denen das Leben vieler, von Gott reich begnadeter Menschen bestimmt gewesen ist. Wir werden im letzten Abschnitt (5) noch zeigen, inwiefern die Gabe der Unterscheidung der ganzen Kirche gegeben ist.

Zunächst ist noch einiges zu sagen über das Verhältnis der Gabe der Unterscheidung zur menschlichen Klugheit und Urteilsfähigkeit. Wer klug handelt und urteilt, fragt: Ist eine Handlung oder ein Ereignis gut oder schlecht? Der Kluge *wählt* zwischen verschiedenen Möglichkeiten die beste aus, er holt sich Rat bei anderen und überdenkt im voraus die Konsequenzen seines Handelns. Es wäre z. B. unklug, mit dem Bau eines Hauses zu beginnen, ohne die nötigen Mittel zu haben (vgl. Lk 14, 28). Der Kluge rechnet mit dem voraussehbaren Ergebnis und Erfolg. Viele pastoralen Strategien entstehen auf diese Weise. Ein Seelsorger kann sich überlegen: Soll ich meine begrenzte Zeit lieber für Hausbesuche einsetzen oder für die Arbeit in Gruppen und Verbänden? In dem Maß, als solche Überlegungen von der Liebe getragen sind, kommen sie nahe an die »Eingebung« heran. Diese verleiht dem Handeln eine gewisse Hinneigung zu einer von mehreren Möglichkeiten des Handelns, die sich nicht mehr aus menschlichen Klugheitsregeln ergibt.

Es ist aber offensichtlich, daß die Geschichte der Kirche nicht nur aus klugen Überlegungen erwachsen ist. Franziskus hat nicht überlegt: Ist es klüger, reich und in Überfluß zu leben oder arm? Er fühlte sich vielmehr innerlich getrieben, in Armut zu leben. Der Impuls zur Armut um Gottes und der Menschen willen kommt nicht aus menschlichen Antrieben, sondern vom Heiligen Geist. Wer aufgrund göttlicher Eingebung handelt, wird also dazu getrieben, in einer ganz *be-*

stimmten Weise zu handeln, und kann deshalb die Konsequenzen nicht voll absehen und im voraus beurteilen. Hier helfen nicht menschlicher Rat und kluges »Abwägen«, sondern der vom Geist Gottes getriebene Mensch steht nur vor der Entscheidung: Bin ich bereit, mich dem Impuls des Heiligen Geistes zu überlassen *oder nicht*? Das berühmte Wort Luthers: »Hier stehe ich, ich kann nicht anders«, ist hier ebenso zu nennen wie der Entschluß Papst Johannes XXIII., ein Konzil einzuberufen. Luther konnte die Konsequenzen seines reformatorischen Einsatzes nicht im voraus nach menschlichen Klugheitsregeln abwägen, und auch Papst Johannes konnte nicht voraussehen, welche Folgen die Einberufung eines Konzils haben wird. Wer sich einem Impuls des Heiligen Geistes überläßt, muß seine menschliche Klugheit in den Hintergrund treten lassen und unter Umständen Verfolgung und Spott auf sich nehmen. Viele soziale Impulse der christlichen Kirchen wären nicht möglich gewesen ohne die Bereitschaft, den Eingebungen Gottes zu folgen, und manche haben in der Tat Häuser gebaut oder gekauft, ohne im voraus die nötigen Mittel zur Verfügung zu haben (Don Bosco, August Hermann Francke, Wichern und viele andere).

Eine charismatische Eingebung im eigentlichen Sinne nimmt dem Menschen aber keineswegs seine Freiheit! Er kann zwar nicht mehr verstandesmäßig und klug zwischen verschiedenen Möglichkeiten wählen, aber die höchste Form der menschlichen Freiheit ist die Ganzauslieferung an Gott, die *Freiheit der Bindung*: Vor dem Abschluß des Ehebundes ist jeder noch frei, eine andere Wahl zu treffen. Je stärker die Liebe ist, um so stärker wird aber auch die *Bindung*. Wer sich endgültig bindet, ist deshalb nicht unfrei, sondern frei zu immer größerer Liebe.

Dies gilt auch für die Charismen. Wer in der Gebetsversammlung die Prophetengabe ausübt, »wählt« seine Worte nicht, überlegt nicht, ob er jetzt dieses sagen soll oder jenes, sondern er folgt einem *bestimmten* Impuls. Dies schließt nicht aus, daß er sich fragt: Soll ich die Botschaft jetzt oder nachher oder auch gar nicht aussprechen? Entsprechend den Grundregeln des Paulus (alles geschehe so, daß es aufbaut, alles geschehe in Ordnung) wird die Grundkraft der Liebe dem einzelnen zeigen, ob sein Beitrag *jetzt* aufbaut oder nicht. *Charismatische Eingebungen sind nie zwanghaft!* Ähnliches gilt von der Sprachengabe: Wer dem Geist Gottes erlaubt, von seinem Sprechvermögen Besitz zu ergreifen, »wählt« nicht die Vokale und Konsonanten, die er ausspricht, sondern er betet (oder singt), wie der Geist es ihm eingibt (vgl. Eph 5, 19; Kol 3, 16). (Bei den Vorformen, etwa dem Jesus-Gebet oder dem Rosenkranz, zeigt sich übrigens ebenfalls, daß die Wahl der Worte Gott gegenüber keine Bedeutung, ja, keinen Sinn hat.) Außerdem soll jeder überlegen, ob sein Beitrag jetzt aufbaut oder nicht (1 Kor 14, 12. 28). Ähnliches gilt von allen anderen Charismen. Die Missionsgeschichte der Kirche ist voll von Beispielen. Der Entschluß des Petrus, Heiden das Evangelium zu predigen, geht nicht auf pastorale Strategie und kluge Erwägungen zurück, sondern auf eine Vision (Apg 10, 9—16), und auch Paulus hatte vor seinem entscheidenden Überschritt nach Europa eine solche visionäre Eingebung (Apg 16, 9 f).

Wer in der Kraft des Geistes (bei sich oder bei anderen) prüft, ob bestimmte Handlungen und Eingebungen vom Geist Gottes kommen, fragt also nicht: Waren die Worte oder Handlungen klug, ausreichend überlegt, sondern: *Kommen bestimmte Impulse von Gott oder nicht?* Das Urteil bezieht sich zunächst nicht auf die Worte und Handlungen selbst, sondern auf den *Impuls,* aus dem sie hervorgehen. In manchen Fällen kann mit Bestimmtheit gesagt werden: Dieser Impuls kam nicht von Gott, sondern aus Deinen bzw. Euren angeborenen Antrieben oder gar von widergöttlichen Mächten (vgl. z. B. Mt 16, 23; Apg 5, 3). Wenn aber aufgrund bestimmter Merkmale, über die wir noch sprechen werden, eine Gewißheit über die Echtheit von Geistesgaben besteht, kann und muß die Frage immer noch lauten: Kamen bestimmte Worte oder Handlungen *mehr* vom Heiligen Geist als aus den ureigensten Antrieben, die unausrottbar immer auch begleitet sind von der Tendenz zur Verfehlung und zum Mißbrauch[45]? Wenn z. B. Handlungen oder Beiträge im Gebetsgottesdienst deutlich in der Richtung bestimmter charakterlicher Veranlagungen (oder auch Charakterfehler) liegen, dann wird man sagen müssen, daß solche

Äußerungen *mehr* (oder *ganz*) auf diese Veranlagung zurückgehen. Wenn dagegen jemand etwas sagt oder tut, was seiner
angeborenen Veranlagung *nicht* entspricht oder widerspricht,
dann wäre dies schon eher ein Zeichen für das Wirken des
Heiligen Geistes (unter der Voraussetzung, daß die übrigen
Merkmale, von denen wir noch sprechen werden, hinzukom-
men). Um es noch einmal zu sagen: Gott handelt nie völlig
unmittelbar oder gar zwanghaft an uns!

b) Das Verhältnis von menschlicher Gemeinschaft und Geisterfahrung

Was bisher von dem Verhältnis zwischen menschlicher Freiheit
und Geisterfahrung gesagt wurde, gilt in ähnlicher Weise auch
im Hinblick auf die menschliche Gemeinschaftserfahrung. Wie
das II. Vatikanische Konzil sagt, ist die Kirche ein »soziales
Gefüge, das durch den einen Heiligen Geist geeint und belebt
wird«[46]. Die Erfahrung von Kirche hat immer einen »sozialen«
Charakter. Er wird in charismatischen Gebetsgottesdiensten, zu
denen jeder etwas beiträgt, besonders deutlich.
Die Dynamik der charismatischen Erneuerung treibt auf eine
charismatisch erneuerte Kirche hin (nicht auf eine neue charismatische Kirche). Diese kann jedoch zunächst nur in kleinen
Gruppen wachsen, und deshalb ist ein kurzes Wort über das
Verhältnis von Gebetsgruppen und Gruppendynamik zu sagen.
Auch in gruppendynamischen Prozessen kommen die Menschen sich näher, wissen sich von anderen angenommen, erfahren eine tiefe Gemeinsamkeit, die ihr Leben ändert. Die Grup-
penmitglieder öffnen sich zueinander, teilen ohne Scheu ihre
Gefühle mit, überwinden das Tabu ihrer Privatheit, werden
offener für die Probleme anderer, fähig, in neue Beziehungen
einzutreten usw. Niemand wird bestreiten, daß alles dies auch
in charismatischen Gebetstreffen geschieht. Mit Nachdruck
muß aber hervorgehoben werden, daß solche Gebetstreffen sich
nicht in Gruppenprozessen *erschöpfen*. Diese stehen nicht im
Vordergrund, werden nicht bewußt angezielt, nicht durch
bestimmte Methoden herbeigeführt. Was eine Gebetsgruppe
miteinander verbindet, ist *in erster Linie* das gemeinsame Zeug-

nis für Christus, und dies geht weit über Geschehnisse in Begegnungsgruppen hinaus. Von der Urgemeinde wird gesagt: »Die Gemeinde der Gläubigen war ein Herz und eine Seele. Keiner nannte etwas von seiner Habe sein Eigentum, sondern sie hatten alles gemeinsam« (Apg 4, 32). Die fast 2000jährige Geschichte der christlichen Kirche beruht jedoch nicht lediglich auf einem Gruppenprozeß, und erst recht steht nicht die Selbstfindung im Vordergrund. Diese wird *geschenkweise hinzugegeben,* und zwar in dem Maß, als die Anwesenden sich gemeinsam dem Geist Gottes hingeben. Eine Gebetsgruppe ist kein Freundeskreis, kein »charismatischer Zirkel«, keine Selbstfindungsgruppe, sondern in allererster Linie kirchliche Gemeinschaft[47]. In ihr stellen die Anwesenden die Ebene der Begegnung nicht selbst her, sondern sie sind in dem einen Heiligen Geist miteinander verbunden, *bevor* sie gemeinsam etwas tun. *Die Anwesenheit des Heiligen Geistes ist nicht abhängig von der persönlichen Ergriffenheit der Anwesenden, sondern geht ihr voraus.*

Charismatische Gebetserfahrung ist eine Wir-Erfahrung, die weit über sonstige menschliche Wir-Erfahrung hinausgeht. Eine Gebetsgruppe ist um so mehr charismatisch, als sie nicht auf sich selbst achtet, Gemeinschaft sucht, für sich bleiben will. Auch hier gilt das Gleichnis vom Samenkorn: Je mehr eine Gruppe sich von der Gemeinde oder der Kirche absondert, um so weniger wird sie den Dienst des Zeugnisses und der Erneuerung der *ganzen* Kirche ausüben können. Wer in den Gebetsgottesdiensten ausschließlich oder in erster Linie menschliche Gemeinschaft sucht, wer keinen anderen Wunsch hat, als menschlich angenommen zu werden, seine Einsamkeit zu überwinden, wer lediglich an den äußeren Formen des Gottesdienstes Freude hat, am Händeklatschen, Friedensgruß, offener menschlicher Atmosphäre, wird nach einiger Zeit enttäuscht wieder fortbleiben. Natürlich erfährt der einzelne Gemeinschaft, ist persönlich bejaht, wird aus seiner Einsamkeit befreit, aber auch hier gilt das Wort: »Euch soll es um das Reich Gottes gehen; dann wird euch das andere *dazugegeben*« (Lk 12, 31; Mt 6, 33). Je weniger eine Gebetsgruppe als ganze auf sich selbst achtet, um so mehr kann sie sich der Führung durch den Heiligen Geist öffnen. Sie wird wichtige Entscheidungen nicht nur nach den Regeln der menschlichen Klugheit treffen, nicht nur zwischen verschiedenen Möglichkeiten die beste auswählen, sondern die Beratungen immer auch durch das Gebet unterbrechen und sich den immer neuen Impulsen des Heiligen Geistes überlassen.

4. Hilfen zur Unterscheidung

Ob und in welchem Maß bestimmte Impulse vom Heiligen Geist kommen, kann jeder an verschiedenen Unterscheidungsmerkmalen erkennen. In der Regel genügt ein einziges dieser Merkmale zur geistlichen Urteilsfindung nicht. Je mehr Merkmale zusammentreffen, um so größer ist die Gewißheit. Das Neue Testament nennt uns *allgemeingültige* Merkmale, die immer und überall gelten, das heißt, nicht von unserer persönlichen Erfahrung abhängig sind oder aus ihr entspringen, und solche, die an der jeweiligen *Person selbst* in Erscheinung treten (»Frucht des Geistes«: Liebe, Freude, Friede). Allgemeingültige und persönliche Merkmale für die Echtheit charismatischer Äußerungen kann jeder bei *sich selbst* oder bei *anderen* beobachten. In der Regel braucht aber jeder die Mithilfe anderer, um eine ausreichende Gewißheit zu erlangen. Eine absolute, unbezweifelbare Gewißheit ist hinsichtlich der Geistesgaben nicht möglich. Nur Jesus konnte von sich sagen: Ich kenne den Willen Gottes. Diese trotz aller persönlichen Gewißheit zurückbleibende *Ungewißheit* veranlaßt uns dazu, uns Gott noch mehr auszuliefern.

a) Allgemeine Unterscheidungsmerkmale

1. Übereinstimmung mit dem Wort Gottes und der Lehre der Kirche. Im Römerbrief lesen wir: »Hat einer die Gabe prophetischer Rede, dann rede er *in Übereinstimmung mit dem Glauben*« (12, 6): Der Prophet soll sich an bestimmte Grenzen halten, sich nicht einem schwärmerischen Enthusiasmus hingeben (»Glaube« meint hier nicht in erster Linie das Urvertrauen, sondern die Glaubenseinsicht). Der Prophet muß weiterhin aber auch mit dem Glauben der anderen, der Gemeinde, der Kirche, übereinstimmen, und deshalb sollen die anderen urteilen (1 Kor 14, 29. 32). Der Glaube der Kirche hat seinen Niederschlag gefunden in der Bibel und in der Lehre der Kirche, die diese in die jeweilige geschichtliche Situation hinein übersetzt und den Menschen nahebringt. Das in der Bibel niedergelegte Christuszeugnis ist absolut zuverlässig, die Glaubensaussagen sind vom Heiligen Geist »inspiriert«. Auch charismatische Äußerungen sind vom Heiligen Geist eingegeben, aber alle Kirchen halten daran fest, daß *nur* die Glaubensaussagen der Bibel *absolut sicher und zuverlässig* sind. Der Heilige Geist spricht nicht nur in *uns,* sondern er hat immer schon gesprochen im Wort der Schrift, und er widerspricht sich nicht. Niemand kann von sich sagen: Ich habe eine bestimmte geistliche Erfahrung gemacht, und niemand kann mich belehren, ich habe die Quelle des Glaubens in mir! Eingebungen des Heiligen Geistes vollziehen sich immer in dem vorgegebenen Rahmen der biblischen Glaubensaussagen.

Natürlich sind diese nicht immer eindeutig und können verschieden interpretiert werden. Von daher entsteht die Notwendigkeit kirchlicher Lehrautorität, wie die Geschichte der ökumenischen Konzilien zeigt.

Schon zur Zeit des Neuen Testamentes gab es »falsche Propheten«, Irrlehrer, die behauptet hatten: Im Grunde brauchen wir Christus nicht, um einen Zugang zu Gott zu finden. Es gibt noch viele andere Wege zu Gott. Demgegenüber sagt der Verfasser des ersten Johannesbriefes: »An folgendem *Merkmal* könnt ihr erkennen, ob es sich um den *Geist Gottes* handelt: Jeder, der anerkennt, daß Jesus Christus ein Mensch von Fleisch und Blut wurde, hat den Geist Gottes. Jeder, der das abstreitet, hat nicht den Geist Gottes, sondern den Geist dessen, der Christus bekämpft, des Antichrist« (1 Joh 4, 2). Nehmen wir also an, heute würde jemand auftreten und sagen: Ich habe gebetet um Erkenntnis und um Einsicht, ich habe geweint in tiefer Erschütterung, und ich sage euch nun von Gott her das prophetische Wort: »Ihr braucht nicht unbedingt an die Menschwerdung des Sohnes Gottes zu glauben. Jesus war einer unter vielen anderen Religionsstiftern«, dann müßte er von allen als falscher Prophet entlarvt werden. Große Vorsicht ist vor allem immer dann geboten, wenn jemand von sich behauptet: »Ich *muß* im Namen Jesu etwas bestimmtes sagen oder tun«, und nicht bereit ist, sich von anderen belehren und korrigieren zu lassen. Wir sagten oben schon: Der Prophet spricht nicht als »Privatmann«, sondern als Glied der Kirche. Auch ist die Auslegung der Bibel nicht in erster Linie Sache jedes einzelnen, sondern der ganzen Kirche. Auch alle anderen Geistesgaben, wie die des Lehrens, des Heilens usw., sind nicht Privatsache, sondern können nur in Übereinstimmung mit der ganzen Kirche ausgeübt werden.

Wenn also jemand (trotz tiefster persönlicher Erschütterung) nicht bereit ist, seine Geisterfahrung dem geistlichen Urteil der ganzen Kirche zu unterwerfen, dann ist dies ein sicheres Kennzeichen dafür, daß er *mehr* (oder ganz) seinen eigenen Antrieben folgt als denen des Heiligen Geistes.

2. *Dienst am Aufbau von Kirche und Welt.* Geistesgaben werden geschenkt »zum Nutzen aller« (1 Kor 12, 7). »Da ihr nach Geistesgaben strebt, gebt euch Mühe, daß ihr damit vor allem am Aufbau der Gemeinde mitwirkt« (1 Kor 14, 12). »Alles geschehe so, daß es aufbaut« (1 Kor 14, 26).

Das Gegenteil von Aufbau ist Spaltung. Diese kommt niemals vom Heiligen Geist. Wegen ihrer Wichtigkeit sei nochmals auf folgende Stelle hingewiesen: »Seid alle einmütig und duldet keine Spaltungen unter euch; seid ganz eines Herzens und eines Sinnes . . . Ich meine damit, daß jeder von euch etwas anderes sagt: *Ich* halte zu Paulus — *ich* zu Apollos — *ich* zu Kefas — *ich* zu Christus. Ist denn der Christus zerteilt?« (1 Kor 1, 10—13). Spaltung ergibt sich meistens aus einer übertriebenen Ich-Betonung, aus der Berufung auf die eigene, persönliche Erfahrung. Mit »der Christus« ist die Gemeinde von Korinth gemeint. Paulus hätte auch fragen können: »Ist denn der Heilige Geist zerteilt?« Dieser ist ja *ein und derselbe* in den verschiedenen Geistesgaben und Geistträgern (1 Kor 12, 11). Er ist nicht exklusiv »mein« oder »dein«, sondern immer *unser* Geist. Je tiefer die Geisterfahrung ist, je mehr sie eingeht in die persönliche Eigenart, um so einseitiger ist sie, und um so mehr bedarf sie der Ergänzung und Korrektur. Aufgrund der menschlichen Begrenztheit kann niemand die Tiefe der Geisterfahrung und ihre ganze Weite in seinem Leben ausprägen (vgl. den Abschnitt »Spaltung kommt nicht aus dem Heiligen Geist« in der fünften Woche, 1. c). *Überbetonung* bestimmter Geistesgaben (zum Beispiel der Sprachengabe oder der Gabe, für Disziplin und Ordnung zu sorgen) kommt mehr aus menschlichen als aus göttlichen Impulsen.

Nicht nur Spaltung hindert den Aufbau der Kirche, sondern häufig auch die Art und Weise des persönlichen *Zeugnisses*. Wenn es Widerstände hervorruft, die nicht aus dem Ruf zur Umkehr kommen (wer hört davon schon gerne etwas?), dann ist dies ein Merkmal dafür, daß es *mehr* aus einem menschlichen Bekehrungswillen oder sogar Überlegenheitsgefühl entspringt als aus den Impulsen des Heiligen Geistes. Wer z. B. in einem Einführungsseminar die Teilnehmer schon am ersten Abend oder in der ersten Woche mit der Ausübung von Geistesgaben konfrontiert, zu denen sie innerlich noch keinen Zugang haben, baut nicht auf, sondern schafft unnötige Widerstände. Wir werden darauf nochmals zurückkommen, wenn von der Liebe die Rede ist. Auch eine Absonderung charismatischer Gruppen aus der Gemeinde oder ihre Weigerung, dem Aufbau der jeweiligen Ortsgemeinde zu dienen, geht *mehr* auf menschlichen Eigenwillen zurück als auf göttlichen Antrieb.

Die charismatische Erneuerung dient aber nicht nur dem Aufbau der Kirche, sondern auch dem Aufbau und der Neuordnung der Welt. Wer zum Beispiel seine täglichen Berufspflichten vernachlässigt oder glaubt, aufgrund seiner Geisterfahrung aus den politischen und sozialen Verpflichtungen entlassen zu sein, läßt sich nicht von der Dynamik des Heiligen Geistes führen, die jegliches Verhältnis unter Menschen ordnen will.

b) Persönliche Unterscheidungsmerkmale

Jeder kann bei sich selbst die »Frucht des Geistes« beobachten: Liebe, Freude, Friede, Langmut, Freundlichkeit, Güte, Treue, Sanftmut, Selbstbeherrschung (Gal 5, 22). Die Macht des gottwidrigen Geistes ist deutlich erkennbar an: Unzucht, Unsittlichkeit, ausschweifendem Leben, Götzendienst, Feindschaft, Streit, Eifersucht, Jähzorn, Eigennutz, Spaltung, Neid, Mißgunst und ähnlichem mehr (V. 19 ff). Wir können hier nur einige dieser Merkmale genauer besprechen.

Liebe. Paulus nennt nicht ohne Grund die Liebe an erster Stelle. Im 13. Kapitel des 1. Korintherbriefes gibt er den Grund dafür an: Wenn ich nach außen hin und vor anderen Menschen alle Geistesgaben im Übermaß betätigen würde, hätte aber die Liebe nicht, dann nützte es mir nichts, dann würde ich mich selbst betrügen und dem Geist der Täuschung in die Hände fallen. Die Liebe ist langmütig, gütig, nicht eifersüchtig; sie prahlt nicht, sie sucht nicht ihren Vorteil und läßt sich nicht herausfordern; sie trägt das Böse nicht nach (vgl. 1 Kor 13, 4 f). Liebe ist — mit einem Wort — Selbstweggabe, Selbsthingabe (vgl. erste Woche, fünfter Abschnitt). Sie ist eine Grundkraft, die jegliche charismatische Äußerung von innen her tragen und durchformen muß. Die Liebe ist nicht ein Charisma unter anderen Charismen, sondern die bewegende Dynamik in ihnen. Deshalb wird sie an keiner Stelle des Neuen Testamentes »Charisma« genannt. Die hier gemeinte Liebe ist auch nicht lediglich seelische Bewegtheit, oder nur ein oberflächliches Gefühl, von anderen angenommen zu sein: Gebetsgruppen sind nicht seelische Wärmestuben oder Freundeskreise. Wenn die Liebe nicht von sich selbst her zum *Zeugnis* drängt, dann ist sie mehr menschliches Bedürfnis als Frucht des Geistes!

Man erkennt sie daran, daß die ganze Person in allen ihren Lebensäußerungen die Selbstlosigkeit, Selbstweggabe, Selbsthingabe *Christi* ausstrahlt. Wichtig ist deshalb der *Grundsatz*: Wenn Du jemandem bezeugen möchtest, daß die charismatische Erneuerung von Gott herkommt, dann *diene* ihm, liebe ihn. Das Zeugnis darf nicht aggressiv sein, den anderen nicht demütigen oder beschämen. Der andere muß es wirklich verstehen und annehmen können. Die helfende Tat zeigt ihm, daß man keine Nebenabsichten hat, daß es nicht um die eigene Person geht, daß man für ihn da sein möchte. Die Liebe bläht sich nicht auf, und deshalb muß das Zeugnis wahrhaftig sein, ohne Übertreibung. Eine weitere Gefahr für die charismatische

Erneuerung ist die *Ungeduld*, die nicht aus der Liebe kommt. Gott treibt uns nicht wie eine Kriegsmacht zur Erneuerung der Kirche, sondern führt uns freundlich. Zeichen von Liebe ist deshalb *entspannte* Aktivität. Heftigkeit des Vorgehens kommt *mehr* aus den eigenen Impulsen als vom Heiligen Geist.

Charismatische Erneuerung ist ihrer inneren Dynamik entsprechend nicht in erster Linie kämpferische Reaktion gegen Bestehendes, sondern Aktion auf Zukunft hin. Dies schließt Konfrontation nicht aus, wenn sie in der Konsequenz dem Aufbau dient. Oft kann man deshalb erst nachträglich sagen, ob Worte oder Handlungen aus der Liebe geboren waren, nämlich aus der Liebe zur Kirche. *Feindselige* Konfrontation, Korrektur anderer im *Zorn* kommt aber nie vom Heiligen Geist.

Freude. Die Liebe zeigt sich in vielfältiger Form, vor allem *als* Freude. Diese kommt aus der Gemeinschaft mit Gott und mit anderen Menschen, hat aber nichts zu tun mit oberflächlichem Enthusiasmus, Rausch oder Wohlbehagen. Sie ist nicht in erster Linie im Gefühl beheimatet, sondern erfaßt den ganzen Menschen, einschließlich seiner Leiden. Sie zeigt sich auch nicht in erster Linie im Ich-Gefühl, sondern umfaßt die anderen Menschen, ist eine *soziale* Erfahrung. Eben deshalb herrscht in den Gottesdiensten, zu denen jeder etwas beiträgt, die Grundstimmung der Freude: Alle erfahren gleichzeitig und gemeinsam, daß Gott als Heiliger Geist unter und zwischen ihnen anwesend ist, und zwar als *ein und derselbe.*

Ein Exerzitienmeister hat einmal gesagt: Wir müssen endlich ernst machen mit der christlichen Freude! Man kann diese Freude aber nicht machen und wollen, denn sie ist »Frucht« und Geschenk. Ein Geschenk aber kann man nicht erzwingen. Deshalb ist die Freude immer auch begleitet von *Dankbarkeit und Gehorsam.* Dies zeigt sich in folgendem Beispiel: Nach dem Pfingstgottesdienst 1975 im Petersdom, bei welchem etwa 10 000 Teilnehmer an dem internationalen Kongreß der katholisch-charismatischen Gemeindeerneuerung anwesend waren, äußerte sich die Freude bei einigen — besonders südamerikanischen — Gruppen in einem meditativen Tanz. Es war wahrscheinlich das erste Mal, daß im Petersdom getanzt wurde. Ein Sprecher sagte jedoch schon bald über den Lautsprecher, daß auch noch

viele andere Pilger anwesend seien und den Petersdom be-
suchen möchten. Daraufhin brachen diese Gruppen ihren Tanz
sofort ab und gingen schweigend heraus. Diese Freude kam
aus dem Gehorsam und kann nicht mit ausgelassener Karne-
valsstimmung verwechselt werden. Man könnte das Ereignis der
charismatischen Erneuerung geradezu zusammenfassen in dem
Satz: *Verkündigung durch Freude!*

Jemand kann heroische Taten vollbringen und dabei auch
höchste Beweggründe haben: Wenn nicht ein Schuß Freude
dabei ist, wenn alles mit Härte und finsterer Verbissenheit geschieht, dann kommt dieser »Heroismus« vielleicht *mehr* aus
menschlichem Stolz als aus den Antrieben des Heiligen Geistes.
So ist ja auch für Paulus die Selbstbeherrschung »Frucht des
Geistes« (Gal 5, 22) und nicht in erster Linie eine Folge unserer
eigenen Willensanstrengungen. Askese, Selbstzüchtigung muß
nicht Zeichen von Demut, kann auch Ausdruck von Eitelkeit
sein (Kol 2, 23).

Die hier gemeinte Freude geht so tief, daß sie auch noch die
Leiden mit umfaßt. Paulus sagt einmal: »Ich *freue* mich in den
Leiden, die ich für euch ertrage« (Kol 1, 24). An anderer Stelle
heißt es: »*Freut euch,* daß ihr Anteil an den *Leiden* Christi
habt; denn so könnt ihr auch bei der Offenbarung seiner Herr-
lichkeit voll Freude jubeln« (1 Petr 4, 13). Jesus hat am Ölberg und in der Stunde seiner Kreuzigung nicht Regungen der
Freude gezeigt, aber er hat einem seiner Leidensgenossen gesagt: »Heute noch wirst du mit mir im Paradies sein« (Lk 23,
43). Auch in der tiefsten Verlassenheit hat Jesus immer noch
nach *seinem* Gott gerufen, die Gemeinschaft mit ihm nicht
aufgegeben, sondern in der Hoffnung auf seine Verheißungen
ausgeharrt. Das Leiden des Christen ist nie ohne Hoffnung und
deshalb auch nie ohne jede Freude.

Friede. Wenn die Freude aus der Gemeinschaft kommt, dann
der Friede aus der *Ordnung,* aus der Übereinstimmung mit
dem Willen Gottes und mit anderen Menschen. Solange wir
noch hin- und hergerissen, unruhig, verwirrt sind, haben wir
uns dem Heiligen Geist noch nicht ganz ausgeliefert, verbergen
wir ihm noch unseren Stolz, unsere Aggression, unsere Minder-
wertigkeitsgefühle. Wer dem Heiligen Geist erlaubt, in seine

Tiefen einzudringen, bleibt heiter, gelassen, frei von übertriebener Sorge und Angst. Friede ist also nicht lediglich eine Gemütsbewegung, ein Gefühl der Harmonie, sondern Zeichen für die Hingabe an den Willen Gottes. Gott hat einen *Plan* mit jedem Leben. In dem Maß, als wir mit ihm übereinstimmen, wird uns Frieden geschenkt. Das größte Problem unseres Lebens sind nicht unsere gestörten Pläne, sondern die gestörten Pläne Gottes. Wer sich ihnen bei der Geisterneuerung ausliefert, sagt nach Wochen oder Monaten häufig von sich: Ich bin ausgeglichener geworden, ich ärgere mich nicht mehr so oft, ich bettle nicht mehr so übertrieben wie früher um die Anerkennung durch andere Menschen, denn ich lebe im Frieden mit Gott, ich habe den Protest gegen ihn aufgegeben, auch den Protest gegen meinen Tod, gegen unverschuldetes Leiden. Weil ich diesen Frieden erfahren habe, kann ich mich nun um so mehr einsetzen für den Frieden in der Welt, kann mitarbeiten an der Änderung ungerechter sozialer und politischer Strukturen. Nicht aus Haß, sondern weil der Friede Christi mich treibt, und weil nur er wahre Gerechtigkeit bringen kann.

Der hier gemeinte Friede ist wirklich »Frucht« des Geistes, steht nicht am Anfang des Christseins, sondern ist Folge der Auseinandersetzung mit den widergöttlichen Mächten. Der Schreiber des Epheserbriefes mahnt dazu, »für das Evangelium vom Frieden zu *kämpfen*« (Eph 6, 15). Der Friede als Frucht des Geistes ist deshalb *Zeichen des Sieges Christi*. Er bleibt uns auch dann erhalten, wenn wir äußerlich Konflikte und Widerstand erleiden.

Allerdings müssen Unruhe und Zerrissenheit nicht in jedem Fall Zeichen für Einflüsse des gottwidrigen Geistes in uns sein. Wenn die Liebe Gottes uns zur Umkehr treibt, dann ist die erste Reaktion häufig Angst, denn wir müssen etwas von uns selbst aufgeben, nämlich unser Mißtrauen Gott gegenüber, unsere Angst vor ihm. Wir haben jedoch Angst davor, von unserer Angst zu lassen, da sie ein Stück von uns selbst ist. Die Unruhe *vor* der Umkehr kann deshalb durchaus Zeichen für die Anwesenheit des Heiligen Geistes sein. Wer sich sehr heftig gegen die Umkehr, vielleicht auch gegen den Schritt der Geisterneuerung wehrt, steht häufig kurz davor! Wer sich heftig gegen eine bestimmte Geistesgabe wehrt (z. B. gegen die Sprachengabe), hat sie oft am meisten nötig.

Das Ereignis der charismatischen Erneuerung könnte auch umschrieben werden mit dem Satz: *Verkündigung durch Frieden.* Dies kommt vor allem beim Friedensgruß zum Ausdruck: Zeichen der Übereinstimmung untereinander im Heiligen Geiste, Ausdruck der *vorher* erfahrenen geistlichen Gemeinsamkeit. Man kann diesen Friedensgruß nicht einfach nach Art liturgischer Erneuerung »einführen«, wie entsprechende Versuche in Italien und Spanien gezeigt haben. Der Friedensgruß ist nicht lediglich eine Gelegenheit, im Gottesdienst miteinander in Kontakt zu kommen, sondern ist Ausdruck der *erfahrenen* Übereinstimmung, die nicht rein aus uns selbst kommt, sondern Frucht und Geschenk des Geistes ist.

5. Die Gabe der Unterscheidung — Gabe der ganzen Kirche

Es übersteigt die menschlichen Kräfte und die geistliche Gabe eines einzelnen, in schwerwiegenden Fällen eine Entscheidung zu treffen. Deshalb müssen andere an diesem Prozeß mitwirken. Die Gabe der Unterscheidung wird zwar in erster Linie von denen erwartet, die mit der Leitung betraut sind (vgl. 1 Thess 5, 12, 21), aber der Leitende ist in seinem Dienst auf die Geistesgaben der anderen angewiesen. Deshalb haben sich von Anfang an die Christen zu einem Konzil versammelt, wenn es um Fragen ging, die das Ganze oder die Zukunft der Kirche betrafen (vgl. Apg 15). Diese wesenhafte Struktur der Kirche diese Konziliarität, zeigt sich jedoch nicht nur auf den großen ökumenischen Konzilien, sondern immer dann, wenn Christen sich versammeln[48].

Je nach dem betroffenen Personenkreis kann zu einem solchen kleinen »Konzil« zusammenkommen: die kleine Gebetsgruppe, der Gemeinderat, die verschiedenen Räte und Gremien in den Diözesen, Landeskirchen usw. Eine »charismatische« Unterscheidungsfindung kann dabei folgendermaßen vor sich gehen: Der Leiter legt das Problem kurz dar. In dem sich anschließenden gemeinsamen Schweigen trägt jeder das Problem vor Gott hin und bittet ihn in tiefer Auslieferung an seinen Willen um Einsicht, Erkenntnis und Weisheit. Nach etwa 15—20 Minuten sagt dann jeder der Reihe nach kurz und knapp, was er im Gebet vor Gott als richtige Entscheidung gefunden hat. Dabei geht zunächst niemand bestätigend oder korrigierend auf das ein, was vorher gesagt worden ist, sondern jeder bringt nur das vor, was er in dem gemeinsamen Schweigen als richtig empfunden hat. Im Anschluß daran wird zunächst keine Diskussion geführt, sondern der Leiter versucht, übereinstimmende Meinungen zusammenzuordnen. Bleiben Differenzen zwischen den Aussagen übrig, schließt sich ein weiteres schweigendes Gebet an. Jeder durchdenkt und durchbetet dabei das, was er vorher gehört hat, und fragt sich, ob er seine Meinung ändern, korrigieren oder anders ausdrücken muß. Dieser Prozeß kann häufiger wiederholt werden und sich unter Umständen über Wochen hinziehen. Natürlich sind dabei Diskussionen und Analysen nicht ausgeschlossen, aber es sollte nie soweit kommen, daß lediglich Standpunkte vertreten und Meinungen mit menschlicher Durchsetzungskraft verfochten werden. Je mehr jeder bereit ist, auf das zu hören, was den anderen im Gebet gesagt worden ist, um so mehr besteht die Aussicht, daß nicht menschliche Intelligenz und Willenskraft, sondern der Geist Gottes die Führung übernimmt. Es geht ja gerade um die *Unterscheidung* zwischen dem, was aus menschlichen Antrieben kommt, und den Impulsen des Heiligen Geistes.

Bei einem solchen Prozeß gemeinsamer Entscheidungsfindung herrscht oft eine Atmosphäre tiefer Anbetung und Auslieferung. Jeder weiß von jedem, daß er jetzt vor dem Angesicht Gottes steht. Was würde geschehen, wenn z. B. der Pfarrgemeinderat oder andere Gremien ihre Beratungen durch ein solches Gebet unterbrechen würden? Häufig ändern sich die Argumentationsreihen, wächst die Bereitschaft, aufeinander zu hören.

Die bisher beschriebene Entscheidungsfindung bezieht sich naturgemäß nur auf Fragen, die die jeweilige Gruppe betreffen. Nicht jede kleine Gebetsgruppe kann über grundlegende Glaubensfragen befinden. Nach katholischem Verständnis gilt: »Die

Gesamtheit der Gläubigen, welche die Salbung vom Heiligen [von Christus] haben (vgl. 1 Joh 2, 20. 27), *kann im Glauben nicht irren.* Und diese ihre besondere Eigenschaft macht sie durch den übernatürlichen Glaubenssinn des ganzen Volkes dann kund, wenn sie ›von den Bischöfen bis zu den gläubigen Laien‹ ihre allgemeine Übereinstimmung in Sachen des Glaubens und der Sitten äußert« (II. Vatikanisches Konzil, Konstitution über die Kirche, Art. 12, 1). Die Gesamtheit der Gläubigen tritt vor allem auf einem ökumenischen Konzil in Erscheinung.

Nach katholischem Verständnis tragen die letzte Verantwortung für die charismatische Gemeindeerneuerung die Bischöfe. Von den Charismen in der Kirche sagt das soeben erwähnte Konzil: »Das Urteil über die Echtheit und über den geordneten Gebrauch steht bei jenen, die in der Kirche die Leitung haben, und denen es in besonderer Weise zukommt, den Geist nicht auszulöschen, sondern alles zu prüfen und das Gute zu behalten (vgl. 1 Thess 5, 12 und 19–21)« (Konstitution über die Kirche, Art 12, 2). Die Katholizität der charismatischen Erneuerung zeigt sich nicht zuletzt auch darin, daß der einzelne oder einzelne Gruppen bereit sind, ihre geistlichen Erfahrungen dem Urteil der ganzen Kirche zu unterwerfen. Schwärmerische Tendenzen zum Ausbruch aus der Kirche oder zu sektenhafter Abspaltung sind bisher noch nicht beobachtet worden. Man darf bei den Gebetsgruppen eine geistliche Feinfühligkeit voraussetzen: für Ordnung, Kritik und Weisung ebenso wie für die immer neue, geschichtsmächtige Neuheit Gottes.

6. Die Gabe der Unterscheidung in evangelischem Verständnis

Was im Vorstehenden über die Gabe der Unterscheidung der Geister gesagt ist, z. B. über den Unterschied zwischen Selbst- und Geisterfahrung, über die Beziehung zwischen menschlichem und göttlichem Geist, über Führung, Gemeinschaft und die Beurteilungsmaßstäbe – das alles kann der evangelische

Christ voll bejahen. Viele werden auch dem Satz, daß nur die ganze Kirche eine letztgültige Entscheidung treffen kann, zustimmen. Wie dies aber praktisch geschehen und wie dabei das Verhältnis zwischen Bibel, Kirche und dem einzelnen bestimmt werden soll, ist im evangelischen Bereich nicht so eindeutig zu beantworten wie in der römisch-katholischen Kirche.

So selbstverständlich, wie Katholiken von »der Kirche« sprechen, tun viele evangelische Christen das nicht. Sie verbinden mit diesem Wort oft den Gedanken an eine bürokratische Behörde und bevorzugen den Begriff »Gemeinde«. Das Neue Testament gebraucht den Begriff *ekklesia* und bezeichnet damit sowohl die Gemeinschaft der Christen *an einem Ort* als auch die Gesamtheit *aller* Glaubenden auf der ganzen Erde. Ob wir das mit »Kirche« oder »Gemeinde« übersetzen, bleibt sich gleich, wenn nur die Sache gewahrt ist: die Gemeinschaft von Christen, die sich um das Wort Gottes und die Sakramente versammeln und im Glauben an Gott und im Dienst am Nächsten darauf antworten. Wo eine solche Gemeinschaft besteht, da ist sie »Gemeinde« bzw. »Kirche«, aber nur unter der Voraussetzung, daß sie mit den anderen »Gemeinden« bzw. »Kirchen« in Gemeinschaft steht. Eine Unabhängigkeit der Einzelgemeinde ist dem Neuen Testament genauso fremd wie die Herrschaft einer Gemeinde über die andere.

Um die Rolle der Kirche bei der Unterscheidung der Geister zu bestimmen, empfiehlt es sich, zwei Situationen voneinander abzuheben:

— die Entscheidung für eine Gruppe oder Gemeinde in einer aktuellen Situation und

— die Entscheidung von Glaubensfragen für eine größere Gemeinschaft von Gemeinden oder sogar für alle.

a) Entscheidung für eine Gruppe oder Gemeinde in einer aktuellen Situation

Hier gilt alles, was im obigen Abschnitt über die Gabe der Unterscheidung und über die entsprechenden Maßstäbe gesagt ist. Ergeht z. B. eine prophetische Weisung in einer bestimmten Situation an eine bestimmte Gemeinde oder Gruppe, dann müssen die, die angeredet sind, die Gabe der Unterscheidung erbitten. Hier sind sowohl die allgemeinen und persönlichen Unterscheidungsmerkmale (s. 4. Hilfen zur Unterscheidung) hilfreich als auch die spontane Betroffenheit der Angeredeten. Eine absolute Gewißheit: »Diese Entscheidung ist für alle und für immer richtig«, ist hier nicht möglich, wohl aber die Gewißheit: »Gott will von *uns* in *dieser* Situation das und das.« Ob die Entscheidung richtig ist, läßt sich hier nicht theoretisch vorhersagen, sondern es wird sich praktisch an den Früchten erweisen. Wo es zeitlich möglich ist, sollte eine Gruppe den Rat einer andern einholen. Sie muß deren Rat nicht unbedingt folgen; denn es gibt in dem, was Gott von den Christen in ihren verschiedenen Situationen verlangt, eine berechtigte Vielfalt. Aber sie muß auf jeden Fall darauf achten, daß ihre Entscheidung die Gemeinschaft mit den andern Gemeinden bzw. Gruppen nicht zerstört. Paulus z. B. begnügt sich nicht mit der Offenbarung, die er erhalten hat, sondern er einigt sich mit den Aposteln in Jerusalem, damit er nicht »vergeblich läuft« (Gal 2, 2). Die Forderung, jeder Christ müsse die der eigenen Gruppe geschenkte Entscheidung übernehmen, erweist sich für die christliche Gemeinschaft als zerstörerisch, sie wirkt sektiererisch, und das ist ein Zeichen, daß sie nicht vom Geist Gottes stammt. Die Stellung zur aktuellen Entscheidung einer Gruppe darf nicht zum Maßstab des Christseins gemacht werden und deshalb auch nicht zum Ausschluß der Widersprechenden führen; denn es gibt — gerade in ethischen Fragen — die Möglichkeit verschiedener Einsichten und Gewissensentscheidungen.

b) Entscheidung von Glaubensfragen für die Gemeinschaft aller Christen

Es gibt Situationen, wo nicht nur eine einzelne Gemeinde eine Entscheidung fällen muß, sondern wo Gemeinden (bzw. Kirchen) einer Region oder der ganzen Erde zu einer bestimmten Glaubensfrage Stellung nehmen müssen. Wie die römisch-katholischen und orthodoxen Christen, so vertrauen auch die evangelischen auf das Wort des Herrn: »Der Geist wird euch in alle Wahrheit leiten« (Joh **16**, 13). Sie sind der Überzeugung, daß die Wahrheit Christi nie untergehen wird, daß also der Heilige Geist nie die Kirche in ihrer Gesamtheit irren läßt. Die Reformatoren haben auch in den ihrer Auffassung nach »dunkelsten« Zeiten der Kirchengeschichte immer Zeugen der Wahrheit gesehen. Allerdings sind es manchmal Minderheiten, die das Evangelium allen Umdeutungen zum Trotz weitertragen. Will sich die römisch-katholische Kirche zu einer Glaubensfrage äußern, so hat sie hierfür geordnete Mittel, um einen Entscheidungsprozeß herbeizuführen: Dabei wirken die Überzeugung der Gläubigen, die Gemeinschaft der Bischöfe und das Wort des Papstes zusammen. Den evangelischen Kirchen bzw. Gemeinden fehlt ein solches geordnetes Instrumentarium. Es gibt nach Auffassung der Mehrheit der evangelischen Kirchen keine Instanz, die mit letzter Verbindlichkeit für die Kirche auf der ganzen Erde sprechen könnte. Müssen evangelische Christen deshalb ganz auf Entscheidungen in Glaubensfragen verzichten? Das ist nicht der Fall.

Vorrang haben nach evangelischer Auffassung in einer solchen Entscheidung nicht die autorisierten Personen, sondern inhaltliche Maßstäbe.

Die entscheidende Frage lautet: Stimmt eine heute vertretene Auffassung mit der geschichtlichen Offenbarung Gottes in Jesus Christus überein? Da Sohn und Geist sich nicht widersprechen (vgl. Joh 16, 13—15), muß jede neue Glaubensaussage in der Linie der Christusoffenbarung liegen und diese neu sagen. Um diese Übereinstimmung zu prüfen, gibt es verschiedene Hilfen:

1. Die *Heilige Schrift* als das ursprüngliche Zeugnis von der Christusoffenbarung ist Gottes Wort und damit die verbindliche Norm.

2. Das *Bekenntnis* ist die Antwort der Gemeinschaft der Christen auf das Wort Gottes und zugleich ein Wegweiser zum sachgemäßen Verstehen der Bibel.

3. Das *Zeugnis* der Christen der Vergangenheit (»Väter«) und der Gegenwart (»Brüder«) ist zu hören.

4. Dem *geistlichen Amt* ist die Weitergabe des Evangeliums in besonderer Weise aufgetragen.

Alle diese Faktoren wirken zusammen, wenn es zu einer Entscheidung in Glaubensfragen kommt. Vorrang hat hierbei die Heilige Schrift, aber sie wird ja nicht im luftleeren Raum gelesen, sondern im Zusammenhang der glaubenden und verstehenden Gemeinde. Es besteht hier ein Zirkel der Auslegung und des Verstehens, aus dem ich kein Glied herausbrechen darf und aus dem ich nicht aussteigen kann.

Wenngleich die Bibel eine Vielfalt von Deutungen zuläßt, so meinen die Reformatoren und mit ihnen die evangelischen Christen doch, daß die Bibel in den Fragen, die das Heil des Menschen betreffen, klar, verständlich und eindeutig redet. Wegen dieser Klarheit im wesentlichen kann die Unsicherheit in andern Fragen ertragen werden.

Weil die Amtsträger besondere Verantwortung für die Lehre tragen (vgl. 1 Kor 12, 28 ff; Eph 4, 11 f; 1 Tim 4, 13—16; 2 Tim 1, 13 f), werden sie sich zunächst unter Beachtung der genannten Maßstäbe um eine Entscheidung bemühen. Eine solche Entscheidung kann nur in einem *konziliaren Prozeß,* d. h. im gemeinsamen Hören aufeinander und im Gebet fallen (vgl. 5. Die Gabe der Unterscheidung). Aber auch wenn sie auf diese Weise gefunden wurde, ist sie noch nicht automatisch für die Gemeinden verbindlich. Sie muß sich der Gemeinschaft aller Christen gegenüber als Wahrheit erweisen und durchsetzen. Ein solcher Vorgang der Annahme (Rezeption) einer Lehrentscheidung ist nur möglich, wenn in den Gemeinden — nicht nur bei deren Leitern — die Gabe der Unterscheidung erbeten, geschenkt und geübt wird. Verpflichtend für die ganze Kirche kann nur eine Entscheidung sein, die sich als Entfaltung der geschichtlichen Offenbarung Gottes in Christus erweist. »Neue Offenbarungen«, wie z. B. Visionen, können (sofern sie den Maßstäben der Wahrheit und der Liebe entsprechen) für den einzelnen oder für bestimmte Gruppen hilfreich sein, sie verpflichten aber nie die ganze Kirche.

I. Charismatische Erneuerung und die Einheit der Kirchen

1. *Selbstfindung.* »Es gibt verschiedene Gnadengaben — aber es ist derselbe Geist« (1 Kor 12, 4). Diese Aussage gilt gleichnishaft auch von den Kirchen, die jetzt durch menschliche Schuld getrennt sind. Jede Kirche hat eine bestimmte spirituelle Tradition, und in keiner sind alle Gnadengaben voll verwirklicht. Deshalb muß jede Kirche sich fragen, welche besondere unaufgebbare Berufung sie von ihrem geschichtlichen Ursprung her hat.

2. *Öffnung.* Jede Kirche muß sich selbstkritisch fragen, ob sie die ihr eigenen Gnadengaben verabsolutiert hat und inwiefern sie so mitschuldig ist an der Spaltung der einen Kirche Christi. Auf diese Weise wird sie fähig, auch die Gnadengaben der anderen Kirchen dankbar anzuerkennen und sich von ihnen bereichern zu lassen. Die charismatische Offenheit für alle Gaben des Heiligen Geistes kann auf diese Weise fruchtbar werden für die Zukunft der Kirche.

3. *Übernahme.* Jede Kirche muß sich fragen, was sie von ihrer unaufgebbaren Berufung her von den anderen Kirchen — unter Umständen kritisch — übernehmen kann. Diese Bereitschaft zur Übernahme müßte bis an die Grenze des Möglichen geschehen, denn alle Gnadengaben werden geschenkt »zum allgemeinen Nutzen« (1 Kor 12, 7).

Wir bitten den Herrn der Kirche, daß der Dialog zwischen den Kirchen zur Konvergenz und zum Konsens führt. Wir wissen, daß dies nicht durch menschliche Anstrengung oder guten Willen erreicht werden kann, sondern nur durch ein Eingreifen des wiederkommenden Christus (Mk 10, 27; Phil 3, 9).

Diese Thesen wurden auf der dritten Europäischen Charismatischen Leiter-Konferenz vom 23.—28. Juni 1975 in Schloß Craheim, Unterfranken, verabschiedet und von der Konferenz der Verantwortlichen für die Charismatische Erneuerung im deutschen Sprachraum am 3. November 1975 in Schloß Craheim nochmals bestätigt. Zur näheren Interpretation vgl. H. Mühlen, Morgen wird Einheit sein. Das kommende Konzil aller Christen: Ziel der getrennten Kirchen, Paderborn 1974.

II. Theologische Leitlinien der Charismatischen Gemeinde-Erneuerung in der Evangelischen Kirche

Die Charismatische Gemeinde-Erneuerung ist eine geistliche Erweckungsbewegung innerhalb der Kirche.

Sie sieht sich im Schnittpunkt vieler Linien theologischer und spiritueller Impulse in der gegenwärtigen Christenheit, und ihr liegt daran, in die ganze Breite der Kirche hineinzuwirken. Insbesondere geht es ihr um den Aufbau lebendiger und missionarisch verantwortlicher Gemeinden.

In der Charismatischen Erneuerung machen Menschen Erfahrungen des gegenwärtigen Wirkens des Heiligen Geistes. Diese Erfahrungen werden im Lichte der kirchlichen Lehre und der theologischen Reflexion durchdacht und artikuliert.

1. In der Sendung des Sohnes, in Kreuz und Auferstehung Jesu Christi, hat die Zusage der Liebe Gottes ihre unüberbietbare, ein für allemal gültige und nicht ergänzungsbedürftige Gestalt angenommen.

2. Aus dieser Sendung des Sohnes ist die Gemeinde seiner Jünger erwachsen, die — vom Geist Gottes zum Zeugnis und Dienst befreit — die neue Wirklichkeit des Heils an die Welt weitergibt. Die Gemeinde ist wesenhaft »Leib Christi«. Das Strukturprinzip der Gemeinde ist die Sendung in die Welt. Durch die Gemeinde wirkt der Dreieinige Gott heute in und an der Welt. Die Gemeinde ist also missionarisch, charismatisch und ökumenisch in ihrer Gestaltwerdung.

3. Zur Erfüllung dieser Gestaltwerdung hat Gott seiner Gemeinde die Kraft des Heiligen Geistes verheißen und geschenkt, die in den Früchten und in den Gaben des Geistes sichtbar und konkret wird.

4. Jeder Christ, der durch Glauben und Taufe wiedergeboren ist, lebt in dieser charismatischen Wirklichkeit. Der Heilige Geist wohnt in ihm und will bei ihm sichtbar werden zur Auferbauung der Gemeinde und zum Dienst in der Welt.

5. »Charismatisch« ist das Leben eines jeden Christen, der sich durch den Geist Gottes zu seiner ursprünglichen, gottgewollten und in der Schöpfung angelegten Begabung und Lebensentfaltung befreien läßt und sich der Sendung der Gemeinde zur Verfügung stellt.

6. Wer ein Charisma ausübt, handelt als Glied des Leibes Christi. Untereinander sind alle Glieder gleichwertig. Die Charismen werden in der Abhängigkeit von Jesus Christus (1 Kor 12, 3), nach dem Maß des Glaubens (Röm 12, 3) und als Verwirklichung der Liebe

(1 Kor 13) in der Gemeinschaft der Glaubenden (1 Petr 4, 10) entfaltet und ausgeübt.

7. Jede Rangordnung der Charismen ist undenkbar. So gelten z. B. bei Paulus Ehe und Ehelosigkeit, Prophetie und Diakonie, Sprachengabe und Kassenverwaltung in gleichem Maß als Charismen.

8. Alle Charismen sind Zeichen der erneuerten Schöpfung, nicht ein »übernatürliches« Geschehen.

9. Die charismatische Grundlage des traditionellen »Amtes« wird in der Charismatischen Erneuerung wiederentdeckt als Dienst zur Befreiung, Entfaltung und Koordinierung der Charismen der übrigen Gemeindeglieder.

10. Bei der Ausübung der Charismen geht es nicht um ihre äußere Erscheinungsform, sondern um ihre Funktion für den Aufbau des Reiches Gottes.

11. Im charismatisch gestalteten Gottesdienst wird der einzelne durchlässig für das, was Gott an uns und durch uns tun will. Das Abendmahl (Eucharistie) steht im Mittelpunkt des gottesdienstlichen Lebens. Aus solcher Gemeinschaft mit Gott werden Menschen empfindsam füreinander. Es entsteht verbindliches Leben auch über die gottesdienstliche Versammlung hinaus. Auf diese Weise geschieht Einübung in Zeugnis und Dienst.

12. Charismatische Erfahrungen werden gegeben, wo Menschen ihre Hilflosigkeit und Leere vor Gott eingestehen und darum alles von Gott und seiner konkreten Weisung und Gabe erwarten. Nur dieses Eingeständnis kann in Theologie und Diakonie, in Gemeindeleben und Ökumene die Voraussetzungen für einen geistlichen Aufbruch und für das konkrete Wirken des Heiligen Geistes schaffen (2 Kor 12, 9 f).

Durch die Charismatische Erneuerung wird eine Volkskirche in Frage gestellt, die durch die Passivität und Gleichgültigkeit der meisten ihrer Glieder bestimmt ist. Die Charismatische Gemeinde-Erneuerung steht jedoch in der Mitte der Kirche und in der Kontinuität ihrer Lehrtradition. Sie sucht den Dialog mit allen Richtungen der Theologie, die beitragen zur Erneuerung der Kirche.

Ihr Ziel ist die charismatisch erneuerte Kirche, die eine eigene charismatische Bewegung überflüssig macht.

Dieser Text wurde am 2. März 1976 in Würzburg vom Koordinierungsausschuß für charismatische Gemeinde-Erneuerung in der Evangelischen Kirche verabschiedet.

Anmerkungen

[1] Die Literaturhinweise sind vor allem für Fachtheologen gedacht. Sie können und wollen jedoch keinen wissenschaftlichen Kommentar zu den spirituellen Anregungen und Überlegungen ersetzen und sind der Anlage des Buches entsprechend auf zentrale Zusammenhänge beschränkt. Für das Thema der ersten Woche vgl. vor allem H. Gollwitzer, Krummes Holz — aufrechter Gang. Zur Frage nach dem Sinn des Lebens, München [4]1971. Vgl. weiterhin V. I. Frankl, Der Mensch auf der Suche nach Sinn, Freiburg i. Br. 1972 (Herder-Bücherei, Bd. 430); I. A. Irving und R. C. Chalmers (Hrsg.), Der Sinn des Lebens nach den fünf Weltreligionen, Weilheim 1967; H. Fr. Steiner, Marxisten-Leninisten über den Sinn des Lebens, Essen 1970; H. Rolfes, Der Sinn des Lebens im marxistischen Denken, Düsseldorf 1971; H. Mühlen, Die Erneuerung des christlichen Glaubens; Charisma—Geist—Befreiung, München [2]1976, S. 138—161.

[2] Die Liebe wird von Paulus nicht ausdrücklich als »Charisma« bezeichnet, sie ist vielmehr Ursprung und Korrektiv der Charismen: Ohne die Liebe sind die Charismen unnütz und wertlos (1 Kor 13). Es gilt aber auch umgekehrt: Wenn die Liebe sich nicht in den Charismen entäußert, bleibt sie unfruchtbar (vgl. 1 Joh 3, 16—18; Jak 2, 14—17). Vgl. auch A. Bittlinger, Im Kraftfeld des Heiligen Geistes. Gnadengaben und Dienstordnungen im Neuen Testament, Marburg a. d. Lahn [5]1976, S. 90—103.

[3] Der Text richtet sich gegen die sogenannten »Semipelagianer«. »Wer sagt, wie die Vermehrung, so sei auch der Anfang des Glaubens (initium fidei), ja selbst der Affekt der Glaubenswilligkeit (credulitatis affectus), wodurch wir an den glauben, der den sündigen Menschen rechtfertigt und wodurch wir zur Wiedergeburt der Taufe gelangen, nicht in uns kraft eines Gnadengeschenkes, d. h. durch Eingebung des Heiligen Geistes..., sondern auf natürliche Weise, der erweist sich als ein Feind der apostolischen Glaubenssätze« (DS 375). Der sogenannte »Semipelagianismus« behauptet: Vor Gott sind alle Menschen gleich. Deshalb schenkt er allen Menschen gleiche Gnade. Unterschiede in der Zuwendung Gottes zum Menschen seien begründet im Unterschied der jeweiligen Bereitwilligkeit und eigenen Anstrengung des einzelnen. Dies gelte bereits von der Mitteilung der allerersten Heilsgnade. Die vertrauende Glaubensemotion erscheint im Text als fides qua, als der Glaube, durch

den wir glauben. Die inhaltlichen Glaubenswahrheiten sind demgegenüber die fides quae, das, was wir glauben. Wir werden in der dritten Woche darauf noch einmal genauer zurückkommen, wenn wir den Glauben als Vertrauen beschreiben (Unterschied zwischen Du-Glaube und Was-Glaube).

Es müßte einmal gefragt werden, ob nicht viele kirchliche Reformbemühungen »semipelagianisch« sind: Man setzt sich selbst Reformziele, entwirft strategische Pläne, führt Reformen ein, ohne dabei von allem Anfang an und zugleich der Führung des Heiligen Geistes *mehr* zu vertrauen als den eigenen Anstrengungen. Man kann zeigen, daß der »Atheismus des Herzens« sowie die verhängnisvolle Privatisierung der Glaubensemotion und ihre Abdrängung in eine von der ganzen Person losgelöste Sentimentalität zurückgeht, auf eine in der Scholastik anhebende und sich fortschreitend entwickelnde Trennung von ratio und affectus. Vgl. H. Mühlen, Die Erneuerung des christlichen Glaubens, München ²1976, S. 47—64.

[4] Das Wort »Erfahrung« ist dem Charakter dieser Einübung entsprechend in einem vorwissenschaftlichen Sinne gebraucht. Die Differenz zwischen transzendentaler und empirischer Erfahrung ist also nicht thematisiert. Da der Mensch *leibhaftiger* Geist ist, ist Erfahrung nie rein »geistig«, sondern bleibt in ihrem Ursprung und in ihrem Fortgang an die Sinnlichkeit gebunden. Jegliche Erfahrung *beginnt* mit den Sinnen, wenn sie auch nicht aus der sinnlichen Erfahrung allein entspringt. Nicht nur der antiken, sondern auch der biblischen Tradition entsprechend, beginnt Erfahrung mit »sehen und hören«. Es meint ein »Wissen aufgrund eigener sinnlicher Anschauung« (R. Bultmann, in: Theologisches Wörterbuch zum Neuen Testament, Bd. I, S. 689 f; vgl. F. Kambartel, Art. »Erfahrung«, in: Historisches Wörterbuch der Philosophie, hrsg. v. J. Ritter, Bd. 2, Basel 1972, S. 609).

Besonders hervorzuheben ist die Struktur der *personalen* Erfahrung. Sie meint ein »Kennenlernen durch persönlichen *Umgang*« (R. Bultmann, a. a. O., S. 696; vgl. H. Mühlen, Die Erneuerung des christlichen Glaubens, S. 79—92). Es ist fraglich, ob das Phänomen der charismatischen Erneuerung von einem transzendentalphilosophischen Ansatz her zureichend in den Blick kommen kann (vgl. K. Rahner, Das enthusiastisch-charismatische Erlebnis in Konfrontation mit der gnadenhaften Transzendenzerfahrung, in: Erfahrung und Theologie des Heiligen Geistes, hrsg. v. C. Heitmann und H. Mühlen, Hamburg — München 1974, S. 64—82). Die charismatische Erfahrung ist nicht lediglich eine Radikalisierung der Transzendentalität des Menschen, auch nicht nur eine »vulgäre Mystik«. Bis zur Stunde fehlt eine philosophisch durchreflektierte Wir-Philosophie. Es läßt sich zeigen, daß die »transzendentale« Wir-Erfahrung personologisch früher ist als die Ich-Erfahrung!

[5] Dies ist das Ergebnis des Sammelbandes: Erfahrung und Theologie des Heiligen Geistes: »Der Heilige Geist ist die göttliche Kraft der Selbstüberschreitung in Gott selbst, in der Welt und in der Menschheit. Die Erfahrung seiner Gegenwart erfordert und ermöglicht den Überschritt vom Ich zum Wir« (a. a. O., S. 16).

[6] Vgl. J. Kremer, Pfingstbericht und Pfingstgeschehen. Eine exegetische Untersuchung zu Apg 2, 1—13, Stuttgart 1973, Stuttgarter Bibelstudien 63/64, S. 222 f.

[7] Im griechischen Urtext dient derselbe Wortstamm *phaino* dazu, die Anwesenheit des Sohnes in dem Menschen Jesus von Nazaret und die Anwesenheit des Geistes Jesu in den Geistesgaben zu bezeichnen: In dem Menschen Jesus von Nazaret ist der ewige Lebenslogos »erschienen« (*ephanerothe*; 1 Joh 1, 1 f), und in ähnlicher Weise sind die Geistesgaben »Erscheinung des Geistes« (*phanerosis tou pneumatos*; 1 Kor 12, 7).

[8] Zum Thema »Erbsünde« ist vor allem hinzuweisen auf die Darlegung von P. Schoonenberg, in: Mysterium Salutis, Bd. II, Einsiedeln — Zürich — Köln 1967, S. 845—938. Schoonenberg definiert Erbsünde als das »existentiale Situiert-Sein durch persönliche Sünden anderer« (a. a. O., S. 931). Wichtig ist sein Hinweis, daß die klassische Erbsündenlehre ergänzt werden muß durch die biblische Lehre von der »Sünde der Welt«, an der alle unsere Vorfahren und wir selbst mit schuld sind (a. a. O., S. 886—894; 392 f).

[9] Der Ursprung der Ursünde wird häufig im Stolz gesehen, in einer titanenhaften Auflehnung gegen Gott. E. Drewermann hat eingehend nachgewiesen, daß der Ursprung des Bösen der Schritt von dem immer möglichen zum vollzogenen Mißtrauen ist und daß Stolz und Auflehnung gegen Gott Folgeerscheinungen der aus dem Mißtrauen erfließenden Angst sind: Strukturen des Bösen, Teil 1: Die jahwistische Urgeschichte in exegetischer Sicht, Paderborner Theologische Studien, hrsg. v. R. Bäumer, J. Ernst, H. Mühlen, Bd. 4, Paderborn 1976.

[10] Vgl. A. Bittlinger, Seelsorge und Beichte, in: Biblische Seelsorge, Ökumenischer Schriftendienst, Schloß Craheim 1973; ders., Evangelische Beichte — ein Weg zur Freiheit, Marburg a. d. Lahn ³1972; ders., Biblische Seelsorge, Ökumenischer Schriftendienst, Schloß Craheim 1974; dort auf S. 72 ff die Vorlage eines Beichtspiegels.

[11] Vgl. E. Schillebeeckx, Jesus. Die Geschichte von einem Lebenden, Freiburg i. Br. 1975, S. 227—240, 579—594.

[12] Darauf weist in vielen Einzelbelegen hin H. Schürmann, Das Lukasevangelium, 1. Teil, Herders Theologischer Kommentar zum Neuen Testament, Bd. III, Freiburg i. Br. 1969, S. 159, 172, 179, 183. »Schon Lukas sieht — und darum malt er die Taufe Jesu leicht nach dem Bilde der kirchlichen Initiation —, daß das Geschehen typische Züge zeigt, die sich antitypisch in der Kirche wiederholen. Was hier an dem ›Geisttäufer‹ (V. 16) geschieht, läßt schon erkennen, wie sich die kommende Geisttaufe vollziehen muß: 3, 21 f folgt die Geistbegabung der Taufe nach, wie das auch Apg 2, 38; 8, 15 ff; 19, 5 f für das urkirchliche Nacheinander von Taufe und Handauflegung bezeugt ist. Und sie ist Frucht des Gebetes Jesu, wie die Geistmitteilung dem wirkmächtigen Gebet (Lk 11, 13) der Kirche gegeben wird (Apg 8, 15 ff; vgl. 13, 3). Das ekklesiologische Geschehen hat im christologischen Vorbild und Grund« (a. a. O., S. 196 f).

[13] Vgl. H. Schürmann, a. a. O., S. 161—183.

[14] Der Ausdruck »Geisttaufe« findet sich nicht wörtlich im Neuen Testament. Er ist aber in der heutigen exegetischen Literatur durchaus geläufig. Vgl. H. Schneider, Taufe im Heiligen Geist. Die »Geisttaufe« in der katholischen Pfingstbewegung und der Urkirche, Diss. Innsbruck [1974], mit reichen Literaturangaben; F. Lentzen-Deis, Die Taufe Jesu nach den Synoptikern, Frankfurt 1970; A. Vögtle, Die sogenannte Taufperikope Mk 1, 9—11, EKK 4, Neukirchen — Zürich 1972, S. 105—139; H. Braun, Entscheidende Motive in den Berichten über die Taufe Jesu von Markus bis Justin; Gesammelte Studien zum Neuen Testament und seiner Umwelt, Tübingen 1962, S. 168—172; H. Schürmann, a. a. O.

K. Barth hat in einem seiner letzten Werke den Begriff der Geisttaufe dogmatisch breit entfaltet. Er versteht darunter eine unmittelbare Selbstbezeugung und Selbstmitteilung des lebendigen Jesus Christus, die göttliche *Wendung* in eines Menschen Leben, den Anfang seiner christlichen Existenz. Diese ermöglicht und fordert die entsprechende Entscheidung, und deshalb ruft die Geisttaufe nach der Wassertaufe, ist mit dieser aber nicht identisch. Von daher kommt Barth zu seiner bekannten Ablehnung der Kindertaufe: Die kirchliche Dogmatik, Bd. IV/4, Zürich 1967, S. 3—44; vgl. bes. S. 34—38.

Wir brauchen uns innerhalb dieser »Einübung« nicht auf die sehr differenzierte exegetische Diskussion einzulassen, sondern gehen in der Hauptsache von der volkskirchlichen Situation aus, derzufolge die meisten Christen als kleine Kinder getauft worden sind. Geisttaufe ist dementsprechend die persönliche Annahme dessen, was in Taufe (und Firmung) von Gott her sakramental angeboten und verheißen ist. Sie ist deshalb *Erneuerung der Geisttaufe* bzw. *Geisterneuerung.* Zum folgenden vgl. vor allem J. Kremer, Pfingstbericht und Pfingstgeschehen, Stuttgarter Bibelstudien 63/64, Stuttgart 1973, S. 179—190.

[15] M. Füglister, in: Handbuch Theologischer Grundbegriffe, hrsg. v. H. Fries, Bd. II, München 1963, S. 350 f.

[16] Vgl. E. Schillebeeckx, Jesus, Freiburg i. Br. 1975, S. 122 f.

[17] Vgl. H. Schürmann, Das Lukasevangelium, S. 190 f.

[18] Vgl. E. Schillebeeckx, a. a. O., S. 234, mit weiteren Literaturangaben.

[19] Vgl. den theologischen Kompromiß zwischen der orthodoxen und der lateinischen Auffassung auf dem Unionskonzil von Ferrara — Florenz (1438—1442), auf den wir hier nicht näher einzugehen brauchen. Der sonst kaum zugängliche Konzilstext ist abgedruckt bei H. Mühlen, Morgen wird Einheit sein. Das kommende Konzil aller Christen: Ziel der getrennten Kirchen, Paderborn 1974, S. 74 f.

[20] Nach christlichem Verständnis waren auch andere menschliche Religionsstifter vom Geist Gottes erfüllt, wenn und insofern sie ihrem Gewissen und dem Angebot des göttlichen Heilswillens gefolgt sind, der will, daß alle Menschen zu ihm finden. Durch Jesus Christus erhält die allen Menschen zugesagte Geisterfahrung jedoch ihre einmalige und unüberholbare *Konkretheit,* ja, sie wird erst am Kreuz Jesu ganz offenbar (Hebr 9, 14) und kann deshalb nur in der Durchkreuztheit menschlicher Erwartungen vollzogen werden (Verzicht auf den Versuch der Selbsterlösung).

[21] In der alten Kirche gab es eine sogenannte »Geist-Christologie«, und zwar in dreifacher Ausprägung: 1. Christus ist ein bloßer Mensch, der eine gewisse Zeit in seinem Leben mit dem Heiligen Geist begnadet war. 2. Er war ein Mensch, der auf übernatürliche Weise vom Heiligen Geist im Schoß Mariens empfangen wurde. 3. Christus ist selbst die Menschwerdung des göttlichen Geistes. Vgl. A. Grillmeier, Das Konzil von Chalkedon, hrsg. v. A. Grillmeier und H. Bacht, Bd. I, Würzburg 1951, S. 28, 45 f; J. Liébaert, Christologie. Von der apostolischen Zeit bis zum Konzil von Chalcedon (451), in: Handbuch der Dogmengeschichte, hrsg. v. M. Schmaus und A. Grillmeier, Bd. III/1, Freiburg i. Br. 1965, S. 36, 43 f.

Für die systematische Theologie ergibt sich das Verhältnis von Menschwerdung und Geistsendung aus dem Zusammenhang der Geheimnisse unter sich (vgl. DS 3016), nämlich dem der Trinität mit dem der Inkarnation. Vom Neuen Testament her ist für die Sendung des Geistes die Menschwerdung des Sohnes vorausgesetzt. In diesem heilsökonomischen Verhältnis von Christus und Geist zeigt sich etwas von der »Ordnung« der innertrinitarischen Hervorgänge: In unserem analogen Verständnis ist für den Hervorgang des Geistes der Hervorgang des Sohnes *vorausgesetzt*. Der Sohn verbindet sich in seiner Menschwerdung mit einer einzigen menschlichen »Natur«, und die »Salbung« des Menschen Jesu mit Heiligem Geist vollzieht sich bereits im ersten Augenblick der Menschwerdung, da ja der »Sohn« selbst Ursprung des Geistes ist. Der Geist Jesu verbindet sich dann geschichtlich mit vielen Personen, und darin kommt die *Unterschiedenheit* von Menschwerdung und Kirche deutlich zum Ausdruck. Vgl. H. Mühlen, Der Heilige Geist als Person, Paderborn 1968, S. 197—213; ders., Una mystica Persona, Paderborn [3]1968, S. 365—460.

[22] Vgl. E. Schillebeeckx, Jesus, S. 418—442; W. Kasper, Jesus der Christus, Mainz [4]1975, S. 81 f.

[23] Vgl. zu den Charismen Jesu eingehender A. Bittlinger, Gnadengaben in der Bibel, in: Die Bedeutung der Gnadengaben für die Gemeinde Jesu Christi, Marburg a. d. Lahn [2]1971, S. 24—48; ders., Im Kraftfeld des Geistes, Marburg a. d. Lahn [5]1976, S. 44—71.

[24] Vgl. H. Mühlen, Die Erneuerung des christlichen Glaubens, München [2]1976, S. 35—42; 55—60.

[25] G. Hasenhüttl, Charisma. Ordnungsprinzip der Kirche, Freiburg i. Br. 1969, S. 238 (Lit.!); F. Grau, Der neutestamentliche Begriff Charisma, Tübingen 1946; O. Perels, Charisma im Neuen Testament, Berlin — Hamburg 1964; L. Hoffmann, Die Charismen in der Ordnung der Gemeinde, in: Gemeinde des Herrn, hrsg. v. Zentralkomitee der Deutschen Katholiken, Paderborn 1970, S. 200—210; H. Mühlen, Die Erneuerung des christlichen Glaubens, S. 234—238.

[26] Vgl. aus der umfangreichen Literatur im Hinblick auf diese »Einübung« vor allem A. Bittlinger, Im Kraftfeld des Heiligen Geistes, S. 71—86.

[27] Vgl. Rengstorff, in: Kittel, Theologisches Wörterbuch zum Neuen Testament, Bd. VII, S. 202—215.

[28] Vgl. den Text der apostolischen Konstitution über das Sakrament der Firmung, in: Die Feier der Firmung in den katholischen Bistümern des deutschen Sprachgebietes, Freiburg i. Br. — Einsiedeln

1973, S. 11—17; vgl. bes. S. 13. Vgl. weitere liturgische und lehr-
amtliche Texte im zweiten Teil dieser »Einübung«, fünfte Woche,
siebter Tag, sowie H. Mühlen, Die Erneuerung des christlichen
Glaubens, München ²1976, S. 230 ff.

[29] Aufschlußreich ist in dieser Hinsicht die Stellung Calvins zum
Sakrament der Firmung. Er sieht sehr genau, daß die Apg 8, 15—17
und 19, 5 f berichtete apostolische Handauflegung verbunden ist mit
der Verleihung von Charismen, beschränkt diese Handauflegung
jedoch auf die apostolische Zeit. Aber: »Weder Calvin, der die
charismatischen Erscheinungen des durch Handauflegung vermittelten
Geistes auf die apostolische Zeit beschränkte, noch die katholischen
Theologen, die das (rein) charismatische Verständnis der Wirkungen
des Geistes, den die Apostel durch die Auflegung ihrer Hände verliehen, ablehnten, haben erkannt, daß das Charismenpneuma für den
Aufbau der Kirche wesentlich ist. Aber nur diese Erkenntnis berechtigt zu dem Schluß, daß das, was die Apostel in der Urkirche taten,
auch in der späteren Kirche getan werden muß« (H. Schützeichel,
Calvins Kritik an der Firmung, in: Zeichen des Glaubens, Balthasar
Fischer zum 60. Geburtstag, hrsg. v. H. auf der Maur und Br.
Kleinheyer, Zürich — Einsiedeln — Köln 1972, S. 123—135; hier:
S. 131). M. Thurian meint deshalb, Calvin trage eine Verantwortung für die Entstehung der sektiererischen Bewegungen, die die charismatischen Erscheinungen des Heiligen Geistes außerhalb der Kirche
suchen (La confirmation, Neuchâtel et Paris 1957, S. 8—14, 69—71;
hier: S. 14)! Diesen charismatischen Aspekt der Firmung übersieht
völlig J. Amougou-Atangana, Ein Sakrament des Geistempfangs?
Zum Verhältnis von Taufe und Firmung, Freiburg i. Br 1974. Es
kommt wirklich alles darauf an, daß man die Differenz zwischen
sanktifikatorischer (Sinnrichtung auf Gott hin) und *konsekratori-
scher* Gnade (Sinnrichtung auf den Dienst an anderen hin) im
Auge behält! Vgl. dazu H. Mühlen, Una mystica Persona. Die
Kirche als das Mysterium der heilsgeschichtlichen Identität des Heiligen Geistes in Christus und den Christen: Eine Person in vielen
Personen, Paderborn ³1968, S. 329—358; ders., Die Firmung als
sakramentales Zeichen der heilsgeschichtlichen Selbstüberlieferung des
Geistes Christi, in: Theologie und Glaube 57 (1968) S. 263—280.
Eine ausführliche Literaturübersicht findet sich im Anhang des er-
wähnten Buches von J. Amougou-Atangana.

[30] Vgl. H. Mühlen, Die Erneuerung des christlichen Glaubens,
S. 254—257.

[31] Vgl. H. Mühlen, Die Erneuerung des christlichen Glaubens, S. 64

bis 68; ders., Mysterium — Mystik — Charismatik, in: Geist und Leben 46 (1973) S. 247—256.

[32] Vgl. K. Rahner, Prophetismus, in: Sacramentum Mundi, Freiburg i. Br., Bd. III, S. 1315—1321; H. Brunotti, Das Amt der Verkündigung und das Priestertum aller Gläubigen, Berlin 1962; H. Bluhm, Prophetische Verkündigung heute, Berlin 1967; H.-J. Kraus, Charisma Propheticon, in: Wort und Gemeinde, hrsg. v. R. Bohren und M. Geiger, Zürich 1968, S. 80—103.

[33] Aus der umfangreichen Literatur sei hier nur angegeben: A. Bittlinger, Glossolalia, Schloß Craheim 1969; L. Christenson, Die Gnadengabe der Sprache und ihre Bedeutung für die Kirche, Marburg [3]1976; H. Mühlen, Die Erneuerung des christlichen Glaubens, S. 245—250.

[34] Vgl. C. Schneider, Geistesgeschichte des antiken Christentums, Bd. I, S. 224 f. Weitere Literatur bei A. Bittlinger, Glossolalia, S. 35.

[35] Vgl. Die Erfahrungen eines Gemeindepfarrers in dem Buch von L. Christenson, Die Gnadengabe der Sprachen und ihre Bedeutung für die Kirche, Marburg [3]1976.

[36] Vgl. H. Mühlen, Die Erneuerung des christlichen Glaubens, S. 21—42, 249.

[37] Vgl. dazu eingehender A. Bittlinger, a. a. O., S. 12—17.

[38] Die charismatische Erneuerung ist ein sehr komplexes Phänomen und hat verschiedene Wurzeln, lebt aus unterschiedlichen Anstößen. Eine ihrer geschichtlichen Anstöße kommt aus dem Pietismus des 17. Jahrhunderts und zeigt von daher immer noch einige privatisierende Tendenzen (vgl. H. Mühlen, Die Erneuerung des christlichen Glaubens, S. 251—257). In den USA wiegen die privatisierenden Tendenzen der Theologie und Frömmigkeit nicht so schwer: »Die amerikanische Situation fordert es nicht so sehr, entprivatisiert zu werden, als daß wir uns klar darüber werden müssen, wie sehr wir schon politisiert sind« (F. Herzog, Diskussion zur »politischen Theologie«, hrsg. v. H. Peukert, Mainz — München 1969, S. 129 ff). Von daher ist zu verstehen, daß der Aufbruch der charismatischen Erneuerung in den USA (vor etwa 10 Jahren) nicht zugleich auch begleitet war mit einem vom Glauben her getragenen sozialen und politischen Engagement. Die neue Entdeckung der Anbetung (nach der Theologie vom »Tode Gottes«) läßt in sicherlich auch einseitiger Betonung die »horizontale« Sinnrichtung des Glaubens in den Hintergrund treten. Die jungen Amerikaner sind aufgrund ihrer hautnahen Entscheidung über kriegerischen Einsatz vielfach so sehr politisiert, daß man schon von einer politischen Gefangenschaft der

Kirche gesprochen hat. Im Hinblick auf eine gesunde Entwicklung der charismatischen Erneuerung in Deutschland ist jedoch der Hinweis auf die gesellschaftskritischen Charismen unerläßlich. Der Deutsche neigt von Natur aus mehr zu einer »Verinnerlichung« des Glaubens und verfällt so leichter politischen Ideologien. Die charismatische Erneuerung ist keineswegs ein Auszug aus der Gesellschaft, sondern die Befähigung zu einem kritischen Abstand zu allen gesellschaftlichen und politischen Ideologien, der es gerade ermöglicht, aus einer ursprünglichen christlichen Grunderfahrung heraus politisch und sozial tätig zu werden.

[39] Aus der unübersehbaren Literatur sei hier lediglich hingewiesen auf: D. Hoch, Heil und Heilung, Basel 1954; D. Metzger, Die biblische Botschaft über Krankenheilung und Glaube, Stuttgart-Sillenbuch 1961: J. Hempel, Heil als Symbol und Wirklichkeit im biblischen Schrifttum, Göttingen ²1965; A. Koeberle, Heilung und Hilfe, Darmstadt 1968.

[40] Vgl. dazu ausführlicher H. Doebert, Gabe und Aufbau der geistlichen Krankenheilung in der Gemeinde, in: Die Bedeutung der Gnadengaben für die Gemeinde Jesu Christi, Ökumenischer Verlag F. Edel, Marburg a. d. Lahn ²1971, S. 48—72.

[41] Die bisher vorliegende Literatur zur Gabe der Unterscheidung ist für die konkrete Arbeit wenig hilfreich. Die Lexikaartikel gehen auf die ignatianische Trost-Theologie zurück (H. Wulf, in: Lexikon für Theologie und Kirche, Bd. 10, S. 533 ff) oder folgen einem transzendentalphilosophischen Ansatz (E. Klinger, in: Sacramentum Mundi, Bd. IV, S. 1108—1114). Der transzendentale Ansatz erweist sich jedoch im Hinblick auf eine theologische Reflexion der charismatischen Erneuerung als unzureichend. Die charismatische Erfahrung ist keineswegs primär »Identität mit sich selbst«, sondern primär »Wir-Erfahrung«, in welcher eine gnadenhafte Ich-Erfahrung geschenkweise hinzugegeben wird. Vgl. auch K. Niederwimmer, J. Sudbrack und W. Schmidt, Unterscheidung der Geister, Kassel 1972, sowie die älteren Artikel: H. Kraus, »Geistliches Leben und Unterscheidung der Geister«, in: Geist und Leben (1955), S. 143 f; B. Erasmi, Die »Unterscheidung der Geister« als Grundbedingung christlicher Mündigkeit, Geist und Leben (1949), S. 204 bis 216.

[42] Vgl. dazu Näheres im zweiten Band dieser »Einübung«, fünfte Woche, sechster Tag.

[43] In diesem Zusammenhang ist genau zu unterscheiden zwischen Sicherheit und Gewißheit. Zur Zeit der Reformation war diese

Frage Gegenstand heftiger Kontroversen. In der wissenschaftlichen Theologie sind hier mittlerweile die gegenseitigen Mißverständnisse weitgehend ausgeräumt. Für die gegenwärtige charismatische Erneuerung wird diese Frage jedoch wieder aktuell, und zwar weniger theoretisch als praktisch. Beachten wir, daß Martin Luther den erwähnten Unterschied durchaus hervorhebt: »Niemand kann gerechtfertigt werden außer durch den Glauben, und zwar so, daß es notwendig ist, daß er mit festem Glauben glaubt, er werde gerechtfertigt, und auf keine Weise zweifelt, daß er die Gnade empfängt. Denn wenn er *zweifelnd* und *ungewiß* ist, dann wird er schon nicht mehr gerechtfertigt, sondern speit die Gnade aus« (WA 2, 13). An anderer Stelle sagt er jedoch auch: »Die Christen aber fühlen wohl die Schwachheit des Glaubens und werden versucht durch Verzweiflung wegen des Gefühls der Sünde. *Weil aber nichts verderblicher ist als die Sicherheit,* mußt du dich aufrichten, wenn du des Glaubens Schwachheit fühlst« (WA 25, 331). Das Konzil von Trient lehnt eine *Sicherheit* Gott gegenüber ab, nicht aber eine sich ständig ausliefernde *Gewißheit* und ein Vertrauen auf die Verheißungen Gottes: »Denn wie kein Christ an Gottes Barmherzigkeit, an Christi Verdienst, an der Kraft und Wirksamkeit der Sakramente *zweifeln* darf, so kann er doch im Blick auf sich, seine Schwäche und mangelnde Bereitung um seine Begnadung bangen und fürchten, kann doch keiner mit der *Sicherheit* des Glaubens, dem kein Irrtum unterlaufen kann, *wissen,* daß er Gottes Gnade erlangte« (DS 1534).

[44] Wir sprechen in dieser »Einübung« in der Hauptsache über die *Gnadengabe* der Unterscheidung. Sie ist zu unterscheiden von der durch *Übung* erworbenen Fähigkeit der Unterscheidung. Bei J. B. Scaramelli, dem Altmeister der Lehre von der Unterscheidung der Geister, heißt es: »Man muß eine zweifache Unterscheidung der Geister annehmen. Die eine gehört zu den umsonst verliehenen Gnaden (gratia gratis data) und ist die siebente unter den Gnaden, die der Apostel aufzählt (1 Kor 12, 8—10). Die zweite besteht in dem klugen Urteil, das man durch Kunst und Übung über seinen eigenen und über den Geist anderer erworben hat. Die erste ist eine unverdient verliehene Gnade, die wenigen gegeben wird; die zweite ist eine mittels eigener Anstrengung erlangte Unterscheidung, die sich alle erwerben können.« Die letztere urteilt nach den Vorschriften, die uns die Bibel und die Kirche lehren, im Anschluß an die Erfahrung der Heiligen und das Licht unserer eigenen Klugheit (Die Unterscheidung der Geister zu eigener und fremder Seelenleitung, Regensburg 1861, S. 19, 36 f). Vgl. dazu ausführ-

licher J. Bökmann, Aufgaben und Methoden der Moralpsychologie im geschichtlichen Ursprung aus der Unterscheidung der Geister, Köln 1964, S. 36—40.

[45] Hier wird besonders deutlich, daß die Vorgänge in der charismatischen Erneuerung dringend einer weiteren theologischen Reflexion bedürfen. Dabei könnte man vieles lernen von den jahrhundertelangen Diskussionen über die »Inspiration« der Bibel und die damit verbundenen Vorgänge. Inspiration ist ja das Charisma der biblischen Schriftsteller. Die historisch-kritische Forschung macht es unmöglich, von einer Verbalinspiration zu sprechen, derzufolge die biblischen Schriftsteller als bloß mechanisches Werkzeug gleichsam nach »Diktat« geschrieben haben. Vielmehr bedient sich Gott des Verstandes, des Willens, der Gefühle der biblischen Schriftsteller, und zwar so, daß sie das niederschreiben, was Gott will und wie er es will. Was *Gott* uns sagen will, erkennen wir erst dann, wenn wir möglichst sorgfältig erforscht haben, in welcher geschichtlichen und persönlichen Umwelt der biblische Schriftsteller geschrieben hat. Eine völlig *unvermittelte Unmittelbarkeit* der Einwirkungen Gottes haben nicht einmal die biblischen Schriftsteller bei der Niederschrift des »Wortes Gottes« in sich erfahren (vgl. die einschlägigen Lexika-artikel zu »Inspiration«). Charismatische Aussagen und Vorgänge sind aber nicht einmal in diesem Sinne »inspiriert«: Sie enthalten keine neue »Offenbarung« und müssen eben deshalb »geprüft« werden.

[46] Konstitution über die Kirche, Art. 8, 1.

[47] Es ist natürlich sinnvoll und notwendig, Vorgänge in charismatischen Gebetsgruppen psychologisch zu analysieren. Dabei ist jedoch streng auf die *methodische Beschränkung* zu achten. Ein Psychologe wird mit den ihm zur Verfügung stehenden Methoden niemals das Wirken des Heiligen Geistes analysieren können, ebensowenig wie der Chemiker Gott in seinem Reagenzglas vorfindet. Psychologisch analysierbare Vorgänge sind in jeder gottesdienstlichen Versammlung *impliziert,* aber Kirche läßt sich nicht auf Gruppendynamik zurückführen und von daher letztlich erklären!

[48] Vgl. H. Mühlen, Morgen wird Einheit sein. Das kommende Konzil aller Christen: Ziel der getrennten Kirchen, Paderborn 1974, S. 33—44.